LÉGISLATION

ANCIENNE ET NOUVELLE

SUR LES DOMAINES ENGAGÉS.

IMPRIMERIE D'HIPPOLYTE TILLIARD,
RUE DE LA HARPE, N° 78.

LÉGISLATION

ANCIENNE ET NOUVELLE,

ET

JURISPRUDENCE

TANT JUDICIAIRE QU'ADMINISTRATIVE,

SUR LES DOMAINES ENGAGÉS;

SUIVIES

DE L'EXAMEN DES NOMBREUSES QUESTIONS QUE PRÉSENTE LA MATIÈRE,

ET NOTAMMENT LA LOI DU 14 VENTOSE AN VII.

PAR **MM. PIET** ET **ROGRON**,

AVOCATS AUX CONSEILS DU ROI ET A LA COUR DE CASSATION.

TOME PREMIER.

———

PARIS,

CHEZ ALEX-GOBELET, LIBRAIRE,

RUE SOUFFLOT, N° 4, PRÈS L'ÉCOLE DE DROIT ;

ET CHEZ VIDECOQ, LIBRAIRE,

PLACE SAINTE-GENEVIÈVE, N° 6, PRÈS L'ÉCOLE DE DROIT.

1829.

AVANT-PROPOS.

Le domaine vient de faire signifier plus de dix mille sommations aux détenteurs de domaines engagés : ses prétentions n'intéressent pas seulement les détenteurs eux-mêmes, elles doivent réfléchir nécessairement contre les précédents possesseurs, qui seront sans doute appelés en garantie, et elles peuvent porter atteinte au droits d'un grand nombre de créanciers hypothécaires.

La lutte engagée par le domaine, ne saurait être trop promptement terminée, puisqu'elle jette le trouble dans une multitude de familles.

De nombreuses questions sont nées etdo ivent

naître encore des diverses lois intervenues sur la matière ; appelés nous-mêmes à traiter plusieurs de ces questions, nous avons éprouvé l'embarras de réunir les éléments de décision épars dans les volumineuses collections de l'ancien et du nouveau droit, et dans les monuments de la jurisprudence.

Cette recherche longue et fastidieuse nous a fait penser qu'il serait utile de recueillir ceux des édits, ordonnances ou déclarations antérieures à 1790, qui renferment des dispositions importantes, ainsi que de toutes les lois rendues depuis cette époque et les avis interprétatifs émanés du conseil-d'état.

Parmi ces lois, il en est qui se trouvent abrogées, en tout ou en partie, par les dispositions subséquentes : mais nous n'avons pas cru devoir nous dispenser de les reproduire en leur entier, parce que si elles ne sont point obligatoires, elles servent au moins par leur rapprochement à mieux faire connaître l'esprit des lois qui les ont suivies.

Nous ne devions pas omettre les avis émanés du conseil d'état qui ont servi d'interprétation législative.

Et comme les rapports qui préparent les lois, en sont le meilleur commentaire, nous avons cru nécessaire de comprendre dans ce recueil tous ceux qui ont précédé les lois du 14 ventose an vii, 15 mai 1818 et 12 mars 1820.

Mais ce qui a particulièrement appelé notre attention, ce sont les décisions intervenues depuis trente ans sur les domaines engagés ou échangés ; elles doivent éclairer les intéressés sur leurs droits, et peuvent fournir d'utiles moyens de défense contre les prétentions de l'administration ; nous les avons recueillies toutes ; et pour en rendre la recherche plus facile, nous les avons divisées en deux parties, dont l'une renferme la jurisprucence judiciaire, et l'autre la jurisprudence administrative, en observant l'ordre chronologique.

Il ne nous a pas paru inutile d'y insérer les principales instructions ministérielles et circulaires de la régie.

Enfin, après un examen approfondi de la législation et de la jurisprudence, nous nous sommes attachés à prévoir les principales questions qui peuvent se présenter, à l'égard des tiers détenteurs de leurs garants et de leurs créanciers.

Nous avons traité ces questions dans un ordre méthodique ; et comme il nous a fallu parcourir les diverses positions dans lesquelles se trouvent les intéressés, nous nous sommes vus obligés de consacrer un volume tout entier à ce travail.

Cependant la matière est si vaste et doit faire

surgir tant de difficultés , que malgré nos efforts, nous n'espérons pas les avoir toutes résolues.

Les nouvelles questions que nos méditations et la jurisprudence nous révèleront, pourront être l'objet d'un supplément.

Nous avons placé en tête de notre ouvrage, des notions préliminaires destinées à faciliter l'intelligence de la législation.

Dans la reproduction des anciennes lois, nous avons adopté l'orthographe nouvelle , sans néanmoins rien changer au texte.

NOTIONS PRÉLIMINAIRES.

L'origine du domaine de la couronne se perd dans la nuit des temps, et l'on ne saurait donner sur ce point, des renseignements bien positifs.

On distingue, en général, trois époques dans l'établissement du domaine, et cette division jette quelque clarté sur la matière.

La première époque serait antérieure à la conquête des Gaules par les Francs : d'après le témoignage de Jules César et de Tacite, la propriété privée aurait alors été inconnue ; chaque année il se serait fait une nouvelle distribution, par communautés et par familles, des terres dont les fonds continuaient d'appartenir à l'état.

La seconde époque commencerait avec l'établissement des Francs dans les Gaules ; un partage des terres à perpétuité se serait opéré. Par ce partage, une portion considérable aurait été réservée au roi pour soutenir sa dignité et subvenir aux charges de l'état ; cette destination aurait donné naissance au principe de l'inaliénabilité du domaine de la couronne ; principe qui reçoit plus tard son développement.

La troisième époque date de l'an 1566. C'est alors, en effet, que fut rendue, par Charles IX, la célèbre ordonnance du domaine, qui détermina d'une manière précise les caractères du domaine de la couronne, et fixa des règles positives sur son inaliénabilité.

Cette ordonnance définit le domaine par son article 2, en ces termes : Le domaine de la couronne est entendu celui qui est expressément consacré, uni et incorporé à la couronne, ou qui a été tenu et administré par les receveurs et officiers royaux, pendant l'espace de dix ans, et est entré en ligne de compte.

Rappelons d'abord plusieurs des distinctions introduites parmi les biens qui composaient le domaine.

Il y avait des biens domaniaux *par leur nature*, et d'autres qui avaient été déclarés tels par les lois et ordonnances.

Les premiers étaient les biens dont l'usage était commun à tous, mais dont la propriété appartenait à la puissance publique : tels étaient les rivages de la mer, les rivières navigables et flottables, les grands chemins, les murs, fossés, remparts des villes, etc.

Les biens qui n'étaient pas domaniaux de leur nature, étaient ceux qui avaient été anciennement attribués au prince pour subvenir, comme nous l'avons dit, aux charges de l'état, et ceux qui se sont réunis successivement aux premiers.

De là encore une autre distinction entre l'*ancien* et le *nouveau* domaine.

L'*ancien domaine* se composait des villes et provinces dont les rois jouissaient après la conquête des Gaules, et des grandes propriétés, dont on ne peut reconnaître l'origine.

Le *domaine nouveau* se composait des biens réunis à l'ancien domaine, à une époque connue, au moyen de la réunion des grands fiefs à la couronne, et au moyen de l'attribution au domaine du patrimoine particulier des rois, au moment de leur décès, à quelque titre qu'ils fussent acquis, et des biens du prince qui arrivait au trône.

Enfin on distinguait les *grands* et les *petits domaines*.

Les *grands domaines* consistaient dans les terres seigneuriales, ayant haute, moyenne et basse justice, comme les duchés, principautés, marquisats, comtés, vicomtés, baronnies, châtellenies, prévôtés, vigueries et autres, avec leurs mouvances, circonstances et dépendances.

Les *petits domaines* consistaient en objets séparés des grandes terres et seigneuries, en portions de domaines mêlées avec les biens des particuliers, en justices et seigneuries de paroisses sans domaines, en moulins, fours, pressoirs, halles, maisons, boutiques, échoppes, places à étaler, terres vaines et vagues, communes, landes, bruyères, pâtis, marais, étangs, etc.

La différence caractéristique de ces deux classes de domaines, résultait principalement de ce que les uns étaient frappés d'inaliénabilité, tandis que l'aliénation des seconds, à titre de propriété incommutable, était autorisée par plusieurs édits.

Il faut avoir soin de ne pas confondre la *réunion* et l'*union* des biens au domaine.

La *réunion* est le retour d'un objet quelconque à la chose principale dont il avait été détaché; c'est une sorte de réintégration, au moyen de laquelle la partie qui se réunit est censée n'avoir jamais été détachée de la chose principale, dont elle reprend tous les caractères; ainsi, les anciens fiefs démembrés, lorsqu'ils faisaient retour au domaine, reprenaient leur suprématie naturelle. *L'union*, au contraire, constitue une véritable augmentation pour le domaine; tantôt elle se fait de plein droit. Telle est l'union résultant d'une conquête, d'un traité de paix; tantôt elle exige une confusion avec le domaine des revenus de certaines propriétés, pendant un temps déterminé : ainsi, les biens provenant de confiscation et autres droits, ne devenaient domaniaux qu'autant que certaines conditions indiquées par les ordonnances, avaient été remplies.

Quant au principe de l'inaliénabilité du domaine, en général, il est la base de toutes la législation domaniale; c'est pour le consacrer que le chancelier de l'Hôpital rédigea, sous Charles IX, l'ordonnanc' de 1566, dont nous avons déjà parlé.

Nous aurons occasion, dans l'examen de plusieurs questions, de revenir sur ces distinctions; ainsi nous croyons inutile d'entrer dans de plus longs développements à cet égard, et nous passons sur-le-champ à l'indication des divers droits domaniaux, et des principaux modes d'aliénation du domaine qu'il importe de connaître, pour entendre à la première lecture, l'ancienne et la nouvelle législation relative aux domaines engagés; nous dirons deux mots, en finissant, de l'autorité des édits et ordonnances.

Droits domaniaux.

Droit d'aubaine. C'est le droit en vertu duquel le roi succédait aux étrangers décédés en France, sans enfants nés dans le royaume, en légitime mariage; ce droit consistait aussi à succéder à l'étranger naturalisé, quand il n'avait pas disposé de ses biens, ni par donation entre-vifs, ni par testament, et qu'il ne laissait aucun héritier régnicole; et enfin à succéder au régnicole qui est sorti du royaume, et qui a renoncé à sa patrie, en s'établissant dans un pays étranger.

Droit de bâtardise. C'est le droit qui conférait au roi la succession des bâtards décédés sans testament et sans enfants nés d'un légitime mariage.

Epave. C'était dans le principe, le droit de s'approprier les animaux égarés et effrayés (*animalia expavefacta*); ce droit a été étendu à toute espèce d'objets mobiliers perdus ou abandonnés, et qui ne sont réclamés par personne. Ces objets appartenaient soit au roi, soit aux seigneurs hauts justiciers.

Confiscation. C'est l'adjudication qui se faisait soit au roi, soit aux seigneurs hauts justiciers, des biens d'un homme condamné à la mort naturelle, aux galères perpétuelles ou au bannissement, ou à toute autre peine emportant mort civile; on nommait *commise*, la confiscation du fief du vassal au profit du seigneur suzerain.

Deshérence. Droit appartenant au roi sous les deux premières races, et usurpé sous la troisième, par les seigneurs hauts justiciers, de succéder à tous les biens et effets d'un naturel français, né en légitime mariage, qui meurt, *ab intestat* et sans héritiers habiles à lui succéder. On nommait *Echoite*, le titre auquel le prince possédait les biens provenant des divers droits que nous venons de rappeler; ces biens étaient à sa libre disposition, parce qu'ils étaient assimilés aux fruits du domaine de la couronne.

Tiers et danger. Ce sont les noms des droits qui se payaient au roi ou à quelque seigneur, à raison des coupes de bois appartenant aux particuliers, dans certaines provinces : le droit de *tiers* était distinct de celui de danger : quelques bois les devaient tous deux, mais il y en avait qui ne devaient que le tiers sans danger et d'autres qui ne devaient que le danger sans tiers : le droit de *tiers* était réellement du tiers du prix de la vente, et celui de danger du dixième de ce même prix ; néanmoins il était libre au roi, à ses fermiers et aux seigneurs à qui le droit était dû, de l'exiger en nature ou en deniers, à leur choix.

Modes d'aliénation.

Apanage. C'était l'attribution que le roi faisait à ses fils ou frères puinés, de partie des biens du domaine. Il y avait toujours retour à la couronne, par le décès des apanagistes sans hoirs mâles.

L'engagement, l'accensement et l'inféodation, sont des termes qui expriment des conventions ayant une grande analogie entre elles.

L'engagement était une convention par laquelle le roi abandonnait la jouissance d'un de ses domaines, moyennant un prix, et sous la condition perpétuelle de rachat. L'engagiste était considéré comme un usufruitier, qui transmettait ses droits à ses héritiers et ayant-cause; mais le roi conservait la faculté perpétuelle de rentrer dans son domaine, en remboursant le prix de l'engagement, prix qu'on appelait *finance* et deniers d'entrée.

L'accensement était la convention par laquelle un héritage était donné à cens, c'est-à-dire baillé pour en jouir, moyennant une certaine redevance annuelle qu'on nommait *cens* ou *censive*. On appelait retrait censuel, la faculté que pouvait exercer le seigneur pour retirer les héritages roturiers dépendants de sa censive, et *retrait féodal*, celui par lequel un seigneur dominant, retirait par puissance de fief, des mains des acquéreurs, les héritages féodaux qui avaient été vendus et qui relevaient de lui; il y avait cette différence entre le retrait censuel et le retrait féodal, que ce dernier était de droit commun.

L'inféodation était le démembrement que le prince ou les seigneurs faisaient de leurs *fiefs* au profit de telles ou telles personnes, et sous certaines conditions. Les *fiefs* peuvent être définis des héritages ou des droits tenus du roi ou d'un seigneur particulier, à la charge de certains services et devoirs de foi et hommage. Ce mot vient de *fides*. On disait qu'un fief était dans la *mouvance* (dépendance) d'un autre, quand il en relevait. *L'investiture* était la réception à la foi et hommage, par laquelle le vassal était saisi du fief par son seigneur dominant. Ce mot était aussi quelquefois synonyme de concession.

On nommait *directe*, le droit de mouvance et de seigneurie immédiate qu'un fief a sur un autre fief, ou sur des héritages roturiers qui relevaient de lui à foi et hommage ou à cens, et l'on nommait *utile*, par opposition à la directe, le droit de percevoir les fruits et revenus d'un domaine, dont la directe appartenait à une autre personne. On nommait *jeu de fief*, la séparation du corps et du titre du fief qui s'opérait par l'aliénation de ce même fief, avec la réserve de la foi et l'imposition d'un devoir domanial et seigneurial. On appelait *aleu* et *franc-aleu*, un domaine qui n'était censé provenir de la concession d'aucun maître ou seigneur.

L'investi d'un fief était tenu envers le seigneur suzerain à l'aveu et au dénombrement. L'aveu était la reconnaissance de la vassalité ; le dénombrement, le détail que l'inféodataire fournissait du fief et de ses dépendances.

Echange. C'était l'abandon fait par le prince d'un domaine de la couronne pour un autre domaine de même valeur donné en contre-échange, et en observant certaines formalités ; lorsque l'échange était régulier, il transmettait une propriété incommutable, et il différait essentiellement en ce point des autres modes d'aliénation du domaine.

Bail emphytéotique. C'était un bail à longues années, sous condition ordinairement de construire et d'améliorer, d'un héritage ou d'un fonds, moyennant une redevance annuelle réservée par le bailleur pour marque de son domaine direct.

Bail à rente. Ce bail transmettait la propriété foncière , mais non la propriété directe , que retenait le bailleur.

Dons. Concessions que les rois faisaient à leurs sujets par brevets ou lettres-patentes , soit de terres ou seigneuries dépendant du domaine ou de quelques droits casuels , tels que ceux de bâtardise, confiscation, etc. Ces dons avaient besoin d'une confirmation de règne en règne.

Autorité des édits, ordonnances, déclarations et lettres patentes.

On nomme *édit,* une loi générale par laquelle le roi, de son propre mouvement, défendait quelque chose ou faisait quelque nouvel établissement, général ou particulier.

Les *ordonnances* étaient également des lois générales émanées de la volonté du prince; mais elles différaient des édits en ce qu'elles contenaient des réglements plus généraux et plus étendus.

La *déclaration* qui émanait également de la volonté du prince, différait des ordonnances et des édits, en ce qu'elle n'avait pour objet que l'interprétation d'une ordonnance ou d'un édit.

Les *lettres patentes*, étaient des lettres émanées du roi et portant établissement de quelque privilége, octroi, etc. ; on les appelait patentes (du latin *patere*), parce qu'à la différence des autres lettresqu'on ne pouvait lire sans les ouvrir, elles étaient ouvertes.

Les édits, ordonnances et lettres patentes n'avaient réellement force de loi, qu'autant qu'ils étaient enregistrés dans les parlements; c'est ce qu'attestent tous les auteurs.

LÉGISLATION ANCIENNE.

ÉDITS,

ORDONNANCES, DÉCLARATIONS,

ARRÊTS DU CONSEIL.

ÉDIT du Roi donné à Moulins, au mois de février 1566, *enregistré le* 13 *mai suivant au parlement de Paris.*

CHARLES , par la grâce de Dieu, roi de France , à tous présents et avenir , salut. Comme à notre sacre , nous ayons entre autres choses promis et juré garder et observer le domaine et patrimoine royal de notre couronne, l'un des principaux nerfs de notre état , et retirer les portions et membres d'icelui qui ont été aliénés , vrai moyen pour soulager notre peuple , tant affligé des calamités et troubles passés, et parce que les règles et maximes anciennes de l'union et conservation de notre domaine sont à aucuns assez mal, et aux autres peu connues, nous avons estimé très nécessaire de les faire recueillir et réduire par articles , et iceux confirmer, par édit général et irrévocable, afin que ci-après personne n'en puisse douter.

Savoir faisons, que de l'avis de notre très honorée dame et mère, des princes de notre sang, officiers principaux de notre couronne et autres, de notre conseil : avons dit, statué et ordonné, disons, statuons et ordonnons ce qui s'ensuit.

Art. premier. Le domaine de notre couronne ne peut être aliéné qu'en deux cas seulement, l'un pour apanage des princes mâles de la maison de France, auquel cas il y a retour à notre couronne par leurs décès sans mâles, en pareil cas et condition qu'était ledit domaine, lors de la cessation de l'apanage, nonobstant toute disposition, possession, acte exprès ou taisible, fait ou intervenu pendant l'apanage : l'autre pour l'aliénation à deniers comptants pour la nécessité de la guerre, après lettres patentes pour ce décernées et publiées en nos parlements, auquel cas il y a faculté de rachat perpétuel.

2. Le domaine de notre couronne est entendu celui qui est expressément consacré, uni et incorporé à notre dite couronne, ou qui a été tenu et administré par nos receveurs et officiers, pendant l'espace de dix années, et est entré en ligne de compte.

3. Déclarons de pareille nature et condition, les terres autrefois aliénées et transférées par nos prédécesseurs, à la charge de retour à la couronne à défaut d'hoirs mâles, ou autres conditions semblables.

4. Ne pourront les fruits des fermes, ou louage du domaine être donnés à quelque personne, ni pour quelque cause que ce soit ou puisse être ; pareillement ne seront baillées aucunes exemptions de paiement des droits appartenants et dépendants dudit domaine.

5. Défendons à nos cours, parlements et cham-

bres des comptes d'avoir aucun égard aux lettres patentes , contenant aliénation de notre domaine et fruits d'icelui, hors les cas susdits pour quelque cause et temps que ce soit , même pour une année, à moins que ce ne soit dans les cas ci-dessus exprimés.

Quant aux lettres patentes octroyées avant le présent édit, elles ne seront tenues pour valables qu'autant qu'elles auront été vérifiées, tant dans les cours de parlement qu'aux chambres des comptes.

6. Ceux qui détiennent le domaine de notre couronne, sans concession valable duement vérifiée, et autrement que dessus, seront condamnés et tenus de rendre les fruits perçus depuis leur indue possession et jouissance ; non-seulement depuis la saisie qui sera faite pour la réunion , mais aussi depuis leur jouissance ou de leurs prédécesseurs, sans qu'ils se puissent excuser de bonne foi, quelque titre ou concession qu'ils aient de nos prédécesseurs ou de nous.

7. Aussi ceux qui occulteront et dénieront de male foi, le titre auquel ils détiennent les terres de notre domaine, ou terres sujettes en certain cas à reversion à icelui, et qui en seront duement convaincus, seront déclarés déchus de l'effet de leurs titres et privés du droit et possession desdites terres,

8. Ceux auxquels notre domaine aurait duement été aliéné pour les causes que dessus, ne pourront néanmoins couper les bois de haute futaie, ni toucher aux forêts qui seront ès-dites terres ; et si fait l'avaient, seront tenus à la restitution du profit et dommage qui en seront advenus.

9. Les bois de haute futaie, à nous appartenant, ne pourront être aliénés, ni don fait des coupes d'iceux ou des déniers qui en procéderont, sur peine de

nullité et de restitution des valeurs, fruits et profits comme dessus.

10. Les droits du tiers, et danger ou gruerie, en nos bois et forêts, ne se pourront semblablement donner ni aliéner, ni pour les fonds, ni pour les coupes, ou deniers qui en pourront provenir, et si les propriétaires font quelques coupes, la part ou profit à nous revenant par le moyen d'icelles, à cause desdits droits, sera employé au rachat de notre domaine.

11. Ne se pourra faire aucune coupe de bois de haute futaie, ès terres de notre domaine : ne semblablement bail des terres vaines ou vagues, sinon qu'il y ait lettres patentes décernées pour cet effet, adressées à nos parlements et gens des comptes, et vérification d'icelles faite ès-dits parlements et chambres des comptes, sur peine de nullité et restitution des valeurs, fruits et profits comme dessus.

12. Pour le bail des dites terres vaines et vagues, ne seront prins deniers d'entrée, sinon que ce fût pour employer réellement au rachat de notre domaine, ou autres nos urgentes affaires dont aurions fait état.

13. Les articles ci-dessus auront lieu de loi et ordonnance, tant pour le regard de notre ancien domaine, uni à notre couronne, que autres terres depuis accrues ou advenues, comme Blois, Coucy, Montfort et autres semblables.

14. Les saisies faites pour réunion de notre domaine, ne se lèveront par provision, mais sera procédé à l'instruction des procès ; sinon que pour cause et grande considération fût trouvé équitable de faire quelque provision à temps seulement, attendant l'instruction du procès.

15. La réception en foi et hommage des fiefs dé-

pendants des dites terres domaniales, au cas d'aliénation d'icelles, nous demeureront et appartiendront, ou à nos successeurs , et les profits desdits fiefs, foi et hommage, et ce qui en dépend , à ceux auxquels les dites terres, seront duement et licitement transférées et concédées.

16. En quoi ne seront compris ceux qui tiendront les dites terres de notre domaine en apanage , à la charge toutefois d'envoyer par chacun an en notre chambre des comptes de Paris , les doubles et copies duement signées des réceptions en foi et hommage à eux faites ou leurs officiers.

17. Les terres domaniales ne se pourront dorénavant aliéner par inféodations à vie, à long-temps ou perpétuité, ou condition quelle qu'elle soit : ainsi se bailleront à ferme à notre profit comme nos autres terres et droits; et de pareille façon sera usé des terres sujettes à retour à notre couronne, et ce sans préjudice des inféodations déjà faites , pour le regard desquelles enjoignons à nos procureurs s'enquérir bien et diligemment de la cause et forme , pour en faire telle poursuite que de raison.

18. Pour les droits dépendants de notre domaine, sera et pourra être en tous lieux et parlements procédé par saisie.

19. Et enjoignons très expressément à nos procureurs tenir la main à la protection, conservation , poursuite et réunion de notre domaine, sur peine de répondre de la perte d'icelui, qui serait advenue par leur fait et faute.

20. Ceux qui auront charge de recevoir les cautions que sont tenus de bailler les fermiers des terres domaniales , et des comptables de nos deniers, auront

l'œil et égard de bien informer et enquérir de la validité
et suffisance des dites cautions, et icelles faire renou-
veler quand il écherra : autrement en répondront en
leur propre et privé nom, s'il se trouve qu'il y ait de
leur faute et négligence.

21. Tous baux à ferme des terres de notre domaine, se feront à la charge de ne demander aucun
rabais pour quelque cause que ce soit, sinon pour
hostilité et fait de guerre ; et déclarons dès à présent
nuls, tous dons faits sur les terres et droits de notre
domaine baillés à ferme.

---

*ÉDIT du Roi donné à Moulins au mois de février 1566,
enregistré le 27 mai, même année.*

CHARLES, par la grâce, etc.

Etant dûment avertis de la grande quantité de terres,
prés, marais et palus vagues, à nous appartenant, étant
en plusieurs endroits, pays et provinces de cestui notre
royaume, dont ne se tire par nous ou nos sujets aucuns
fruits, profit ou utilité, et considérant combien serait
utile et profitable tant à nous qu'à nosdits sujets, que
lesdites terres, prés, marais et palus vagues fussent
cultivés, et mis en labour et valeur, attendu qu'il y
pourrait être produit et se y cueillerait plusieurs grains,
et autres choses dont nosdits sujets se trouveraient
grandement accommodés ; et ce, outre la décoration
de nosdits pays et provinces, que par le moyen de la
culture et labour d'icelles terres à présent vuides, vaines et vagues, comme dit est, y adviendrait.

Avons, par avis et délibération des gens de notre
conseil privé, par édit perpétuel et irrévocable, dit,

déclaré, voulu et ordonné, disons, déclarons, voulons
et ordonnons, que toutes et chacunes desdites terres,
prés, palus et marais vagues à nous appartenants, en
quelque lieu qu'ils soient, seront par nous baillées et
délivrées à perpétuité à ceux de nos sujets qui en voudront prendre de nous, à cens, rente, et deniers
d'entrée modérés.

Excepté toutefois celle desdites terres, prés, marais
et palus qui sont enclos en nos bois et forêts, et en font
aussi la lizière, à cent perches près d'iceux nosdits
bois et forêts. Et qu'au cas qu'aucuns particuliers ou
communes prétendent aucun droit, soit de pasturages,
ou autres ès dites terres, prés, marais et palus vagues,
ainsi à nous appartenant que dit est, leur sera, avant le
bail et délivrance d'icelui, pourvu ou fait telle distribution d'icelles terres, prés, marais et palus qu'il appartiendra. Et qu'à celte fin et pour l'exécution du présent
nostre édit et ce qui en dépendra, seront commis en
chacune de nosdites provinces, certains notables personnages, auxquels sera donné pouvoir de ce faire :
sans que ce qui sera p r eux fait puisse ores ne pour
l'advenir, par nous ou nos successeurs, et pour quelque
cause et occasion que ce soit, être révoqué ou rétracté,
en quelque sorte et manière que ce soit : ainsi jouiront
à perpétuité, et aux charges que dessus, tant les acquéreurs et adjudicataires et leurs successeurs, que
lesdits particuliers ou communes, des choses qui leur
auront été ainsi baillées, adjugées, délaissées ou
distribuées.

Si donnons en mandement, etc.

ÉDIT du Roi, du mois d'avril 1667, pour la réunion de ses domaines; vérifié en la cour de parlement et chambre des comptes, le 29 dudit mois d'avril.

Louis, etc.

Bien que nous ayons pourvu au soulagement de nos sujets par de notables décharges, dans un temps où les dissipations passées, les grands remboursements que nous avons faits des deniers les plus clairs de notre trésor royal, et les autres charges de notre état semblaient ne nous le pouvoir pas permettre; néanmoins l'amour paternel que nous avons pour eux, nous sollicite continuellement de leur accorder de nouvelles graces; mais comme l'aliénation des revenus ordinaires de l'état, a nécessité les rois nos prédécesseurs, de recourir à des impositions extraordinaires dont nos sujets ont été surchargés; aussi, quelque désir que nous ayons de les bien soulager, il serait difficile que sans la jouis-sance de nos revenus, et le dégagement du patrimoine de notre couronne, nous puissions leur faire ressentir l'effet de nos bonnes intentions : c'est pour y parvenir que nous avons supprimé tant de constitutions de nouvelles rentes et de droits de toute nature, aliénés pour des sommes immenses, et remboursé le tout du fonds de notre trésor royal, quoique la dissipation en fût notoire, et que l'état n'en eût pas été secouru. Mais, au milieu de ces bonnes dispositions, l'ouvrage demeurerait imparfait, si ces aliénations étant supprimées et le remboursement fait, nous n'entreprenions de l'achever en rentrant dans le patrimoine sacré de notre couronne, pour en jouir, et trouver par ce moyen de quoi soulager considérablement nos peuples. C'est par ces considérations que nous avons pris résolution de faire le rachapt de tous nos domaines , à mesure que l'état de nos affaires et celui de nos finances le pourront permettre ; et bien qu'à cet effet, attendu l'abus visible et notoire qui a été fait depuis trente ou quarante années des reventes et augmentations de finances , qui ont été données aux engagistes , sans qu'il en soit entré aucuns deniers dans nos coffres , nous puissions nous remettre de plein droit en possession de nosdits domaines , sauf à faire le remboursement desdites finances , avec les intérêts du jour de la dépossession , à mesure que lesdits engagistes rapporteraient les titres de leurs engagements ; néanmoins , comme notre intention est de rentrer dans nos domaines, en gardant toutes les formes et solennités , remboursant aux engagistes et détempteurs d'iceux, la finance qu'eux ou leurs auteurs auraient valablement et actuellement payée; aussi nous avons estimé qu'il était à propos , pour prévenir et résoudre toutes les difficultés qui pourraient naître pour raison de ce, d'établir par une déclaration expresse les différentes qualités de notre domaine , régler les conditions du remboursement et la forme de la réunion , suivant les maximes prescrites par les ordonnances, réglements , coutumes et usages de notre royaume. A ces causes , après avoir fait examiner en notre conseil les édits , ordonnances, déclarations, arrêts et réglements concernant notre domaine , et pris une entière connaissance d'icelui , et des droits qui nous appartiennent ; de l'avis de notre dit conseil et de notre certaine science , pleine puissance et autorité royale.

Nous avons par le présent édit perpétuel et irrévocable, dit, statué et ordonné; et par ces présentes signées de notre main, disons, statuons et ordonnons, voulons et nous plaît.

Que tous les domaines aliénés à quelques personnes, pour quelques causes et depuis quelque temps que ce soit (à l'exception toutefois des dons faits aux églises, douaires, apanages et échanges faits sans fraude ni fiction, en conséquence d'édits bien et dûment vérifiés), seront et demeureront à toujours réunis à notre couronne, nonobstant toute prétention de prescription et espace de temps, pendant lequel les domaines et droits en pourraient avoir été séparés, sans qu'ils en puissent être ci-après distraits ni aliénés pour tout ou partie, pour quelque cause que ce puisse être, si ce n'est pour apanage des enfants mâles puinés de France, et à la charge de réversion, le cas échéant.

Le domaine de notre couronne est entendu celui qui est expressément consacré, uni et incorporé à notre dite couronne, ou qui a été tenu et administré par nos receveurs et officiers, par l'espace de dix années, et est entré en ligne de compte; et à cet effet, la preuve de la qualité desdits domaines pourra être faite par des extraits d'édits, d'arrêts, déclarations, régle-ments, comptes et registres de la chambre de nos comptes, papiers terriers, foi, hommage, aveu, dé-nombrements, baux à ferme, partages et autres actes concernant les domaines, qui seront tirés des greffes de nos parlements, chambres de nos comptes, bailliages et sénéchaussées, bureaux des trésoriers de France, du trésor et autres.

Tous détenteurs de nos domaines, à quelque titre que ce puisse être, seront tenus d'en rapporter par-devant les commissaires qui seront par nous députés, les contrats et autres pièces justificatives de leurs droits, etc.

Ceux qui auront continué la jouissance de nos domaines au-delà du temps porté par leurs dons et concessions ou qui n'auront satisfait aux charges et conditions d'icelles, seront pareillement condamnés à la restitution des fruits, à compter du jour que le temps de la concession aura été expiré, suivant l'estimation qui en sera faite, et à satisfaire aux charges et conditions d'icelles.

Les détenteurs des domaines qui ne rapporteront aucuns titres de leurs engagements, ou n'en rapporteront point de valables, seront tenus de restituer les fruits qu'ils en auront perçus pendant leur jouissance et celle de leurs prédécesseurs : et ne pourra la possession, quelque longue qu'elle soit, suppléer le titre ou couvrir le vice d'icelui, ni empêcher la restitution des fruits de la jouissance entière.

Néanmoins, les tiers détenteurs qui auront possédé les domaines de bonne foi, seront déchargés de la restitution des fruits, pourvu qu'ils ne contestent pas, après qu'il leur aura été montré que les biens sont domaniaux ; et en cas de contestations, ils restitueront les fruits de leurs temps; et quant à leurs auteurs qui n'auront point de titres valables, ils seront tenus de restituer les fruits des années précédentes, ainsi qu'il est ci-dessus porté.

Les engagistes de nos domaines et droits domaniaux, qui s'en sont rendus adjudicataires à prix d'argent, sans fraude et en vertu d'édits, bien et duement registrés dans les compagnies, n'en pourront être dépossédés, que moyennant le remboursement actuel qui

leur sera fait de leur véritable finance, frais et loyaux
coûts, impenses et modérations utiles et nécessaires,
faites par autorité de justice.

A cet effet, les engagistes seront tenus de représenter par-devant nosdits commissaires, les procès-verbaux faits par les officiers lors desdits engagements,
de l'état des châteaux, fermes, maisons, manoirs et
autres bâtiments, terres et choses en dépendantes,
avec le procès-verbal d'estimation des revenus desdits
domaines; ensemble les contrats et titres de leurs engagements, leurs quittances de finance, pour être sur
le tout procédé à la liquidation d'icelle, ainsi qu'il
appartiendra. Ceux qui se trouveront en possession
des terres vaines et vagues, landes, marais, étangs,
communes et autres domaines baillés et concédés à
deniers d'entrée, à cens, rentes et redevances, par inféodation, à perpétuité, à temps ou à vie, ou autrement, comme aussi les détempteurs des boutiques,
échoppes et places baillées par baux emphitéotiques, seront tenus de représenter les titres et baux de
leurs concessions, pour être pourvu à leur remboursement, augmentations, impenses et méliorations, ou
les y maintenir et conserver, ainsi qu'il sera jugé par
notre conseil, au rapport de nosdits commissaires.

En rapportant par les détempteurs les titres de leurs
engagements, seront pareillement tenus ceux qui auront été chargés par iceux d'acquitter des charges
locales, fiefs et aumônes, d'en représenter l'état avec
les quittances, pour être lesdites charges par nous
acquittées, si fait n'a été, et être les paiements qui
en seront faits, imputés et précomptés sur la finance
qui appartiendra auxdits engagistes. Nous pourrons

rentrer dans nos domaines échangés, en rendant les autres biens et droits qui nous auront été donnés en échange, lorsque nous aurons souffert lésion énorme, ou que l'évaluation desdits domaines aura été faite sans les formalités requises, par fraudes, fiction, et contre les édits et déclarations concernant les domaines. Et à cet effet, seront tenus lesdits propriétaires par échange, d'en rapporter les titres, avec les enquêtes, procédures et procès-verbaux d'évaluation, pour en être fait, si besoin est, une nouvelle des choses échangées de part et d'autre, eu égard au temps que les échanges auront été faits.

Où les engagistes de nos domaines ne rapporteront aucuns procès-verbaux d'estimation en bonne forme, de l'état des lieux, et de gens à ce connaissants, pour, ladite enquête rapportée en notre conseil, être ordonné ce que de raison.

Lesdits engagistes qui auront détérioré les lieux, seront tenus de les réparer.

En procédant à la liquidation de la finance des engagistes, les dons, gratifications, pensions, gages, appointements, arrérages d'iceux, et toutes autres finances, de quelque qualité qu'elles puissent être, en seront rejetés, et n'entreront en liquidation que les deniers comptants, que les engagistes justifieront avoir actuellement payés dans nos coffres, en quelques termes, ou pour quelque cause que les quittances soient conçues.

Sera loisible de faire preuve que la finance portée par icelles n'aura pas été actuellement payée en nos coffres, et qu'il aura été employé dans lesdites quittances des remises, dons, arrérages de pensions, gages, appointements, récompenses, acquit-patents et autre mauvaise finance; à laquelle preuve pourront servir les extraits tirés des registres de l'épargne, ordonnances, états de menu de comptant et autres papiers de l'épargne, registres et comptes des chambres de nos comptes, et de tous autres actes.

Ceux qui, sous noms interposés, auront de nouveau fait publier et mis aux enchères nos mêmes domaines dont ils auront été engagistes, et s'en seront rendus adjudicataires, soit sous leurs noms ou sous noms empruntés, seront et demeureront déchus de tous remboursements portés par les contrats de nouvelles adjudications, quelques quittances qu'ils en rapportent, et n'entrera en liquidation que la finance du premier engagement. Ce qui aura pareillement lieu contre les engagistes qui rapporteront des contrats de seconde ou plusieurs reventes et adjudications, faites en vertu d'un seul et même édit, si ce n'est qu'il justifient leurs enchères avoir été forcées, et en avoir mis en nos coffres actuellement les deniers.

Les engagistes de nos domaines, dans l'étendue desquels se trouvent des bois de haute futaie, en rapportant les titres de leurs engagements, seront pareillement tenus de représenter les procès-verbaux de visitation desdits bois, faits lors des engagements d'iceux, par les officiers des eaux et forêts, autrement sera informé de l'état auquel étaient lesdits bois de haute futaie, et des anciens entendus sur le fait desdites dégradations, pour l'information rapportée, y être pourvu ainsi qu'il appartiendra.

Les engagistes qui auront abattu nos bois de haute futaie, sans nos lettres-patentes bien et duement registrées, et contre les défenses portées par nos ordonnances, ou avancé les coupes des taillis, ruiné ou dégradé les forêts et bois de notre domaine, en quelque sorte et manière que ce puisse être, seront tenus, outre la restitution de la valeur et profit d'icelle, suivant la juste estimation, de payer les dommages et intérêts.

L'estimation de nos forêts et bois de haute futaie qui auront été coupés ou dégradés, sera faite selon la plus haute valeur à laquelle ils auraient pu monter s'ils n'avaient point été coupés avant le temps, sans que les reventes qui pourraient avoir été faites en domaines, depuis la coupe ou dégradation desdits bois, en puissent empêcher la recherche et la restitution qui nous sera faite par ceux qui auront fait lesdites coupes et dégradations, le tout suivant le rapport qui en sera fait par les anciens habitants des lieux, et au dire des gens à ce connaissants.

Lesdits engagistes qui auront joui de la coupe des taillis recrus sur les bois de haute futaie, qui auront été coupés ou dégradés depuis leur première adjudication, seront tenus de nous rendre et restituer le prix provenu desdites coupes, dont ils rapporteront la justification en bonne forme, sinon la liquidation en sera faite au dire d'experts et gens à ce connaissants, sur le plus haut prix que lesdits taillis auront été vendus pendant le temps de leur jouissance, sans que les reventes faites depuis lesdites coupes, puissent empêcher la restitution.

Si lesdites aliénations se trouvent faites au préjudice et contre les termes des édits et déclarations bien et dûment registrés, que les contrats soient frauduleux, les quittances défectueuses ou les adjudications vicieuses, pour quelque cause que ce puisse être, les commissaires par nous députés, en ordonneront incontinent la réunion , sauf à les rembourser suivant qu'ils justifieront après leur dépossession , par de bons et valables titres.

Ceux qui donneront avis et fourniront des mémoires de nos domaines usurpés ou aliénés, dont n'aura été fait aucun état , auront le dixième de ce qui nous en reviendra , dont ils seront actuellement et préférablement payés suivant la liquidation qui en sera faite par nosdits commissaires.

Et à l'effet de ce que dessus , voulons qu'en rapportant par le garde de notre trésor royal ou autre , qui pourront faire lesdits remboursements , les quittances de finance , contrats et autres titres de leurs engagements , et les liquidations qui en seront faites par lesdits sieurs commissaires , avec la quittance desdits engagements , la dépense en soit passée à leurs comptes , sans obliger lesdits propriétaires et possesseurs desdits domaines , de rapporter aucuns avis ni vérification de finance de nos chambres des comptes , dont nous les avons dispensés et dispensons par ces présentes.

EXTRAIT de l'Edit du roi du mois d'août 1669, *enregistré le* 26 *août* 1669, *en la chambre des comptes et au parlement , le roi y séant.*

Et comme par des connaissances particulières que nous avons prises des domaines dans lesquels nous sommes rentrés , nous avons trouvé qu'il y en a plusieurs dont presque tout le revenu consiste en maisons, fours , moulins , pressoirs , estangs et autres édifices dont les réparations annuelles , qu'il y convient nécessairement de faire , consomment la meilleure partie du revenu, d'autant plus qu'étant en nos mains, lesdites réparations ne se font ordinairement que par l'ordre de nos officiers, avec les formalités portées par nos ordonnances et réglements, qui en augmentent les frais, et pareillement qu'il y a plusieurs petits domaines séparés, ou portions de domaines mélangées avec les biens des particuliers, dont la jouissance est difficile, et leur est beaucoup plus utile qu'à nous; ayant même reconnu que la plupart de ceux qui avaient pris lesdits domaines par engagement, en ont porté la finance au-dessus de leur juste valeur, eu égard à leur revenu, par le rencontre et bienséance des terres et seigneuries voisines qui leur appartenaient en propre, qui facilitaient l'aménagement des uns et des autres conjointement; de sorte que, pour cet égard, les remboursements que nous en faisons chargent beaucoup nos finances sans aucune utilité, et que nos sujets sont de leur part privés des accommodements qu'ils en recevraient sans nous faire aucun préjudice. A quoi voulant pourvoir, comme nous avons fait par notre édit du mois d'avril 1667, au sujet des terres vaines et vagues, landes, marais, étangs, communes et autres domaines baillés et concédés à deniers d'entrée, à cens, rentes et redevances par inféodation, dont nous nous sommes réservé la faculté de pourvoir à leur remboursement, ou de les y maintenir et conserver, ainsi qu'il sera jugé par notre conseil au rapport des commissaires par nous établis sur le fait de nos domaines, nous nous réservons pareillement par ce présent édit de pourvoir au remboursement desdits domaines, parts et portions d'iceux, maisons, fours, moulins, pressoirs, étangs et autres édifices, ou d'y maintenir les possesseurs en nous déchargeant du remboursement que nous serions obligés

de leur faire, et nous payant quelques deniers d'entrée,
s'il est ainsi jugé à propos et une redevance annuelle
par forme d'albergie, ou autre dénomination, et à
condition, pour les possesseurs, d'entretenir lesdits
bâtiments de toutes réparations grosses et menues,
lesquelles lesdits possesseurs pourront néanmoins faire
faire comme bon leur semblera, sans être tenus d'y observer aucunes formalités; même s'il est trouvé plus à
propos les inféoder et bailler à titre de foi, hommages
et censives, et sujets aux droits de quints, requints,
rachapts, lots et rentes, treizièmes et autres profits
casuels, aux mutations suivant les profits des lieux.
Voulons aussi que les domaines de la susdite qualité,
les maisons, fours, moulins, pressoirs, estangs et
autres édifices que nous avons remboursés et desquels
nous sommes en jouissance, puissent être baillés aux
particuliers qui s'en voudront charger auxdites conditions; le tout ainsi qn'il sera par nous jugé utile pour
le bien de notre service et accommodement de nos
sujets. Si donnons en mandement, etc.

---

*DÉCLARATION du roi, pour l'aliénation des
petits domaines de sa majesté jusques à la concurrence de 400,000 livres de revenu. Donnée à
Versailles, le 8 avril 1672. Registrée en la chambre
des comptes, l'onzième jour des mêmes mois et an,
ce requérant le procureur-général du roi.*

LOUIS, etc.

Nous aurions, par nos édits des mois d'avril 1667 et
août 1669, pourvu à la réunion de nos domaines, et
réglé la forme des remboursements de ceux qui s'en

trouvaient engagistes; et quoique par les mêmes édits
nous ayons ordonné que les petits domaines y mentionnés de peu de valeur , ensemble les fours, pressoirs,
étangs et autres portions de domaines, dont les réparations annuelles consomment la meilleure partie des
revenus , seraient délaissés à titre de propriétés incommutables à ceux qui s'en trouveraient en possession et
qui les voudraient acquérir, nous aurions fait exécuter
entièrement lesdits édits dans nos provinces du Lan-
guedoc , Provence, Guyenne et Bretagne, par le rachapt et remboursement entier des domaines de notre
couronne qui étaient aliénés dans l'étendue de nosdites
provinces , auxquels nous avons employé plusieurs
millions des deniers de notre trésor royal , et comme
dans les réunions qui ont été faites , il s'est trouvé
quelques-uns de ces domaines moins considérables ,
nous les avons conservés à dessein de les aliéner in-
commutablement dans l'occasion d'une guerre , ou de
quelqu'autre dépense plus pressée de l'état , suivant
la faculté que nous nous sommes réservée par les susdits édits; de laquelle désirant user , nous avons fait
expédier notre présente déclaration pour l'exécution
desdits édits à cet égard. A ces causes, de l'avis de
notre conseil , qui a vu les susdits édits des mois
d'avril 1667 et août 1669 , dont les copies duement
collationnées sont ci-attachées sous le contrescel de
notre chancellerie et de notre certaine science, pleine
puissance et autorité royale, conformément à iceux,
nous avons dit et déclaré , et par ces présentes signées
de notre main, disons et déclarons, voulons, et nous
plaît que par les commissaires qui seront par nous à
ce députés, il soit incessamment procédé, avec l'observation des formes en tel cas requises et accoutu-

mées, à la vente et délaissement à perpétuité par inféodation et deniers d'entrée, au plus offrant et dernier
enchérisseur, jusques à la somme de quatre cent mille
livres de revenu, des petits domaines séparés, ou portions de domaines mélangés avec les biens particuliers,
comme aussi des justices et seigneuries des paroisses
sans domaine; ensemble des terres vaines et vagues,
communes, landes, bruyères, guarigues, pastis, palus,
marais, estangs, bocteaux séparés de nos forêts, droits
du tiers et danger sur les bois de notre province de
Normandie, portions de domaines et droits qui nous
appartiennent en pareages avec les seigneurs particuliers (à l'exception des ecclésiastiques) fours, pressoirs,
maisons, boutiques, échoppes, halles, places à étaller,
bacs, ponts, passages, droits de péage et autres domaines et droits portés par lesdits édits et conformément à iceux, puissent être aliénés au même titre de
propriété incommutable, avec tous droits honorifiques
et utiles en dépendant, à la charge toutefois de les
tenir de nous et de notre couronne en plein fief et de
nous en rendre foi et hommage partout où il appartiendra, en la forme et manière accoutumée, et de
nous payer un écu d'or de redevance, ou tel autre qui
sera réglé par lesdits commissaires, le tout soit que
lesdits domaines soient en nos mains, ou entre celles
des engagistes, à la charge de leur remboursement,
pour en jouir par les adjudicataires et les posséder par
eux, leurs veuves, enfants, héritiers ou ayant-causes,
à titre de propriété incommutable, comme de leurs
autres acquisitions et patrimoines, avec faculté d'en
pouvoir disposer, ainsi que de leurs autres biens, en
la manière qu'ils jugeront à propos; laquelle aliénation sera faite jusques à la concurrence de ladite

somme de 400,000 livres de revenu suivant les états
qui en seront par nous arrêtés ; et en outre à condition de nous payer sur les quittances du garde de notre
trésor royal , le prix principal des adjudications qui
leur auront été faites, avec les deux sols pour livre ,
suivant et ainsi qu'il sera réglé par lesdits commissaires. Voulons pareillement qu'il soit par eux procédé
en la forme que dessus à la vente, aliénation , et
délaissement à perpétuité du droit de contrôle des
exploits des duchés , pairies , chastellenies , et autres
justices appartenants aux seigneurs particuliers de
notre royaume, pour en jouir par les adjudicataires ,
comme propriétaires incommutables, en la même forme
et manière des autres droits ci-dessus spécifiés ; à la
charge de faire exercer par lesdits acquéreurs, lesdits con-
trôles et en tenir de bons et fidèles registres et satisfaire à
tout ce qui est ordonné par notre édit du mois d'août 1669,
et déclaration du 21 mars 1671 , et en outre de nous
payer sur les quittances du garde de notre trésor royal
le prix de leur adjudication , avec les deux sols pour
livre d'icelle, suivant qu'il sera réglé par lesdits commissaires, sans que les acquéreurs desdits domaines
en puissent être à l'avenir dépossédés , ni évincés par
aucunes enchères, ni troublés dans leurs possessions,
sous prétexte de remboursement, ou en quelque autre
sorte et manière que ce puisse être. Si donnons en
mandement à nos amés et féaux conseillers, les gens
tenant notre chambre des comptes à Paris, que ces
présentes ils aient à enregistrer et le contenu en icelles
faire garder et observer selon leur forme et teneur,
cessant et faisant cesser tous troubles et empêchements
qui pourraient être donnés, nonobstant tous édits ,
ordonnances , déclarations , arrêts , réglements et

choses à ce contraires, auxquels nous avons dérogé et dérogeons par ces présentes : car tel est notre bon plaisir, etc.

ARRÊT du conseil-d'état, pour l'aliénation des moulins, fours, pressoirs, étangs et autres édifices du domaine du Roi, qui sont sujets à réparation, du 29 décembre 1682.

LE roi s'étant fait représenter en son conseil son édit du mois d'avril 1667 pour la réunion de ses domaines, par lequel il est dit entre autres choses que ceux qui se trouveront en possession de terres vaines et vagues, landes, marais, estangs, communes et autres domaines baillés et concédés à deniers d'entrée, à cens, rentes et redevances par inféodation à perpétuité, à temps ou à vie, ou autrement, comme aussi les détempteurs des boutiques, échoppes et places baillées par baux emphitéotiques seront tenus de représenter les baux et titres de leurs concessions, pour être pourvu à leur remboursement, augmentation, impense et accélérations, ou les y maintenir et conserver ainsi qu'il sera jugé par son conseil au rapport des commissaires qui seront députés par sa majesté pour l'exécution dudit édit. Autre édit du mois d'août 1669 par lequel entr'autres choses, sa majesté s'est réservé (ainsi qu'elle aurait fait par le précédent édit à l'égard des terres vaines et vagues, landes, marais, estangs, communes et autres domaines) la faculté de pourvoir au remboursement des domaines séparés, ou portions de domaines mélangées avec les biens des particuliers, parts et portions d'iceux, maisons,

fours, moulins, pressoirs, estangs et autres édifices, ou
d'y maintenir les possesseurs en payant quelques deniers d'entrée, s'il est ainsi jugé à propos, et une redevance annuelle par forme d'albergie ou autre dénomination, et à condition par les possesseurs d'entretenir les
dits bâtiments de toutes réparations grosses et menues
lesquelles ces dits possesseurs pourront néanmoins faire
faire comme bon leur semblera , sans être tenus d'y observer aucunes formalités , même s'il est trouvé plus à
propos les inféoder et bailler à titre de foi et hommage
et censive avec droits de quints, requints, rachapts,
lots et ventes , treizième et autres profits , casuels aux
mutations , suivant les coutumes des lieux : comme
aussi que les domaines de la susdite qualité , les maisons , fours , moulins , pressoirs , estangs et autres édifices que sa dite majesté a remboursés et desquels elle
est en jouissance , pourront être baillés aux particuliers
qui s'en voudront charger auxdites conditions : le tout
selon qu'il sera jugé plus utile pour le bien du service
de sa majesté et accommodement de ses sujets. La déclaration du 8 avril 1672 portant entr'autres choses , que
les petits domaines séparés ou portions de domaines
mélangées avec les biens des particuliers , comme aussi
les justices et seigneuries des paroisses sans domaines ,
fours, pressoirs, maisons, boutiques, échoppes, halles ,
places à étaler, moulins, bacqs, ponts , passages , droits
de péage et autres domaines et droits, jusques à concurrence de 400,000 liv. de revenu, seront aliénés à titre de
propriété incommutable par inféodation et deniers d'entrée, à la charge de les tenir du roi et de la couronne
en plein fief, d'en rendre foi et hommage , et de payer
un écu d'or de redevance , ou telle autre qui sera réglée
par les sieurs commissaires à ce députés par sa majesté.

Et étant informée que depuis que sa majesté jouit de ses domaines par les mains de ses fermiers, il a été employé tous les ans des sommes considérables, et même presqu'égales aux revenus pour entretenir et réparer les moulins, pressoirs, estangs et autres édifices, en sorte qu'il serait plus avantageux à sa majesté que ces sortes de domaines fussent entre les mains de particuliers qui en rendraient une redevance annuelle proportionnée aux revenus et aux dépenses qu'il convient faire de temps en temps pour les maintenir en bon état, à quoi sa majesté voulant pourvoir : ouï le rapport du sieur Colbert, conseiller ordinaire au conseil royal, contrôleur-général des finances : Sa Majesté étant en son conseil a ordonné et ordonne, que les moulins, fours, pressoirs, estangs et autres édifices dépendants de ses domaines, qui sont sujets à réparation, lesquels seront employés dans les états qui en seront arrêtés au conseil, seront publiés, vendus et aliénés à titre de propriété incommutable et à perpétuité, conformément auxdits édits et déclarations de 1667, 1669 et 1672, sous la charge d'une redevance annuelle proportionnée aux prix portés par les baux, et aux dépenses à faire par estimation pour les entretenir en bon état, ordonne à cet effet que les publications en seront faites sur les lieux, et les enchères reçues pardevant les sieurs intendants et commissaires départis dans les provinces et généralités du royaume, suivant et conformément à l'arrêt du conseil du 18 février 1673, desquelles publications et enchères seront dressés procès-verbaux, sur lesquels et sur le renvoi qui en sera fait au conseil, les adjudications seront faites sur les dernières enchères où elles seront publiées de nouveau pardevant les commissaires qui seront à cet effet nommés par Sa Majesté,

et procédé à l'adjudication finale au plus offrant et
dernier enchérisseur en la manière accoutumée. Veut
Sa Majesté que le présent arrêt soit publié et affiché,
ensemble les états desdits domaines , partout où il appartiendra , et que ce qui sera ordonné sur ce sujet
par les intendants et commissaires départis soit exécuté nonobstant opposition , appellations et autres empêchements quelconques , dont si aucunes intervien-
nent , Sa Majesté s'en réserve la connaissance et à son
conseil , icelle interdit à toutes ses cours et autres juges. Fait au conseil d'état , etc.

---

*EXTRAIT de l'Edit du roi portant aliénation des
domaines , donné à Versailles au mois d'avril* 1702 ,
registré en parlement le 15 *mai, même année.*

Louis, etc.

La paix dont le traité fut conclu à Riswik en l'année
1697 , nous ayant mis en état de pouvoir nous passer
des secours extraordinaires , nous aurions fait surseoir
l'exécution de notre édit du mois de mars 1695 et des
déclarations et arrêts donnés en conséquence , par lesquels nous avions ordonné l'aliénation de nos domaines ,
et de partie de nos justices par démembrement du ressort de nos siéges royaux subalternes , et confirmé tous
ces possesseurs de domaines aliénés à titre de propriété
incommutable, depuis l'ordonnance de Moulins de
l'année 1566 , aux réserves et exceptions contenues
auxdits édits et déclarations; mais les dépenses inévitables auxquelles nous nous trouvons engagés , nous
obligeant de remettre en usage tous les moyens dont
nous avons coutume de nous servir dans nos besoins ,

nous avons cru ne pouvoir rien faire qui fût moins à
charge à nos sujets, ni qui pût causer moins de dimi-
nution à nos revenus ordinaires que d'ordonner l'exécution desdits édits et déclarations; à ces causes, etc. ,
ordonnons en outre que par lesdits commissaires il sera
procédé comme ci-dessus, tant dans lesdites paroisses
que dans les chefs-lieux dont nous nous réservons la
justice et seigneurie, à la vente et aliénation audit titre
d'inféodation et de propriété incommutable des cens,
rentes, moulins, fours, pressoirs, halles, maisons,
boutiques, échoppes, terres vaines et vagues, landes,
bruyères, palus, marais, bacs, péages, passages, et
autres semblables droits dépendants de nos domaines,
et dont nous avons ci-devant ordonné l'aliénation par
notre déclaration du 8 avril 1672, etc.

----

*EXTRAIT de l'Édit du roi, du mois d'août 1708,
portant Aliénation des domaines, enregistré au parlement de Paris le 2 octobre 1708, et à la cour des
aides le 10 décembre même année.*

LOUIS, etc.

Nous avons par nos édits des mois de mars 1695 et
avril 1702, et par nos déclarations rendues en conséquence, ordonné la vente et aliénation de nos domaines, titres et seigneuries, bois et revenus en dépendants, aux clauses et conditions et avec les formalités
prescrites par lesdits édits et déclarations, dont nous
avons fait surseoir l'exécution par les arrêts de notre
conseil des 15 juillet 1700 et 27 avril 1706; mais
comme la continuation de la guerre nous engage dans
des dépenses inévitables, et que nous préférons tou-

jours les moyens de les soutenir par l'aliénation de nos propres fonds et revenus à ceux qui peuvent être à charge à nos sujets, lesquels nous donnent d'ailleurs assez de marques de leur zèle pour le bien de notre service , nous avons résolu de continuer pendant le cours de la présente guerre l'exécution desdits édits et déclations, et de faire procéder à la vente et aliénation de nos domaines avec les formalités accoutumées.

ARTICLE PREMIER. Nous avons par le présent édit perpétuel et irrévocable , dit et ordonné , disons et ordonnons , voulons et nous plaît que nos édits des mois de mars 1695 et avril 1702.... soient exécutés , et que par nos commissaires députés il soit incessamment procédé, avec les formalités ordinaires et accoutumées, conformément auxdits édits et déclarations, à la vente et aliénation des hautes , moyennes et basses portions des justices, etc.

2. Ensemble à la vente de tous les petits domaines restant en nos mains, des moulins , fours , pressoirs , halles , maisons , boutiques , échoppes , places à étaler , terres vaines et vagues , communes , landes, bruyères, guarigues, pastis , palus , marais , estangs, bocteaux , lacs, péages , travers, passages, droits de minage , mesurage, aulnage , poids , tabellionnage et généralement de tous les autres et semblables droits de nos domaines, pour en jouir par ceux qui s'en rendront adjudicataires , leurs successeurs , héritiers ou ayant-cause à titre d'inféodation et de propriété incommutable à perpétuité, suivant et conformément à nos édits des mois de mars 1695, et avril 1702 , et ainsi qu'il est plus au long parlé par iceux et par les déclarations et arrêts de notre conseil rendus en conséquence.

7. Maintenons pareillement et confirmons à perpé-
pétuité les possesseurs des hautes, moyennes et basses
justices que nous avons aliénées à titre d'inféodation et
de propriété incommutable, tant en exécution de nos
édits des mois de mars 1695 et avril 1702, qu'en conséquence de notre déclaration du 8 avril 1672 et tous
autres généralement quelconques, ensemble tous les
possesseurs et détempteurs des justices, seigneuries,
maisons, moulins, étangs, bois, landes, bruyères,
prés, vignes, dîmes, boutiques, échoppes, places,
marais, palus, communes et communaux, îles, îlots,
guarigues, pastis, étangs, bocteaux, bacs, péages, travers, ponts et passages, paturages, eaux et marais
salants et généralement tous autres biens, terres, héritages et droits qui ont été aliénés.

8. Voulons que lesdits possesseurs et détempteurs,
leurs successeurs, héritiers ou ayant cause, jouissent
à l'avenir desdites justices, seigneuries. terres, maisons, droits et revenus paisiblement et incommutable-
ment à toujours, comme s'ils provenaient de leur
patrimoine, sans qu'ils puissent y être troublés ni
inquiétés sous quelque prétexte et pour quelque raison
et occasion que ce soit et puisse être, à la charge tant
par lesdits possesseurs que par lesdits engagistes de
nos domaines, terres et seigneuries, et par les acquéreurs des justices sans domaines et autres ci-dessus
mentionnés, de nous payer les sommes pour lesquelles
ils seront compris dans les rôles qui seront à cet effet
arrêtés en notre conseil, sur les quittances du garde
de notre trésor royal, et les deux sous pour livre
d'icelle sur les quittances de celui qui sera par nous
chargé de l'exécution du présent édit.

10. Et à l'égard de ceux qui possèdent des moulins,

fours, pressoirs, bacs, péages; landes, travers, ponts, passages et autres semblables droits ensemble des possesseurs des bois, prés, vignes, îles, îlots, maisons et autres héritages ci-devant dénommés et dépendants de nos domaines, nous les avons pareillement maintenus et confirmés en leur possession et jouissance à perpétuité, à la charge par eux de nous payer les sommes auxquelles ils seront modérément taxés par les rôles que nous ferons à cet effet arrêter en notre conseil, et les deux sols pour livre d'icelles, lesquelles leur tiendront lieu d'augmentation de finance, etc.

ÉDIT du roi, portant réglement pour les évaluations des domaines du roi, du mois d'octobre 1711.

Article premier. Qu'à l'avenir lorsqu'il s'agira de faire l'estimation et évaluation d'aucuns de nos domaines, soit de ceux qui seront donnés en apanage aux princes de notre maison, ou qui seront assignés pour la dot ou pour le douaire des reines, même de ceux qui seront échangés contre des terres et seigneuries de nos sujets, il y soit procédé par les commissaires qui seront par nous nommés et députés par lettres-patentes que nous ferons expédier à cet effet.

2. Abrogeons l'usage qui s'est pratiqué en plusieurs occasions de faire faire des évaluations par des commissaires particuliers de notre conseil, et pareillement celui que nos chambres des comptes avoient introduit de nommer et choisir de leur autorité, des commissaires pour faire de nouvelles évaluations des mêmes domaines, ce que nous leur avons expressément défendu et défendons par ces présentes.

3. Voulons que tous les procès-verbaux d'évaluation qui seront dressés par nos commissaires soient rapportés en notre conseil , pour y être examinés et en être par nous ordonné ainsi qu'il appartiendra ; et en cas que nous jugions à propos de les confirmer , nous en ferons expédier nos lettres-patentes , que nous ferons ensuite enregistrer en notre chambre des comptes , pour être exécutées selon leur forme et teneur.

4. Voulons aussi et ordonnons que lorsque les commissaires , qui seront par nous députés pour faire lesdites évaluations , seront choisis et nommés d'entre les officiers d'une de nos chambres des comptes, les procédures soient faites pendant le cours desdites évaluations à la requête de notre procureur-général en ladite chambre , et qu'à cet effet il soit nommé dans la commission et puisse assister à toute l'instruction qui sera faite en conséquence , pour y requérir , conclure , contester , s'opposer et stipuler ce qui conviendra pour le bien de notre service , même assister aux délibérations , sans néanmoins y opiner.

ANALYSE des arrêts du conseil des 13 mai et 20 juin 1724.

Ces arrêts modifient la législation relative au mode des reventes ou engagements ; ils veulent que les offres, enchères et surenchères qui seraient faites pour la revente des domaines engagés , ne puissent être reçues qu'*en rentes*, à la charge de rembourser en argent comptant les anciens engagistes ; les reventes ordonnées précédemment ne peuvent , aux termes des mêmes arrêts , être effectuées qu'en rentes. Ils portent en outre, qu'en cas de réunion desdits domaines , les

engagistes demeureront déchargés du paiement desdites rentes, du jour de leur dépossession, qui ne pourrait être faite qu'en les remboursant en un seul paiement
des finances qu'ils auraient payées aux anciens engagistes ; il résulte de ces arrêts qu'à partir de 1724, les
engagements ont entièrement cessé d'avoir lieu avec
finances ou deniers d'entrée.

ANALYSE de l'arrêt du conseil du 16 *juin* 1771.

Il a principalement pour objet de révoquer les aliénations précédemment faites aux engagistes des domaines, des droits casuels et de mutation ; il en défend
l'aliénation pour l'avenir, et veut que les engagistes qui
continueraient à en jouir, soient contraints à restitution,
et au paiement de l'amende du triple desdits droits.

ANALYSE de l'arrêt du conseil du 14 *janvier* 1781.

Les dispositions de cet arrêt ont principalement pour
objet de forcer les engagistes de rapporter, avant le 1ᵉʳ
janvier 1782 à l'administrateur-général des finances,
les titres en vertu desquels ils jouissent, les quittances
de finances, et déclaration contenant en détail les objets
par eux possédés, revenus, etc. (Art. 1ᵉʳ.)

D'accorder aux détenteurs la faculté d'obtenir confirmation dans leur jouissance, sur l'offre d'une rente
ou supplément de rente d'engagement. (Art. 4.)

De confirmer, pendant la durée du règne, les engagistes ou autres détenteurs qui se seraient soumis aux
dispositions dudit arrêt. (Art. 9.)

De réserver au roi la faculté de réunir à son domaine,
en remboursant préalablement les finances d'engage-

ment, les portions de terrains enclavés dans ses forêts, ou qui y sont contigus et à la proximité des maisons royales, même les petites portions démembrées du corps du domaine qui y sont tellement enclavées, qu'elles nuisent à son exploitation. (Art. 10.)

D'étendre la confirmation aux détenteurs sans titres, avec remise des fruits du passé, qui se conformeront aux dispositions précédentes. (Art. 12.)

LÉGISLATION NOUVELLE.

LOIS

ET

RAPPORTS.

LOI relative aux domaines, aux échanges et concessions qui ont été faits et aux apanages, du 1ᵉʳ décembre 1790.

Louis, etc.

L'assemblée nationale considérant : 1° que le domaine public a formé pendant plusieurs siècles la principale et presque l'unique source de la richesse nationale, et qu'il a long-temps suffi aux dépenses du gouvernement; que livré, dès le principe, à des déprédations abusives et à une administration vicieuse, ce domaine précieux, sur lequel reposait alors la prospérité de l'état, se serait bientôt anéanti, si ses pertes continuelles n'avaient été réparées de différentes manières, et surtout par la réunion des biens particuliers des princes qui ont successivement occupé le trône ;

2° Que le domaine public, dans son intégrité et avec

ses divers accroissements, appartient à la nation; que
cette propriété est la plus parfaite qu'on puisse concevoir, puisqu'il n'existe aucune autorité supérieure qui
puisse la modifier ou la restreindre; que la faculté d'a-
liéner, attribut essentiel du droit de propriété, réside
également dans la nation, et que si dans des circonstances particulières elle a voulu en suspendre pour un
temps l'exercice, comme cette loi n'a pu avoir que la
volonté générale pour base, elle est de plein droit abolie
dès que la nation, légalement représentée, manifeste
une volonté contraire;

3° Que le produit du domaine est aujourd'hui trop
au-dessous des besoins de l'état pour remplir sa destination primitive, que la maxime de l'inaliénabilité, devenu sans motifs, serait encore préjudiciable à l'intérêt
public, puisque des possessions foncières, livrées à une
administration générale, sont frappées d'une sorte de
stérilité, tandis que dans la main de propriétaires actifs
et vigilants, elles se fertilisent, multiplient les subsis-
tances, animent la circulation, fournissent des aliments
à l'industrie et enrichissent l'état;

4° Que toute concession, toute distraction du domaine public, est essentiellement nulle ou révocable,
si elle est faite sans le concours de la nation; qu'elle
conserve sur les biens ainsi distraits la même autorité
et les mêmes droits que sur ceux qui sont restés dans
ses mains; que ce principe qu'aucun laps de temps ne
peut affaiblir, dont aucune formalité ne peut éluder
l'effet, s'étend à tous les objets détachés du domaine
national, sans aucune exception;

Considérant enfin que ce principe exécuté d'une manière trop rigoureuse pourrait avoir de grands inconvénients dans l'ordre civil, et causer une infinité de maux

partiels qui influent toujours plus ou moins sur la somme
du bien général ; qu'il est de la dignité d'une grande
nation et du devoir de ses réprésentants d'en tempérer
la rigueur et d'établir des règles fixes, propres à concilier l'intérêt national avec celui de chaque citoyen, décrète ce qui suit :

§ I. *De la nature du domaine national et de ses principales divisions.*

ART. PREMIER. Le domaine national proprement dit
s'entend de toutes les propriétés foncières et de tous les
droits réels ou mixtes qui appartiennent à la nation, soit
qu'elle en ait la possession et la jouissance actuelles, soit
qu'elle ait seulement le droit d'y rentrer par voie de
rachat, droit de réversion ou autrement.

2. Les chemins publics, les rues et places des villes,
les fleuves et rivières navigables, les rivages, lais et relais de la mer, les ports, les hâvres, les rades, etc., et
en général toutes les portions du territoire national
qui ne sont pas susceptibles d'une propriété privée,
sont considérées comme des dépendances du domaine
public.

3. Tous les biens et effets, meubles ou immeubles
demeurés vacants et sans maîtres, et ceux des personnes
qui décèdent sans héritiers légitimes, ou dont les successions sont abandonnées, appartiennent à la nation.

4. Le conjoint survivant pourra succéder à défaut de
parents, même dans les lieux où la loi territoriale a une
disposition contraire.

5. Les murs et fortifications des villes entretenus par
l'état et utiles à sa défense, font partie des domaines
nationaux. Il en est de même des anciens murs, fossés

et remparts de celles qui ne sont point places fortes;
mais les villes et communautés qui en ont la jouissance
actuelle, y seront maintenues si elles sont fondées en titre
ou si leur possession remonte à plus de dix ans; et à
l'égard de celles dont la possession aurait été troublée
ou interrompue depuis quarante ans, elles y seront ré-
tablies. Les particuliers qui justifieront de titres valables,
ou d'une possession paisible et publique depuis quarante
ans, seront également maintenus dans leur propriété et
jouissance.

6. Les biens particuliers du prince qui parvient au
trône et ceux qu'il acquiert pendant son règne, à quelque titre que ce soit, sont de plein droit et à l'instant
même unis au domaine de la nation et l'effet de cette
union est perpétuel et irrévocable.

7. Les acquisitions faites par le roi, à titre singulier
et non en vertu des droits de la couronne, sont et demeurent pendant son règne à sa libre disposition; et
ledit temps passé, elles se réunissent de plein droit et à
l'instant même au domaine public.

§ II. *Comment et à quelles conditions les domaines nationaux peuvent être aliénés.*

8. Les domaines nationaux et les droits qui en dé-
pendent, sont et demeurent inaliénables sans le consentement et le concours de la nation; mais ils peuvent
être vendus et aliénés à titre perpétuel et incommutable
en vertu d'un décret formel du corps législatif sanc-
tionné par le roi, en observant les formalités prescrites
pour la validité de ces sortes d'aliénations.

9. Les droits utiles et honorifiques ci-devant appelés
régaliens, et notamment ceux qui participent de la nature de l'impôt, comme droits d'aides et autres y joints,

contrôle, insinuation, centième denier, droits de nomination et de casualité des offices, amendes, confiscations, greffes, sceaux et tous autres droits semblables ne sont point communicables ni concessibles; et toutes concessions de droit de ce genre, à quelque titre qu'elles aient été faites, sont nulles et en tout cas révoquées par le présent décret.

10. Les droits utiles, mentionnés en l'article précédent, seront, à l'instant de la publication du présent décret, réunis aux finances nationales; et dès-lors ils seront administrés, régis et perçus par les commis, agents ou préposés des compagnies établies par l'administration actuelle, dans la même forme et à la charge de la même comptabilité que ceux dont la régie et administration leur est actuellement confiée.

11. Les obligations que le roi pourrait avoir contractées pour rentrer dans les droits ainsi concédés, seront annulées comme ayant été consenties sans cause, et les rentes cesseront du jour de la publication du présent décret.

12. Les grandes masses de bois et forêts nationales demeurent exceptées de la vente et aliénation des biens nationaux, permise ou ordonnée par le présent décret et autres décrets antérieurs.

13. Aucun laps de temps, aucune fin de non-recevoir ou exceptions, excepté celles résultant de l'autorité de la chose jugée, ne peuvent couvrir l'irrégularité connue et bien prouvée des aliénations faites sans le consentement de la nation.

14. L'assemblée nationale exempte de toute recherche, et confirme en tant que de besoin : 1° les contrats d'échange faits régulièrement dans la forme, et consommés sans fraude, fiction, ni lésion avant la convo-

cation de la présente session ; 2° les ventes et aliénations pures et simples, sans clause de rachat, même les inféodations, dons et concessions à titre gratuit, sans clause de réversion, pourvu que la date de ces aliénations à titre onéreux ou gratuit, soit antérieure à l'ordonnance de février 1566.

15. Tout domaine dont l'aliénation aura été révoquée ou annulée, en vertu d'un décret spécial du corps législatif, pourra être sur-le-champ mis en vente, avec les formalités prescrites pour l'aliénation des biens nationaux, à la charge par l'acquéreur d'indemniser le possesseur, et de verser le surplus du prix à la caisse de l'extraordinaire.

§ III. *Des apanages.*

16. Il ne sera concédé à l'avenir aucuns apanages réels. Les fils puînés de France seront élevés et entretenus aux dépens de la liste civile, jusqu'à ce qu'ils se marient, et qu'ils aient atteint l'âge de vingt-cinq ans accomplis. Alors il leur sera assigné sur le trésor national des rentes apanagères, dont la quotité sera déterminée à chaque époque par la législature en activité.

17. Les fils puînés de France, et leurs enfants ne pourront en aucun cas rien prétendre, ni réclamer dans les biens meubles ou immeubles relaissés par le roi, la reine et l'héritier présomptif de la couronne.

§ IV. *Des échanges.*

18. Tous contrats d'échange des biens nationaux non consommés, et ceux qui ne l'ont été que depuis la convocation de l'assemblée nationale, seront examinés pour être confirmés ou annullés par un décret formel des représentants de la nation.

19. Les échanges ne seront censés consommés qu'autant que toutes les formalités prescrites par les lois et réglements auront été observées et accomplies en entier ; qu'il aura été procédé aux évaluations ordonnées par l'édit d'octobre 1711, et que l'échangiste aura obtenu et fait enregistrer dans les cours les lettres de ratification nécessaires pour donner à l'acte son dernier complément.

20. Tous contrats d'échange de biens domaniaux pourront être révoqués et annulés, malgré l'observation exacte des formes prescrites, s'il s'y trouve fraude, fiction ou simulation, et si le domaine a souffert une lésion du huitième, eu égard au temps de l'aliénation.

21. L'échangiste dont le contrat sera révoqué, sera au même instant remis en possession réelle et actuelle de l'objet par lui cédé en contre-échange, sauf les indemnités respectives qui pourraient être dues ; s'il a été payé des soultes, ou retours de part ou d'autre, ils seront rendus à la même époque ; et si les soultes n'ont pas été payées, il sera fait raison des intérêts pour le temps de la jouissance.

22. Les échangistes qui auront rempli toutes les conditions prescrites, et qui, par le résultat des opérations, se sont trouvés débiteurs d'une soulte dont ils ont dû payer les intérêts jusqu'à ce qu'ils eussent fourni des biens et domaines fonciers de la même nature, qualité et valeur, seront admis à payer lesdits retours ou soultes avec les intérêts en deniers ou assignats, sans aucune retenue. L'administrateur général des domaines sera autorisé à donner toute quittance bonne et valable, et il sera tenu de verser le tout dans la caisse de l'extraordinaire ; et, à cet effet, on retirera des

greffes des chambres des comptes et autres dépôts publics , tous les renseignements nécessaires.

§ V. *Des engagements, des dons et concessions à titre gratuit ou rémunératoire, baux à rentes ou à cens, etc.*

23. Tous contrats d'engagement des biens et droits domaniaux postérieurs à l'ordonnance de 1566, sont sujets à rachat perpétuel; ceux d'une date antérieure n'y seront assujettis qu'autant qu'ils en contiendront la clause expresse.

24. Les ventes et aliénations des domaines nationaux, postérieures à l'ordonnance de 1566, seront réputées simples engagements , et comme telles , perpétuellement sujettes à rachat, quoique la stipulation en ait été omise au contrat, ou même qu'il contienne une disposition contraire.

25. Aucuns détenteurs de biens domaniaux sujets à rachat, ne pourront être dépossédés sans avoir préalablement reçu ou été mis en demeure de recevoir leur finance principale avec ses accessoires.

26. En procédant à la liquidation de la finance due aux engagistes , les sommes dont il aura été fait remise ou compensation, lors du contrat d'engagement, à titre de don, gratification, acquits - patents ou autrement, seront rejetés; on ne pourra faire entrer en liquidation que les deniers comptants réellement versés en espèces au trésor public, en quelque terme, ou pour quelques causes que les quittances soient conçues; et la preuve du contraire pourra être faite par extraits tirés des registres du trésor public, états de menus et comptants, et autres papiers de même genre,

registres et comptes des chambres des comptes , et tous autres actes.

27. Tous engagistes et détenteurs des domaines nationaux moyennant finance, pourront en provoquer la vente et adjudication définitive. Pour y parvenir, ils en feront leur déclaration au comité d'aliénation de l'assemblée nationale et aux directoires de département et de district, de la situation du chef-lieu; et au moyen de cette déclaration , les biens engagés seront mis en vente, en observant les formalités prescrites par les décrets, après avoir été préalablement estimés, sans pouvoir être adjugés au-dessous du prix de l'estimation; et l'adjudication n'en sera faite qu'à la charge de rembourser au concessionnaire ou détenteur la finance primitive avec les accessoires; et le surplus, s'il y en a , à la caisse de l'extraordinaire.

28. Les dons, concessions et transports à titre gratuit de biens et droits domaniaux faits avec clause de retour à la couronne , à quelque époque qu'ils puissent remonter, et tous ceux d'une date postérieure à l'ordonnance de 1566 , quand même la clause de retour y serait omise, sont et demeurent révocables à perpétuité, même avant l'expiration du terme auquel la réversion à la couronne aurait été fixée par le titre primitif.

29. Les baux emphytéotiques, les baux à une ou plusieurs vies , sont réputés aliénations ; en conséquence, les détenteurs des biens compris en iceux, et en général tous les fermiers des biens et usines nationaux dont les baux excéderaient la durée de neuf années, remettront au comité des domaines , dans le délai d'un mois, des copies collationnées de leurs baux et emphytéoses , pour être examinées par le comité,

et ensuite, sur son rapport, être statué sur leur entretien et sur leur résiliation.

3o. Tous acquéreurs ou détenteurs des domaines nationaux, les rendront lors de la cessation de leur jouissance, en aussi bon état qu'ils étaient lors de la concession, et ils seront tenus des dégradations et malversations commises par eux, ou par personnes dont ils doivent répondre.

3ı. Les aliénations faites jusqu'à ce jour par contrat d'inféodation, baux à cens ou à rente, des terres vaines et vagues, landes, bruyères, palus, marais et terrains en friche, autres que ceux situés dans les forêts, ou à cent perches d'icelles, sont confirmés et demeurent irrévocables par le présent décret, pourvu qu'elles aient été faites sans dol ni fraude et dans les formes prescrites par les réglements en usage au jour de leur date.

§. VI. *Dispositions générales.*

3ı. Aucun concessionnaire ou détenteur, quelque soit son titre, ne peut disposer des bois de haute futaie, non plus que des taillis recrus sur les futaies coupées ou dégradées.

33. Il en est de même des pieds-corniers, arbres de lizière, baliveaux anciens et modernes, des bois taillis, dont il est d'ailleurs défendu d'avancer, retarder ni intervertir les coupes.

34. Il est expressément enjoint par le présent décret, à tous concesssionnaires ou détenteurs des biens nationaux, à quelque titre qu'ils en jouissent, de présenter au comité des domaines de l'assemblée nationale et au directoire du département de la situation du chef-lieu de ces domaines, dans trois mois, à compter du

jour de la publication du présent décret, des copies
sur papier libre, collationnées par un officier public,
des titres de leurs acquisitions, des procès-verbaux qui
ont dû précéder l'entrée en jouissance, des quittances
de finance, si aucunes ont été payées, des baux qui
en auront été consentis, et en général de tous les actes,
titres et renseignements qui pourront en constater la
consistance, la valeur et le produit, et faire connaître
le montant des charges dont ils sont grevés; et faute
par eux d'y satisfaire dans le délai prescrit, ils seront
condamnés à la restitution des fruits, du jour qu'ils
seront en demeure.

35. Les engagistes ou concessionnaires à vie ou pour
un temps déterminé, des biens et droits domaniaux, leurs
héritiers ou ayant-causes, se renfermeront exactement
dans les bornes de leurs titres, sans pouvoir se maintenir dans la jouissance desdits biens après l'expiration
du terme prescrit, sous peine d'être condamnés au
paiement du double des fruits perçus depuis leur indue
jouissance.

36. La prescription aura lieu à l'avenir pour les
domaines nationaux dont l'aliénation est permise par
les décrets de l'assemblée nationale, et tous les détenteurs d'une portion quelconque desdits domaines,
qui justifieront en avoir joui par eux-mêmes ou par
leurs auteurs, à titre de propriétaires publiquement et
sans trouble, pendant quarante ans continuels, à
compter du jour de la publication du présent décret,
seront à l'abri de toute recherche.

37. Les dispositions comprises au présent décret,
ne seront exécutées à l'égard des provinces réunies à la
la France, postérieurement à l'ordonnance de 1566,
qu'en ce qui concerne les aliénations faites depuis la

date de leur réunion respective, les aliénations précédentes devant être réglées suivant les lois lors en usage dans ces provinces.

38. L'assemblée nationale abroge, en tant que de besoin, toute loi ou réglement contraires au présent décret.

LOI relative aux biens concédés à titre d'engagement par l'ancien gouvernement; donnée à Paris, le 4 septembre 1792.

L'assemblée nationale considérant que les intérêts de la nation commandent sa plus prompte réintégration dans les biens considérables abusivement concédés à titre d'engagement par l'ancien gouvernement, décrète qu'il y a urgence.

L'assemblée nationale, après avoir ouï le rapport de son comité des domaines et décrété l'urgence, décrète ce qui suit :

ARTICLE PREMIER. Toutes les aliénations des domaines nationaux, déclarées révocables par la loi du 1ᵉʳ décembre 1790, sur la législation domaniale, autres par conséquent que celles faites en vertu des décrets de l'assemblée nationale, sont et demeurent révoquées par le présent décret.

2. Il sera incessamment procédé à la réunion des biens compris dans lesdites aliénations; la régie des domaines est chargée de la poursuivre, et, pour cet effet, elle se conformera à ce qui est prescrit ci-après.

3. Les détenteurs desdits biens seront tenus de remettre leurs contrats, quittances de finances et autres

titres relatifs à leur remboursement, au commissaire national, directeur général de la liquidation, dans les trois mois qui suivront la publication du présent décret.

Ils seront tenus de justifier de cette remise, quinzaine après, en remettant le certificat du commissaire liquidateur, au bureau d'enregistrement dans l'arrondissement duquel les biens seront situés; et *pro duplicata*, lorsque les biens compris dans un acte d'aliénation se trouveront situés dans l'arrondissement de plusieurs bureaux, le receveur en donnera son récépissé.

Cette remise tiendra lieu de consentement à la dépossession.

4. Les détenteurs qui se seront conformés à ce qui est prescrit par l'article précédent, ne pourront être dépossédés sans avoir préalablement reçu, ou été mis en demeure de recevoir les sommes auxquelles leur finance et ses accessoires auront été liquidés, ils percevront jusqu'à cette époque, les fruits et produits des biens, à la charge de les entretenir en bon état et d'en acquitter les charges et contributions.

Cependant l'état des biens pourra être constaté pendant cette jouissance, en la forme prescrite par l'article ci-après.

5. Les détenteurs qui se croiront dans quelque cas d'exception, et en droit de se faire déclarer propriétaires incommutables, conformément à la loi du 1er décembre 1790, sur la législation domaniale, seront tenus de se pourvoir dans le même délai de trois mois, devant le tribunal du district de la situation des biens, pour faire statuer ce qu'il appartiendra contradictoirement avec la régie, en présence du procureur-

général syndic du département, et sur les conclusions du commissaire national.

L'instruction de ces instances aura lieu par simples mémoires respectivement communiqués, sans aucuns frais, autres que ceux du papier timbré et de signification des jugements interlocutoires et définitifs.

Les jugements rendus par le premier tribunal de district, seront sujets à l'appel.

6. Les délais prescrits par les articles 3 et 5, sont prorogés d'une année pour les détenteurs absents du royaume, pour aucune des causes légitimes déterminées par les lois;

Et à deux années pour les détenteurs résidant au-delà du Cap de Bonne-Espérance.

7. Les détenteurs qui ne se seront pas conformés à ce qui est prescrit par l'article 3 du présent décret, ou qui ne se seront pas pourvus devant les tribunaux; seront dépossédés à l'instant de l'expiration des délais fixés par les articles 3, 5 et 6 ci-dessus.

Ils seront tenus de rendre compte des fruits, depuis le jour de la publication du présent décret.

La même restitution de fruits sera ordonnée contre ceux dont la maintenue sera rejetée.

8. La régie prendra possession des biens par un procès-verbal dressé sans frais par le juge de paix du canton de la situation des biens.

La régie en fera remettre copie, dans les huit jours qui suivront, au directoire du district dans le territoire duquel les biens seront situés : elle sera pareillement tenue de lui donner connaissance du consentement ou de l'opposition des détenteurs à leur dépossession.

Dans le même délai de huitaine, la régie fera publier le procès-verbal de sa prise de possession, dans toutes les municipalités sur le terroir desquelles lesdits biens, ou partie, se trouveront situés.

Dès cette époque, les fermiers seront tenus de verser entre les mains des receveurs particuliers des droits d'enregistrement le prix de leurs baux; et les intendants ou régisseurs, le produit des biens qui leur sont confiés, et qui écherront à compter de la prise de possession.

9. Dans les quinze jours qui suivront la prise de possession, ou le consentement donné par les détenteurs, conformément à l'article 3 du présent décret, la régie fera vérifier et constater l'état des biens, contradictoirement avec le détenteur.

Le rapport des experts contiendra en autant d'articles séparés, l'état 1° des fonds d'héritage; 2° des bâtiments; 3° des droits incorporels; 4° des biens de toute autre nature.

Les experts constateront et estimeront les dégradations et diminutions, ou les augmentations et améliorations faites dans lesdits biens par les détenteurs.

10. Pour l'exécution de l'article précédent, la régie fera notifier aux détenteurs et à leur domicile, pour ceux résidant en France, et au domicile de la personne chargée de la perception des revenus, pour ceux résidant hors du royaume, la personne qu'elle aura choisie pour son expert, avec sommation d'en nommer un de leur part, dans le délai de huitaine. Ce délai sera augmenté d'un jour par dix lieues pour ceux qui sont domiciliés au-delà de cette distance du tribunal ci-après indiqué. Faute par les détenteurs de nommer leur expert dans le délai ci-dessus, il sera nommé d'office par le tribunal du district, sur le territoire duquel le chef-lieu où la majeure partie desdits biens sera situé.

Dans le cas où les deux experts se trouveraient partagés dans leurs avis, chacun d'eux fera dans le procès-verbal ses observations sur les articles susceptibles de difficultés; et le tribunal nommera un troisième expert pour les départager.

Tous les experts prêteront serment de procéder en leur ame et conscience aux visites et estimations dont ils seront chargés, et ils déposeront leurs procès-verbaux au greffe du tribunal, pour en être délivré des expéditions aux parties qui les requerront, et à leurs frais.

11. Les détenteurs des biens seront tenus de remettre aux experts, lorsqu'ils feront la visite des lieux, des copies sur papier libre, collationnées par un officier public, des titres de leurs engagements, des procès-verbaux qui ont dû précéder l'entrée en jouissance en vertu desdits titres, et en général de tous les actes et renseignements qui pourront en constater la consistance, la valeur et le produit, et faire connaître le montant des charges dont ils sont chargés.

Et faute par eux de faire ladite remise, ils seront condamnés en trois cents livres d'amende, et à la restitution des frais, à compter du jour indiqué pour la visite.

Ces condamnations seront poursuivies devant le tribunal du district dans le territoire duquel le principal manoir des biens se trouvera situé, et à la requête des régisseurs des domaines nationaux, qui seront responsables de leur négligence à cet égard.

12. Seront observées en tout ce qui peut être relatif à l'exécution du présent décret, les dispositions de celui du 19 juillet 1791, concernant le remboursement des droits supprimés sans indemnité.

13. S'il s'élève des contestations sur la consistance

des biens, elles seront portées par les parties réclaman-
tes devant les tribunaux de district de la situation des
biens, pour y être jugées en la forme déterminée par
l'article 5 du présent décret.

14. Les détenteurs qui auront poursuivi la liquidation
de leur remboursement dans les trois mois prescrits
par l'article 3 du présent décret, recevront les intérêts
de leur capital à compter du jour que les fruits auront
cessé de leur appartenir.

Quant aux détenteurs qui ne poursuivront leur remboursement qu'après ce délai, et ceux dont les demandes en maintenue auraient été rejetées par les
tribunaux, les intérêts ne pourront leur être alloués,
qu'à compter du jour de la remise de leurs titres au
commissaire national, directeur général de la liquidation.

Les intérêts qui seront alloués à tous les détenteurs,
sont fixés à quatre pour cent de leurs capitaux, sans
retenue.

15. Nul détenteur ne pourra recevoir son remboursement qu'en rapportant 1° l'attestation donnée par le
directeur de la régie des biens nationaux de l'existence
en bon état des biens dont il est détenteur, et de la remise des titres et papiers-terriers relatifs auxdits biens ;
2° les quittances des contributions et des redevances dues
pour les deux dernières années de sa jouissance, l'attestation du préposé de la régie et les quittances des
contributions seront visées par les directoires du district de la situation des biens.

16. Pourront cependant les détenteurs qui se trouveront débiteurs, à raison des dégradations ou des réparations à leur charge, ou des redevances par eux
dues, offrir de précompter sur leur remboursement,

le montant de ce qu'ils auront à payer. Ils seront tenus à cet effet d'en rapporter le bordereau, visé et vérifié dans la forme prescrite par l'article précédent ; ils seront tenus pareillement de précompter sur leurs remboursements, et de restituer même en cas d'insuffisance, le montant des sommes qu'ils auront pu recevoir à raison des sous-aliénations ou sous-accensements consentis par eux ou leurs auteurs.

17. Si les détenteurs se pourvoient en maintenue, postérieurement à la prise de possession de la régie, ils ne pourront plus obtenir que la restitution des biens, tels qu'ils seront au jour de leur demande, et celle des fruits à compter de la même époque.

18. Les biens dont la régie aura pris possession, seront administrés et vendus avec les formalités prescrites pour l'administration et l'aliénation des biens nationaux.

Ne seront cependant vendus aucuns des biens dont la vente a été ajournée ou exceptée par les lois précédentes.

19. Si les biens déclarés aliénables étaient mis en vente avant que les détenteurs eussent consenti ou contesté en justice leur dépossession, la première offre des soumissionnaires, ou l'indication du montant de l'estimation, et la première affiche leur seront notifiées dans la forme prescrite par l'article 3 ; et faute par eux de s'être pourvus avant l'adjudication définitive, et d'avoir donné connaissance de leurs diligences au directoire du district par-devant lequel la vente devra être faite, ils ne pourront plus obtenir que la restitution des sommes reçues par la nation, avec les intérêts échus depuis le jour de la demande, et la faculté d'exercer leurs droits pour recevoir le paiement de

ce qui sera dû par les adjudicataires ou leurs ayant-causes, dans les termes fixés par l'acte de leur adjudication.

20. Pour accélérer la liquidation des sommes dues aux détenteurs des biens engagés, il sera établi un bureau particulier auprès du commissaire national, directeur général de la liquidation, et les rapports sur ces objets seront soumis à l'assemblée nationale par son comité des domaines.

21. Les baux à ferme ou à loyer, soit particuliers, soit généraux des biens engagés, faits par les détenteurs, qui auront une date certaine antérieure à la publication du présent décret, seront exécutés selon leur forme et teneur, sans que les acquéreurs puissent expulser les fermiers, même les sous-fermiers.

22. Dans le cas où les baux généraux comprendraient plusieurs corps de ferme, ou des biens épars dans plusieurs paroisses, que les fermiers-généraux feront valoir par eux-mêmes ou par des colons partiaires, il sera fait par experts une ventilation, afin de déterminer la somme pour laquelle chaque corps de ferme, ou les biens épars situés dans chaque paroisse, sont entrés dans le prix total du bail.

L'estimation desdits biens sera faite d'après le produit déterminé par le procès-verbal d'évaluation; chaque corps de ferme sera mis en vente séparément, et l'adjudicataire recevra du fermier le loyer de son objet, suivant qu'il aura été fixé par la ventilation.

23. Dans le cas où les fermiers-généraux auraient passé des sous-baux authentiques, avant la publication du présent décret, ou suivis de prise de possession avant le premier janvier dernier, les prix des sous-baux seront la base de l'estimation desdits biens.

Les adjudicataires jouiront du prix entier des sous-baux généraux, à la charge par eux de laisser annuellement le dixième de leur produit au fermier principal, pour lui tenir lieu de toute indemnité.

24. Dans les cas où parmi les biens compris dans les baux-généraux, il s'en trouverait une partie qui fût occupée ou exploitée par les preneurs ou leurs colons partiaires, il sera procédé par des experts que nommeront lesdits preneurs et les procureurs-syndics des districts de la situation des biens, à l'estimation des fermages qui devront être payés pour raison de cette partie.

25. Si dans les baux, soit généraux, soit particuliers, il se trouvait compris des biens ou des droits dont la vente a été ajournée ou exceptée, il sera pareillement procédé par experts à l'estimation des fermages qui devront être payés annuellement pour raison des objets susceptibles d'être vendus.

26. A compter de la publication du présent décret, les détenteurs des biens engagés ne pourront passer aucun bail desdits biens; il sera procédé à l'adjudication desdits baux par-devant le directoire du district de la situation des biens, à la requête des détenteurs, auxquels la jouissance des fruits est conservée par le présent décret, et en présence du receveur des droits d'enregistrement, ou lui duement appelé.

27. L'assemblée nationale se réserve de confirmer ou de révoquer les sous-aliénations et accensemens faits par les détenteurs engagistes des biens nationaux, en vertu de contrats d'inféodation, baux à cens ou à rentes, autres que ceux des terres situées dans les forêts ou à cent perches d'icelles.

Et cependant les sous-aliénataires continueront de

jouir des objets à eux aliénés, à la charge par eux de payer entre les mains du receveur du district, les cens et rentes dont ils sont affectés.

28. Demeurent exceptés de la réserve ci-dessus, les sous-aliénations et accensements faits par les seigneurs engagistes ;

Des terres vaines et vagues au-dessous de dix arpents, mesure de roi ;

Des terres défrichées en vertu des anciennes ordonnances, sur les lisières des forêts, sur les bords des grandes routes ;

Des fossés et des terrains situés dans les villes et bourgs dont la population est au-dessous de dix mille ames, sur lesquels les sous-aliénataires ont fait un établissement quelconque.

Lesdites aliénations et accensements sont confirmés et demeurent irrévocables en vertu du présent décret, pourvu qu'ils soient antérieurs au premier décembre 1790 ; à la charge par lesdits sous-aliénataires, 1° de remettre dans les trois mois à compter du jour de la publication du présent décret, une copie sur papier timbré, collationnée par un notaire, au préposé de la régie, dans l'arrondissement duquel les biens seront situés ; une seconde copie au directoire du district de la situation desdits biens, devant lequel ils affirmeront, sous le sceau du serment, que lesdits actes contiennent exactement toutes les sommes qu'ils ont données pour lesdites acquisitions ; et dans le cas où les sommes qu'ils ont données, soit à titre de pot-de-vin ou deniers d'entrée, ne seraient point portées dans les actes, ils en feront leur déclaration, et y joindront les pièces justificatives qui seront en leur pouvoir.

2° À la charge par les sous-aliénataires de faire,

dans le même délai de trois mois, leur soumission de rembourser dans six années et en six paiements égaux, les droits incorporels, fixes ou casuels, dont lesdits biens par eux acquis peuvent être tenus envers la nation, dans le cas où la nation justifiera de ses droits par les titres primitifs de concession.

La liquidation desdits remboursements sera faite dans les formes et suivant les taux prescrits pour le remboursement des droits incorporels et casuels, par la loi du 20 mars 1791.

LOI relative aux Domaines nationaux engagés ou aliénés, du 10 frimaire an II.

La convention nationale, décrète :

§ I. *Révocation de toutes les aliénations et engagements des domaines et droits domaniaux.*

ART. PREMIER. Toutes les aliénations et engagements des domaines et droits domaniaux, à quelque titre que ce soit, qui ont eu lieu dans toute l'étendue actuelle du territoire de la république, avec clause de retour ou sujettes au rachat, à quelque époque qu'elles puissent remonter.

Celles d'une date postérieure au 1er février 1566, quand même la clause de retour y serait omise, et celles résultant des échanges non consommés, ou qui ont été consommés par l'ancien gouvernement depuis le 1er janvier 1789, autres que les aliénations qui ont été faites en vertu des décrets des assemblées nationales, sont et demeurent définitivement révoquées.

2. Les aliénations que les ci-devant rois ont faites depuis le 1er février 1566, des biens qu'ils possédaient

hors du territoire français, les baux emphytéotiques, les baux à une ou plusieurs vies et tous ceux au-dessus de neuf années, sont compris dans la révocation prononcée par l'article précédent.

3. Sont exceptés les inféodations et accensements des terres vaines et vagues, landes, bruyères, palus et marais, autres que celles situées dans les forêts, ou à cent perches d'icelles, pourvu qu'elles aient été faites sans dol ni fraude et dans les formes prescrites par les réglements en usage au jour de leur date, et qu'elles aient été mises et soient actuellement en valeur; les sous-aliénations et sous-accensements faits par acte ayant date certaine avant le 14 juillet 1789, par les engagistes, des terres de même nature et sous les mêmes conditions et les inféodations, sous-inféodations et accensements dépendants des fossés et remparts des villes, justifiés par des titres valables ou arrêts du conseil, ou par une possession paisible et publique, depuis quarante ans, pourvu qu'il y ait été fait des établissements quelconques, ou qu'ils aient été mis en valeur.

4. Le dol et la fraude pourront se prouver par la notoriété publique et par enquête, si les objets aliénés sous le nom de terres vaines et vagues, landes, bruyères, etc., étaient, lors de l'aliénation, des terrains en culture ou en valeur.

5. Sont aussi exceptées les sous-aliénations faites par acte ayant date certaine avant le 14 juillet 1789, par les engagistes, des terres défrichées en vertu des anciennes ordonnances, sur les lisières des forêts et sur les bords des grandes routes, et les sous-aliénations faites aussi par acte ayant date certaine avant le 14 juillet 1789, les aliénations, même celles faites avec denier d'entrée des terrains épars de contenance au-dessous de dix ar-

pents, pourvu que tous ces objets soient actuellement possédés par des citoyens dont la fortune est au-dessous d'un capital de dix mille livres, non compris le montant de l'objet aliéné, pourvu qu'il ne s'élève pas à dix mille livres.

6. Il ne pourra être opposé aucune exception que celles mentionnées aux articles précédents.

7. Les exceptions portées aux articles 3 et 5, n'auront lieu qu'envers les détenteurs qui rapporteront leurs certificats de résidence, de non émigration et de civisme.

§ II. *De la prise de possession des domaines et droits domaniaux.*

8. Aussitôt après la publication du présent décret, la régie nationale du droit d'enregistrement et des domaines prendra possession au nom de la nation, après en avoir référé au directoire de district et en avoir obtenu l'autorisation, de tous les biens mentionnés en l'article 1er, sauf les exceptions portées par les articles 3 et 5, quand bien même les détenteurs auraient satisfait aux formalités et fait les déclarations prescrites par les précédentes lois qui établissaient des exceptions.

9. Lorsqu'il se trouvera des forêts et bois dans l'étendue desdits domaines, la régie nationale de l'enregistrement et des domaines en préviendra la préposée à la conservation des bois et forêts, lesquels seront tenus d'en prendre de suite possession

10. A Paris, le procureur-général-syndic, et dans les districts le procureur-syndic de district, sont particulièrement chargés de la surveillance de la prise de possession mentionnée aux articles précédents et de se faire rendre compte de l'exécution.

§ III. *Estimation lors de la prise de possession.*

11. La régie nationale du droit d'enregistrement et des domaines fera constater par des experts, en présence des détenteurs ou eux duement appelés , l'état actuel et l'estimation, d'après le prix courant en 1789, des domaines, bois, forêts et droits domaniaux dont elle prendra possession , les dégradations commises et la valeur des réparations à faire, la valeur des coupes de bois anticipées, celles des futaies exploitées, les impenses et améliorations duement autorisées, soit par le contrat , soit postérieurement , avec clause expresse de remboursement, pourvu qu'elles soient justifiées.

12. Ces impenses et améliorations ne seront estimées que jusqu'à concurrence de la valeur dont les biens se trouveront angmentés d'après l'estimation qui en sera faite lors de la prise de possession.

13. Les experts estimeront et mentionneront dans leur procès-verbal quel a été pendant les dix dernières années , le produit, année commune, desdits domaines ou droits domaniaux, déduction faite des contributions et redevances acquittées.

14. Les experts estimeront et distingueront dans leur procès-verbal d'estimation :

La valeur à l'époque de l'aliénation par le gouvernement, des objets sous-inféodés ou accensés par les engagistes dont l'aliénation est maintenue par les exceptions portées aux articles 3 et 5;

La valeur, sur le pied du prix en 1789, des objets sous-inféodés ou accensés avec une autorisation légale , dont l'aliénation est révoquée par le présent décret; ils y joindront l'estimation des dégradations, réparations , améliorations et impenses , ainsi qu'il est prescrit par les articles précédents.

15. Les dispositions des décrets des 18 juin , 25 août 1792 , et 17 juillet dernier, sur l'entière extinction du régime féodal , des priviléges et des impôts vexatoires, sont et demeurent applicables aux justices, droits féodaux , droits de traite et de gabelle, droits de messagerie , voitures d'eau , péages et tous autres droits qui ont été supprimés sans indemnité , aliénés par l'ancien gouvernement, par engagement, échange ou autrement.

En conséquence , dans le cas où les titres d'aliénation comprendront des droits supprimés sans indemnité , les experts les exprimeront dans leur procès-verbal, et détermineront la valeur pour laquelle ils sont entrés dans lesdites aliénations.

16. L'estimation des biens et les procès-verbaux seront rédigés de manière à pouvoir servir de base aux procès-verbaux d'enchère et d'adjudication, qui auront lieu lors de la vente.

17. La minute du procès-verbal sera déposée au sécrétariat de district, et il en sera délivré, sans frais, une expédition à la régie nationale du droit d'enregistrement et des domaines, et une aux détenteurs intéressés.

18. Pour mettre les experts à même de remplir les obligations qui leur sont prescrites par les articles précédents, les détenteurs seront tenus de leur remettre dans la décade, après la sommation qui leur sera faite de suite par la régie nationale d'enregistrement, les titres d'aliénation et concession, quittances de finance, baux, cueillerets, et autres actes ou titres relatifs à la régie et perception des fruits desdits biens , sous peine d'être déchus de toute répétition envers la république.

19. Les frais d'estimation seront à la charge de la nation, et seront payés ainsi qu'il est prescrit par la loi du 6 juin dernier.

20. Lorsqu'il y aura des sous-aliénataires autorisés par l'ancien gouvernement, ou maintenus par le présent décret, les détenteurs seront appelés par la régie nationale du droit d'enregistrement et des domaines, pour assister à l'estimation qui sera faite de leur partie par les mêmes experts.

21. Les dispositions relatives à la prise de possession et estimation seront applicables aux domaines et droits domaniaux, qui étaient détenus par les émigrés, par les déportés, ou par ceux dont la confiscation des biens aura été prononcée, afin de conserver les droits de leurs créanciers.

§ IV. *De la nomination des experts.*

22. Les experts seront au nombre de trois, dont un sera nommé par le directoire du district, l'autre par le juge de paix du canton où les biens sont situés, à la diligence de la régie du droit d'enregistrement et des domaines ; le troisième sera nommé par le détenteur, dans la décade de la sommation qui lui sera faite sans délai par ladite régie ; et, à son défaut, il sera procédé par les deux experts seulement.

23. Les experts ne pourront être choisis que parmi les agriculteurs et artisans qui n'avaient pas d'autre état avant la révolution, et qui n'auront été ni agents ni fermiers des ci-devant privilégiés ; ils ne seront astreints à aucune forme de justice ni prestation de serment ; ils seront tenus de terminer leurs opérations dans le mois, et leur procès-verbal ne sera sujet ni au timbre, ni au droit d'enregistrement.

§ V. *Du jugement des contestations.*

24. Les contestations qui pourront s'élever entre la régie nationale du droit d'enregistrement et des domaines, et les détenteurs sur la question de domanialité, ou toutes autres relatives à la prise de possession, estimation et ventilation, seront instruites et jugées en présence, et sur l'avis du procureur-syndic du district de la situation des biens, ainsi qu'il est prescrit par les lois rendues sur les communaux, sans que lesdites contestations puissent retarder ou empêcher la prise de possession.

25. Les arbitres seront nommés, l'un par le directoire du district, à la diligence de la régie nationale du droit d'enregistrement et des domaines; l'autre par le détenteur, et à son défaut, dans la décade de la sommation qui lui en sera faite de suite par ladite régie, par le juge de paix du canton où les biens sont situés; et en cas de partage, le tiers-arbitre sera nommé, dans les trois jours, par ledit juge de paix.

26. Le jugement des arbitres sera rendu dans le mois, et exécuté sans appel; cependant la régie nationale du droit d'enregistrement et des domaines, et le procureur-syndic du district seront tenus, chacun de leur côté, de faire connaître au comité des domaines les décisions desdits arbitres, avec leur avis, pour y être examinés; et il y sera statué par le corps législatif, lorsque les intérêts de la république auront été lésés.

§ VI. *Des déclarations à fournir.*

27. Afin de procurer à la régie nationale du droit d'enregistrement et des domaines la connaissance des

biens mentionnés au présent décret, les dépositaires publics ou particuliers, détenteurs des titres relatifs auxdits domaines ou droits domaniaux, seront tenus d'en faire leur déclaration au directoire du district dans l'arrondissement duquel ils seront domiciliés, dans un mois de la publication du présent décret, sous peine d'être déclarés suspects, et comme tels, mis en état d'arrestation.

28. La régie nationale du droit d'enregistrement et des domaines prendra copie desdites déclarations; elle indiquera les détenteurs en retard, et se transportera de suite, accompagnée de deux commissaires surveillants, nommés par le directoire de district dans toutes les archives, dépôts et greffes publics, même dans les dépôts particuliers, pour y rechercher et se faire remettre sur son récépissé tous les titres, indications de titres ou documents relatifs auxdits domaines et droits domaniaux; elle les déposera avec un état au sécrétariat du district de la situation des biens, et il lui en sera fourni décharge.

29. La régie nationale du droit d'enregistrement et des domaines est particulièrement chargée de faire faire sous la surveillance de commissaires nommés par le département de Paris, aux archives du Louvre, des Petits-Pères, du bureau de comptabilité, et à toutes les archives, dépôts et greffes de Paris, les recherches nécessaires pour réunir et déposer aux archives nationales tous les titres domaniaux, où elle prendra tous les renseignements qui lui seront nécessaires pour dresser les instructions qu'elle sera tenue d'adresser sans délai aux procureurs-syndics des districts, et à ses préposés dans les départements.

30. Au moyen des dispositions mentionnées aux ar-

ticles précédents, tous les agents salariés par la république pour la garde particulière des titres mentionnés
au présent décret, soit à Paris, soit dans les départements, sont supprimés; lesdits agents sont tenus de
remettre, avant leur retraite, à la régie nationale du
droit d'enregistrement et des domaines, sous la
surveillance des commissaires nommés par les corps
administratifs, tous les dépôts, états et renseignements
qu'ils peuvent avoir, sous peine d'être déclarés suspects,
et, comme tels, mis en état d'arrestation.

51. Les détenteurs des domaines et droits domaniaux, mentionnés en l'article 1er, même ceux exceptés par les articles 3 et 5, sont tenus d'en faire la
déclaration, conformément au modèle annexé au présent
décret, au directoire du district dans l'arrondissement
duquel les biens sont situés, d'ici au premier jour de
ventose, sixième mois de la seconde année de la république (19 février 1794, vieux style), ou dans la décade
après la sommation qui leur sera faite par la régie de
l'enregistrement et des domaines; et faute par eux de
la faire, ils sont dès à présent déchus de toute répétition envers la république; et ceux dont la propriété
devra être conservée d'après les dispositions du présent
décret, seront en outre dépossédés.

52. Les détenteurs des droits incorporels féodaux,
aliénés confusément avec des droits fonciers, qui ont
déjà remis leurs titres à la liquidation générale, seront
tenus de faire dans le même délai, et sous les mêmes
peines, une pareille déclaration.

Les experts procéderont de suite à la distinction et
évaluation de ceux desdits droits supprimés sans indemnité, en la forme prescrite par les articles précédents.

53. Afin de procurer aux détenteurs la connaissance

plus directe des dispositions mentionnées aux deux
articles précédents, la régie nationale du droit d'enre -
gistrement et des domaines les fera connaître par un avis
imprimé, qui sera affiché dans toutes les communes,
et inséré dans les journaux du pays, lorsqu'il y en
aura.

§ VII. *De la régie et vente des domaines aliénés.*

34. Tous les biens et droits domaniaux dans la possession desquels la république rentrera, en vertu du
présent décret, seront administrés, régis et vendus
comme les autres domaines nationaux.

§ VIII. *Des états à fournir par les administrations,
et des peines à leur infliger en cas de négligence.*

35. La régie nationale du droit d'enregistrement et
des domaines dressera un état, par chaque district, des
biens situés dans leur territoire, qu'elle enverra au directoire de district, et un état général qu'elle fournira
dans six mois, avec le montant de l'estimation des biens
dont elle aura pris possession, à l'administrateur des
domaines nationaux à Paris.

36. Les préposés et administrateurs qui négligeront
l'exécution qui leur est confiée par le présent décret,
et qui ne l'auront pas terminée dans six mois, seront
destitués de leur emploi, et responsables des dommages
qui résulteront de leur négligence, soit à la république,
soit aux détenteurs.

§ IX. *De la remise des titres et des déchéances.*

37. Les détenteurs des domaines et droits domaniaux
qui seront dépossédés en vertu du présent décret, se-

ront tenus de remettre au directeur général de la liquidation, d'ici au premier jour de messidor, dixième
mois de la seconde année républicaine (19 juin 1794,
vieux style), les originaux de leurs contrats d'aliénation,
sous-aliénation, quittances de finance, arrêts ou jugements de confirmation, et autres titres constatant leurs
créances et leurs droits; ensemble l'expédition des
procès-verbaux dressés par les experts lors de la prise
de possession par la régie nationale du droit d'enregistrement et des domaines; les décisions des arbitres en
cas de contestations; les quittances visées par les directoires des districts, des contributions et charges imposées
sur lesdits domaines, pour les deux dernières années
de jouissance; un certificat du directeur de la régie
nationale du droit d'enregistrement et des domaines
dans le département où les biens sont situés, de la remise de leur déclaration, et des titres et papiers relatifs
à l'administration desdits biens; lequel constatera le
jour de la prise de possession, et un mémoire signé
d'eux ou de leur fondé de procuration, contenant l'objet de leur demande et réclamation, leurs nom, prénoms
et adresse clairement désignée; et faute par eux de
faire cette remise dans le délai prescrit, ils sont dès à
présent déchus de toute répétition envers la république.

38. Ceux qui ont déjà produit des titres à la liquidation, qui leur sont nécessaires pour procéder aux
estimations et ventilations, sont autorisés à les retirer;
et ils seront tenus de compléter leur production ainsi
qu'il est prescrit par l'article précédent, et sous les
mêmes peines.

39. Les duplicata des quittances de finances tirées
du registre du contrôle, pourront remplacer les originaux.

40. Les contrats d'aliénation des domaines nationaux, quittances de finance et autres titres qui se
trouveront chez des notaires et autres pour servir de
gage et d'hypothèque, seront remis par les dépositaires
aux agents publics, à la charge de notifier, lors de la
remise, les oppositions et autres actes faits entre leurs
mains.

41. Le directeur général de la liquidation et la régie
nationale se concerteront pour dresser, après les délais
fixés pour la déchéance, la liste des détenteurs qui,
faute d'avoir remis leurs titres, sont déchus de toutes
répétitions envers la république ; ils l'adresseront sans
délai, aux directoires de district, qui poursuivront les
détenteurs en retard pour la remise de leurs titres ; et
en cas de refus, les directoires de district les feront arrêter comme suspects.

§ X. *Liquidation, paiement ou inscription des
créances provenant des domaines aliénés.*

42. Le directeur général, en procédant à la liquidation, admettra les quittances des trésoriers de l'ancien
gouvernement, justificatives des sommes versées au
trésor public pour finance principale d'aliénation, rachat des charges exigées, droit de confirmation établi
à titre d'augmentation ou supplément de finance, sou
pour livre, supplément ou accessoire de finances compris dans les quittances du trésor public ;

Les impenses et améliorations portées dans les procès-verbaux des experts, d'après les bases et dans les
cas énoncés par les articles 11 et 12 ;

Le montant des frais justifiés, et que l'ancien gouvernement s'est expressément et textuellement chargé

de rembourser par les titres de concession, engagements et autres actes.

43. Si au lieu de fournir des espèces au trésor public, les détenteurs avaient remis des titres de créance ou d'indemnité reclamée, la liquidation n'en sera faite que jusqu'à concurrence de la légitimité desdites répétitions duement justifiées.

44. Aucune taxe ni aucun droit de confirmation consistant en rentes annuelles, portions ou années du revenu des biens aliénés, n'entreront en liquidation, en principal ni accessoires.

45. Les acquéreurs sur revente recevront le montant des remboursements qu'ils justifieront avoir faits aux précédents aliénataires, en conformité des liquidations régulières qui auront eu lieu.

46. Le directeur général de la liquidation rejettera et déduira sur le montant des liquidations, la somme à laquelle les procès-verbaux des experts auront évalué le montant des droits mentionnés en l'article 15, celles des dégradations et réparations à la charge des détenteurs et celles des sous-inféodations et acensements autorisés par l'ancien gouvernement ou maintenus par le présent décret.

47. Si les aliénations ont été faites par baux à vie, ou au-dessus de neuf ans, les finances ou deniers d'entrée ne seront remboursés que dans la proportion du temps qui sera retranché de la jouissance, qui demeure fixée à trente années pour un bail à vie, et à quarante années pour celui sur plusieurs têtes.

48. S'il résulte du procès-verbal des experts, que le revenu des domaines aliénés pendant les dix dernières années réunies, équivaut au montant de la liquidation, il n'y aura lieu à aucun remboursement, à moins que

les détenteurs ne prouvent par titres suffisants, que ce revenu provient des réparations et améliorations qu'ils ont faites pendant cette époque.

49. Les intérêts du montant des liquidations seront alloués à raison de quatre pour cent, sans retenue; à compter du jour de la dépossession.

50. Les rapports sur les liquidations seront faites par le directeur général au comité de liquidation, qui les soumettra au corps législatif.

51. Le montant de la liquidation et des intérêts sera payé ou inscrit sur le grand livre, ainsi qu'il est prescrit pour la dette exigible par la loi du 24 août dernier et lois subséquentes, sur la consolidation de la dette publique.

§ XI. *Dérogation des anciennes lois.*

52. Les comités des domaines et des finances sont chargés de présenter incessamment un projet de loi relatif aux échanges consommés, et aux dispositions de la loi du 1er décembre 1790, relatives auxdits échanges qui seront susceptibles d'être révoqués.

53. Toutes les lois relatives aux domaines aliénés ou engagés, et la liquidation de leurs finances, sont révoquées ; les contestations indécises seront instruites et jugées ainsi qu'il est prescrit par le présent décret.

54. Le présent décret sera imprimé dans le bulletin de demain.

LOI du 3o *ventose an* II *qui suspend l'exécution de la Loi du* 10 *frimaire, en ce qui concerne les aliénations à condition de bâtir ou démolir.*

La convention nationale , sur la proposition d'un membre, suspend l'exécution de la loi du 10 frimaire, en ce qui concerne les aliénations à condition de bâtir ou démolir, et charge ses comités d'aliénation et des finances de lui faire incessamment un rapport sur ces objets.

LOI du 22 *frimaire an* III *qui suspend l'exécution de celle du* 10 *frimaire an* II , *concernant les domaines aliénés.*

La convention nationale , après avoir entendu un rapport fait par un de ses membres au nom du comité des finances, qui propose un projet de décret sur les réclamations élevées contre la loi du 10 frimaire de l'an second , concernant les domaines aliénés , renvoie au comité des finances l'examen de la loi du 10 frimaire, celui du projet présenté et des observations faites par différents membres; charge ce comité de présenter un nouveau projet de loi sur les domaines aliénés, et suspend l'exécution de celle du 10 frimaire.

LOI du 24 *germinal an* III, *qui suspend l'exécution du décret du* 10 *frimaire en ce qui concerne les aliénations de petites portions de terrain à cens et rente.*

La convention nationale , après avoir entendu le rapport de son comité d'aliénation , suspend l'exécution

du décret du 10 frimaire en ce qui concerne les aliénations à cens et rente, de petites portions de terrain,
faites par les ci-devant rois ou engagistes; et charge
ses comités d'aliénation et des finances réunis de lui
faire incessamment un rapport sur les exceptions ou
modifications que peut exiger ladite loi.

———————

*EXTRAIT de la loi du 6 floréal an IV, contenant
instruction pour l'exécution de celle du 28 ventose
dernier , qui crée les mandats territoriaux. —
(L'article 19 de la loi du 14 ventose an VII renvoie
à cette loi.)*

§ III. Les principales obligations de l'administration
du département commencent au moment où le porteur
de mandats se présente, pour faire la soumission : il
sera tenu par chaque administration un registre pour
l'enregistrement des soumissions, et ce registre sera coté,
paraphé et formé suivant le modèle annexé au présent.

Les soumissions seront reçues et enregistrées dans
l'ordre que se présenteront les porteurs de mandats
avec leur quittance de consignation.

Il n'en sera reçu que trois jours après la publication de
la présente instruction au chef-lieu du département. Les
soumissions faites auparavant seront regardées comme
non avenues.

Lorsque, le même jour , plusieurs soumissionnaires
se seront présentés, et auront fait des consignations
pour le même objet , le sort décidera de la préférence
entre eux.

Lorsqu'un soumissionnaire se présentera pour plusieurs objets , il sera tenu de diviser et spécialiser sa

consignation sur chaque corps de ferme , ou sous-ferme ou métairie.

Aussitôt que la soumission sera enregistrée , l'administration s'occupera des moyens de fixer le prix de l'objet soumissionné.

Le prix du bail se compose de tout ce que le fermier s'est obligé de fournir , de faire ou d'acquitter , de quelque nature que soit l'obligation , dès qu'elle était onéreuse au fermier ; s'il doit des grains on doit les évaluer d'après le prix qu'ils valaient en 1790; s'il est obligé à d'autres redevances , on doit de même en fixer le prix de 1790, ou d'après les mercuriales pour ce qui s'y trouve apprécié , ou d'après une estimation d'experts pour les autres objets , et composer du tout le prix du bail sur lequel le capital sera fixé.

On ne doit pas omettre aussi d'ajouter au prix du bail les pots-de-vin payés par les fermiers , et de vérifier avec soin s'il existe des contre-lettres que le fermier n'aurait pas déclarées , parce qu'alors elles doivent , comme les pots-de-vin , être ajoutées au prix du bail.

Enfin il faut aussi ajouter au prix du bail les impositions , charrois , corvées, et toutes autres redevances, ainsi que les dîmes , cens et droits féodaux supprimés , etc., dus en 1790 , et qui étaient à la charge du fermier.

Les baux existants en 1790, font la base des évaluations pour tous les biens qui s'y trouvent compris , de quelque classe qu'ils soient; s'il n'y a point de baux, les biens ruraux sont évalués d'après la contribution foncière , et les moulins , maisons et usines sont estimés.

Dans le cas où il n'est pas besoin du ministère d'experts , l'administration doit s'occuper dans le plus court délai , de fixer le prix de l'objet soumissionné; et dans tout autre cas, elle doit accélérer le travail des experts.

Si un même bail comprend des biens des deux classes, il faudra faire procéder par experts à une ventilation ou estimation des objets affermés confusément, pour, d'après la fixation du prix de chaque classe, former le capital de chaque portion, suivant la classe à laquelle elle appartient.

A défaut de bail authentique en 1790, la contribution doit servir de base d'évaluation pour les biens ruraux ; mais il faut que le rôle ou la matrice du rôle ne confondent pas des biens non compris dans une même soumission, sans quoi on serait réduit à l'estimation par experts.

L'évaluation prescrite d'après la contribution de 1793, doit avoir pour base la totalité de cette contribution, tant en principal que sous additionnels.

Si le préposé de l'enregistrement reconnaît que la contribution foncière est inférieure à la proportion légale, il pourra réclamer l'estimation du domaine soumissionné, et l'administration pourra l'ordonner.

Dans tous les cas d'évaluation sur la contribution foncière, ou d'estimation par experts faute de baux authentiques, s'il se trouve des baux sous-seing privé ou emphythéotiques, quoiqu'ils ne doivent pas servir de base aux évaluations, les évaluations sur la contribution foncière, ou les estimations d'experts, ne pourront être inférieures à celles qui auraient eu pour base les baux sous seing-privé, ou les baux emphythéotiques ; elles ne pourront aussi, dans aucun cas, être inférieures aux estimations qui ont été faites précédemment.

La contribution foncière ne peut servir de base pour l'évaluation des moulins et usines ; ainsi, lors même que la contribution foncière sert de base à l'évaluation d'une ferme, les bâtiments doivent en être estimés, et le prix ajouté au montant de l'évaluation.

Tous les bois, tant de futaies que baliveaux sur taillis, ne pouvant être considérés comme faisant partie des biens affermés, ni être évalués sur la contribution foncière, parce qu'ils ne produisent pas un revenu annuel, seront estimés en fonds et superficie.

Les taillis le seront de même toutes les fois qu'ils ne seront pas compris dans un bail qui en donne la coupe au fermier ; en ce dernier cas, il sera seulement procédé à l'estimation des baliveaux et arbres de réserve, dont le prix sera ajouté au prix du bail.

Dans tous les cas d'estimation par experts, elle ne pourra être inférieure au capital que fournirait l'évaluation, d'après la contribution foncière.

Les cheptels, semences, et autres avances faites aux colons par les propriétaires, seront toujours estimés, et leur valeur payée en sus des autres objets compris dans la soumission.

Les bois au-dessus de 300 arpents doivent être à la distance de plus de 1000 toises des forêts, pour ne pas être censés en faire partie.

Les biens qui dépendront de quelques maisons ou bâtiments y attenant, ou servant à leur exploitation, ne pourront être vendus qu'avec lesdites maisons ou bâtiments, toutes les fois que la vente séparée pourrait nuire à l'intérêt de la république.

L'administration du département appellera le directeur des domaines pour assister et donner ses renseignements lors du réglement d'évaluation du prix des biens soumissionnés ; il sera tenu d'y assister ou d'y faire assister un autre préposé qui signera le procès-verbal que rédigera l'administration du département. Le procès-verbal sera fait d'après le modèle annexé au présent.

S'il faut procéder à une estimation d'experts, l'un est nommé par le soumissionnaire, l'autre par l'administration ; et, en cas de partage entre eux, l'administration nomme un tiers. On ne prescrit dans le choix aucune condition ; il suffit qu'ils méritent la confiance. Ils ne sont assujettis à aucun serment ; mais avant de commencer leurs opérations, ils se rendront chez le commissaire du directoire près la municipalité de la situation des biens, et lui exhiberont leur commission.

Ledit commissaire et les experts se transporteront ensuite sur le bien, constateront sa situation, sa consistance, fixeront le revenu de ce bien en 1790, et le capital sera formé en multipliant ce revenu par 22 ou par 18, selon la nature des biens. Le procès-verbal sera rédigé d'après le modèle annexé au présent.

Les vacations des experts seront réglées par l'administration du département, et payées sur les deniers consignés par le soumissionnaire. Il sera alloué au commissaire la moitié de la vacation d'un expert, laquelle lui sera payée de même.

Les experts recevront leurs commissions du département, et seront tenus de commencer leurs opérations dans la décade, de les continuer sans interruption, et de les terminer au plus tard dans le mois, sauf, en cas de maladie, à demander leur remplacement ; faute à eux de se conformer à cette disposition, il sera nommé d'autres experts, et les premiers ne pourront plus être nommés pour remplir ces fonctions, et ne pourront demander aucun salaire pour les opérations qu'ils auraient commencées.

Toutes les fois que l'administration décidera que

l'objet soumissionné n'est pas susceptible d'être aliéné, la somme consignée par le soumissionnaire lui sera restituée de suite, sans frais. Cette restitution sera faite de même dans les cas où l'administration du département rejettera une soumission.

Les administrations de département seront tenues de prononcer sur le rejet ou l'admission des soumissions, dans la décade au plus tard de leur date. Elles ne pourront admettre une nouvelle soumission sur les objets sur lesquels elles en auront rejeté une première; mais si leur décision est réformée par l'autorité supérieure, la première soumission aura son effet; et à défaut par le soumissionnaire de la remplir, il en pourra être reçu une seconde.

S'il était possible que des administrations négligeassent de remplir avec activité et avec zèle les fonctions qui leur sont déléguées, elles seront responsables du retard et des indemnités qui pourraient être dues aux soumissionnaires.

§ IV. L'évaluation réglée par l'administration de département, ou l'estimation terminée par les experts, le procès-verbal de réglement servira de base à l'acte de vente qui sera passé dans la forme ordinaire entre l'administration du département et le soumissionnaire, d'après le modèle annexé au présent.

L'acquéreur paiera, en sus du prix fixé par le procès-verbal d'évaluation ou d'estimation, tous les frais faits, lesquels seront composés, 1° des vacations d'experts et commissaire, papier et enregistrement des procès-verbaux, et enregistrement des actes de vente; 2° d'un demi pour cent du montant du prix principal, dont deux tiers seront employés avec indemnité, au profit tant des administrateurs, que du commissaire du directoire exécutif, et du directeur ou préposé de la régie présents, et l'autre tiers en salaire et gratifications aux secrétaires et commis de l'administration.

Les préposés à la recette des domaines nationaux sont chargés de suivre le recouvrement du prix des ventes, qui ne pourra être fait qu'en mandats ou promesses de mandats.

Les adjudicataires qui ne paieront pas le prix de leur acquisition à chacune des époques fixées par leur contrat, en seront déchus de plein droit sans aucune formalité ; le contrat est déclaré non avenu, et la restitution des sommes par eux payées ne leur sera faite qu'après avoir vérifié s'ils n'ont point détérioré les biens, et à la déduction de tous les frais et d'une amende d'un vingtième du prix principal de l'adjudication, outre les dommages et intérêts qui pourraient résulter des dégradations.

Les receveurs des domaines nationaux ne pourront annuler les mandats ou promesses de mandats avant le contrat de vente ; ils seront tenus d'annuler à cette époque tout ce qui formait le prix de l'adjudication, et les feront passer à la trésorerie nationale, qui les fera brûler dans la forme ordinaire.

Tous les primidis de chaque décade, le commissaire du pouvoir exécutif auprès de chaque administration de département, enverra au ministre des finances l'état des soumissions et des ventes, et des sommes payées à-compte ou pour solde.

LOI du 7 nivose an V, portant que les échangistes dépossédés seront rétablis dans la jouissance des objets par eux donnés en échange.

ARTICLE PREMIER. Les échangistes dépossédés depuis la loi du 10 frimaire an II, sans avoir été rétablis dans la jouissance des objets cédés en échange par eux ou par leurs auteurs, seront réintégrés sur-le-champ, par les administrations centrales, dans les biens dont ils ont été dépouillés, sans préjudice des droits de la nation, et de ceux des échangistes, qui les feront valoir ainsi qu'il appartiendra.

RAPPORT fait au conseil des Cinq-cents par Berlier, au nom d'une commission spéciale, sur les domaines engagés ; séance du 9 frimaire an VII.

Je viens au nom d'une commission spéciale vous rendre compte d'un nouveau travail sur les domaines engagés par l'ancien gouvernement.

Il ne nous était pas réservé de proclamer les droits de la nation sur cette espèce de biens.

Plusieurs lois, l'une de l'assemblée constituante en date du 1er décembre 1790, l'autre de l'assemblée législative du 3 septembre 1792, la troisième enfin de la convention nationale en date du 10 frimaire an II, les ont reconnus et appliqués, ces droits qui, ayant acquis le caractère de l'imprescriptibilité dans la main du ci-devant roi, n'avaient pu le perdre lorsque le vrai propriétaire, lorsque la nation s'en ressaisissait.

Si la loi du 10 frimaire an II fut depuis suspendue par une autre loi du 22 frimaire an III, nous n'examinerons pas jusqu'à quel point le désir, déjà trop prononcé à cette dernière époque de renverser tout ce qui avait été fait à la première, put influer sur cette décision.

Appelés à faire cesser une suspension également nuisible et au trésor public qu'elle prive de ses légitimes ressources, et à l'intérêt privé qu'elle retient dans un état funestement précaire, nous nous sommes occupés des moyens propres à donner un résultat avoué par l'intérêt national et fondé sur la justice et la raison.

Déjà avant nous, une commission avait dirigé son travail sur ce but, et vous l'aviez vous-mêmes consacré par une résolution du 27 thermidor dernier, mais après une discussion solennelle et très approfondie, le conseil des anciens a rejeté ce premier essai.

Environnés de débris, nous y avons trouvé beaucoup de bons matériaux à recueillir, et nous avons tâché d'en séparer ceux qui nous ont semblé avoir fait obstacle à l'adoption de votre ouvrage. Cette tâche n'était pas sans difficulté : je vais vous développer la route que nous avons suivie pour la remplir.

Votre commission n'avait pas à définir ce qui compose le domaine national : cette définition est donnée par la loi du 1er décembre 1790, et il est dangereux de se livrer à des répétitions qui ne tendraient souvent qu'à remettre en question des principes si solennellement discutés et décidés.

Ainsi, par exemple, c'était un point controversé avant la loi du 1er décembre 1790, que celui-ci de savoir si les domaines du prince s'unissaient à ceux de la couronne de plein droit et sans un acte formel d'incorporation ; et cette question fut décidée affirmativement par l'article 7 de la loi du 1er décembre.

Cette difficulté résolue, qu'est-ce vis-à-vis du délenteur, qu'un bien domanial? c'est celui qui lui a été concédé par le prince, et cette qualité se puise dans son propre titre sans le secours des définitions.

Nous imiterons donc la sage circonspection et de la loi du 10 frimaire an 11 et de votre résolution même du 27 thermidor, en nous occupant, non à définir de nouveau et très inutilement les domaines, mais à trouver les moyens d'en disposer pour le plus grand intérêt de la république, combiné toutefois avec ce que la justice peut réclamer en faveur des détenteurs.

Édit de février 1566.

Jusqu'à ce jour, l'époque du célèbre édit de février 1566 a été considérée comme celle à laquelle pouvait remonter la revendication des domaines engagés, sans clause de retour.

Cette époque, fixée par la loi du 1er décembre 1790, par celle du 10 frimaire an 11, et par votre résolution du 27 thermidor dernier, a trouvé néanmoins des improbateurs dans le cours de la dernière discussion.

Borner à cette époque la revendication nationale, c'est blesser, a-t-on dit, les droits sacrés du trésor public, puisqu'antérieurement même et de tout temps, ce principe de l'inaliénabilité des domaines de l'état était une maxime fondamentale.

Mais raisonner d'une manière aussi indéfinie, c'est tirer une bien vaste conséquence d'un principe que semblent contredire les témoignages de l'histoire, du moins en ce qui concerne les deux premières dynasties; car y eut-il jamais plus de concessions qu'alors, et les rois ne se regardaient-ils pas comme les propriétaires du domaine public?

Cet abus se maintint même sous les capétiens; les actes les plus solennels en font foi, et l'on voit jusqu'à

Philippe Auguste, que les dots des reines et filles de France leur étaient constituées *en domaines.*

Ce ne fut que dans le xiv° siècle que parurent quelques ordonnances (du 29 juillet 1318, 8 avril 1321 et 22 octobre 1369) qui en révoquant de précédentes aliénations, amenèrent la maxime de l'inaliénabilité du domaine : maxime pourtant qui ne fut solennellement consacrée, au moins d'une manière constante et irrévocable, que par l'édit donné à Moulins le 1 février 1566, rédigé par le chancelier l'Hospital, et connu sous le nom *d'ordonnance des domaines.*

Il y a lieu de croire que dans les temps qui ont suivi cet édit, et à mesure que l'on s'est éloigné de cette époque, on s'est habitué à considérer comme ayant existé toujours, ce qui existait depuis si long-temps.

Il était pourtant naturel de penser que ce principe conservateur n'avait été amené que par de nombreuses déprédations antérieures, et que, comme la plupart des lois, il dut son origine au mal même qu'il voulait arrêter.

Quoi qu'il en soit, et au milieu des opinions diverses et souvent conjecturales qui se sont élevées sur le principe de l'inaliénabilité appliqué aux temps antérieurs à 1566, il convenait que la législation moderne se fixât; et comme il s'agissait d'une grande mesure de dépossession, il était sage de s'arrêter à un terme connu, à une époque que les détenteurs mêmes ne pussent récuser; et les assemblées nationales ont adopté celle de l'édit de 1566.

Votre commission n'a pas cru devoir vous proposer d'y déroger, malgré la critique que cette fixation d'époque a éprouvé.

Cette limitation, au reste, ne saurait comme on le

Clause de retour ou rachat à perpétuité, insérée dans les contrats.

conçoit, influer sur les contrats antérieurs contenant la clause de *retour* ou *rachat à perpétuité*, car alors il ne s'agit de recourir ni à l'histoire, ni aux maximes de droit public, pour déterminer les effets d'un tel acte.

La loi est en ce cas dans le contrat même, et comme nul ne peut prescrire contre son titre, un tel engagement est essentiellement révocable, quand il remonterait à Pharamond,

Je viens de vous exposer les premières donées du nouveau projet.

Il n'y a rien jusque là qui ne soit très parfaitement conforme et au sentiment des législateurs qui vous ont précédés, et au vôtre même consigné dans la résolution du 27 thermidor dernier, et ce n'est pas sur ce point que nous devons attendre beaucoup de contradictions.

Si pourtant la révocabilité, à dater de l'édit de 1566 seulement, a été combattue comme insuffisante, une autre opinion s'est aussi fait entendre pour la combattre comme étant excessive, en ce qu'elle trouve sa source dans une loi que l'on a présentée comme étant tout à la fois fallacieuse dans son principe et abusive dans se effets.

Nous sommes loin de contredire la part que la cupidité royale peut avoir dans l'édit de 1566 et surtout les nombreuses infractions qui le suivirent. Cette loi impuissante pour le prince qui s'en jouait, devenait pour lui, après une aliénation prohibée, le prétexte commode d'anéantir son propre ouvrage.

Mais est-ce bien le lieu d'examiner le caractère originel de cette loi, et les abus qui se maintinrent après elle ? Sans doute il existait alors un grand vice primitif, c'était le vice de l'organisation politique, qui rapportait tout au prince et rien à la nation ; mais comment se fait-il qu'on place ce vice dans la loi qui s'en trouvait le plus exempt ? N'était-ce pas en effet une limitation de pouvoir, que l'acte par lequel le despote lui-même se déclarait inhabile à faire une concession perpétuelle ?

L'abus n'était donc pas dans la loi même, mais dans son inexécution.

Au reste, et sous ce rapport même, l'aliénataire averti par elle était sans qualité pour se plaindre ; n'avait-il pas concouru à la commune infraction de l'édit ? Et quelle était d'ailleurs cette espèce d'hommes auxquels se faisaient le plus souvent les concessions domaniales ? quelle faveur méritaient-ils, et comment pourrait-on mettre leur dépossession en problême, quand elle est la conséquence nécessaire de l'une des lois les plus solennelles qui régissaient la France monarchique ?

Je crois avoir suffisamment répondu à la voix solitaire qui a élevé des doutes sur ce principe, sinon éternel, devenu du moins fondamental depuis l'édit de 1566.

En l'appliquant, il convient pourtant d'exprimer qu'il ne s'étend aux pays réunis au territoire français qu'à dater de cette réunion, sauf pour les temps antérieurs, l'exécution des lois qui les régissaient. C'est ce à quoi votre commission a pourvu, ainsi que l'avait fait la résolution du 27 thermidor.

Pays réunis à la France depuis 1566.

Mais une loi de cette nature appelle des exceptions, et nous ne vous en proposerons aucune qui n'ait déjà obtenu ou votre assentiment, ou celui des précédentes assemblées.

J'ai peu de choses, sans doute, à dire pour justifier le maintien des concessions confirmées par décrets spéciaux des assemblées nationales, non abrogées depuis.

A l'égard des échanges, s'ils ont été consommés selon

Échanges ; terrains épars; fossés, remparts.

les formes admises et sans lésion, votre commission a pensé, et avec les auteurs de la loi du 1ᵉʳ décembre 1790, et avec la résolution du 27 thermidor dernier, qu'ils devaient être maintenus. J'examinerai dans un autre moment les objections qui ont été faites en thèse générale contre le retrait des biens échangés, même illégalement, et avec lésion.

A l'égard des terrains épars, des fossés et remparts, et singulièrement des parties sur lesquelles il a été fait des établissements, votre commission a cru qu'il était de son devoir de respecter certaines exceptions consacrées par de précédentes lois des assemblées nationales, de telle manière toutefois que ces exceptions ne s'appliquent qu'aux détenteurs de quantités peu spacieuses, ou acquises à titre évidemment onéreux.

Terres vaines et vagues, landes, marais, etc.

Mais ici se présente une difficulté plus vaste, relativement aux terres *vaines et vagues, landes, bruyères, palus et marais.* Il ne s'agit pas de savoir seulement si par grâce, et pour ne pas troubler de petits possesseurs présumés favorables, on maintiendra les accensements peu considérables de ces sortes de terrains, mais si, quelle qu'en fût l'étendue primitivement, il est légalement possible d'y apporter la plus légère dérogation; si, en un mot, la maintenue pour ce genre de terrain ne doit pas être entière et sans aucune limitation. Voyons d'abord quel est sur ce point l'état de la législation moderne.

La loi du 1ᵉʳ décembre 1790 maintenait indéfiniment les accensements de ce genre de bien. Celle du 10 frimaire ne les anéantissait que dans le cas où il serait prouvé que les fonds étaient en valeur.

La résolution du 27 thermidor révoquait dès l'instant même et sans aucune preuve les aliénations de ce genre qui excédaient quatorze hectares.

Comme cette partie de la résolution a donné lieu à de grands débats, et que peut-être elle n'a pas peu influé sur le rejet, elle exige un examen particulier.

L'on a d'abord mis en question si l'on pouvait en cette matière, révoquer par une loi ce qu'avait accordé une loi précédente émanée des représentants du peuple.

A l'époque du 1er décembre 1790, a-t-on dit, l'ancien principe de l'inaliénabilité des domaines ne restait applicable que pour ce qui dérivait du fait des ci-devant rois, considérés comme simples administrateurs; mais la nation étant alors rentrée dans ses droits, ce qui a été stipulé en son nom par ses vrais représentants, dégagé du vice et de l'obstacle primitif, s'est aussitôt empreint d'un caractère irrévocable, Or la loi de 1790 avait confirmé les engagements qui ne portaient que sur les terrains vains et vagues, landes, bruyères, palus et marais; donc il n'a plus été possible de déroger à la propriété fondée sur un titre aussi authentique.

Je sais tout ce qu'a d'essentiellement utile la stabilité des lois, de celles-là surtout qui touchent par quelques points à la propriété des citoyens; mais ne tire-t-on pas ici de ce principe très sage une conséquence trop étendue ?

Que l'assemblée qui représente la nation ordonne l'aliénation de quelques-uns de ses biens, et que cette aliénation s'effectue, voilà la loi qu'on ne saurait rapporter sans se jouer de la propriété des citoyens.

Mais, en supposant un moment que les terrains *vains et vagues* n'eussent pu être accensés à perpétuité, par les ci-devant rois, que résulterait-il de la confirmation de 1790 faite sans aucun prix ? une pure libéralité, un cadeau, la remise d'un droit acquis à la nation, et rien au delà.

Or, et sauf le droit des tiers acquéreurs depuis la même époque de 1790 , qui ne sent que la révision d'une telle disposition tomberait dans le domaine ordinaire de la législation ?

Je ne me suis au reste attaché à répondre à la prétention contraire que pour ne pas laisser passer sans contradiction un principe dont l'application illimitée ne serait pas sans de graves inconvénients.

Mais, de ce que le corps législatif pourrait, dans l'hypothèse donnée, révoquer la confirmation de 1790, s'ensuit-il qu'il le doive ? Question équivalente à celle-ci : les terrains vains et vagues étaient-ils frappés de l'inaliénabilité consacrée par l'édit de 1566?

Ce n'est pas par la distinction des *grands* et *petits* domaines , que l'on arrivera à la solution de cette question.

Cette distinction qui ne se trouve pas dans la loi fondamentale , n'a pu s'établir par l'opinion de quelques auteurs , ni par l'introduction furtive de quelques rescrits; l'abus n'a pas changé le principe , ni imprimé aux biens tenus *en roture* , mais *en valeur* , un caractère d'exception qui n'était pas dans l'édit primitif.

Mais quand la discussion se réduit aux terrains vains et vagues , elle acquiert un grand degré de précision; car ce n'est plus sous la désignation captieuse et fausse de *petits domaines* , mais sous leur vraie qualification qu'il convient de les examiner, ainsi que leurs effets.

Voyons donc s'il existait une exception à l'égard des terrains vains et vagues; elle n'est pas, il est vrai, consignée dans l'édit même du 1er février 1566, connu sous le nom d'*Ordonnance des domaines ;* mais dans un second édit du même jour, qui ordonnait qu'il serait fait bail à perpétuité, à cens et rente, avec deniers d'entrée modérés, *des terres, prés, palus et marais vagues.*

Ainsi, et en remontant à la source, on trouve le principe de l'accensement des terrains vagues, consacré le jour même où le fut celui de l'inaliénabilité des domaines, par où l'on voulut marquer une exception qui ne pouvait l'être d'une manière plus formelle, et qui depuis fut constamment maintenue.

Concluons donc que le principe posé dans l'ordonnance des domaines, n'était point applicable aux terrains vains et vagues; c'est un point d'ailleurs que, jusqu'à ce jour, les assemblées nationales n'ont pas hésité de reconnaître.

Mais, dira-t-on, si vous confirmez simplement les accensements ainsi qualifiés, vous allez, sans le vouloir et sans aucun prix, maintenir d'immenses concessions, souvent extorquées par le crédit, et des prairies fertiles vont rester aux mains des usurpateurs; parce que, pour déguiser d'injustes faveurs, on a employé la commode ressource des frauduleuses qualifications.

Résulte-t-il de là que la présomption de fraude qui peut s'attacher à quelques contrats, doive entraîner la proscription de tous ? et que la présomption légale qui accompagne d'ordinaire le titre autorisé, s'élève ici contre lui ?

Prendre l'étendue du terrain accensé pour règle du maintien ou de la révocation, ce serait appliquer faussement à un cas de *justice rigoureuse*, une règle qui n'est bonne que pour les exceptions de *pure faveur.*

Ainsi, et jusqu'à preuve de la fraude, l'inféodation des terrains vains et vagues doit être maintenue.

Mais il n'est pas nécessaire que cette preuve repose toujours ou sur des témoignages vocaux, ou sur des actes écrits.

Les lois admettent quelquefois des présomptions légales qu'elles élèvent à la qualité des preuves, et qui les remplacent.

Ici la présomption légale de la fraude peut résulter de la qualité même des concessionnaires; par exemple, s'ils étaient gentilshommes *titrés*, ou s'ils possédaient des *charges à la cour*.

Mais hors de ces cas, et par rapport aux autres citoyens, votre commission n'a vu que la nécessité de maintenir les règles communes, et de leur conserver l'effet de leurs contrats, à moins qu'il ne fût prouvé, soit par témoins, soit par actes écrits, que tout ou partie des fonds accensés, comme des *terres vagues*, était réellement en valeur.

Je viens d'indiquer les exceptions que votre commission a cru nécessaire de conserver ou de rétablir. J'ai maintenant à combattre certaines extensions qu'on voudrait leur donner.

Ce que j'ai à dire à ce sujet est d'abord relatif aux échanges; nous vous proposons, ainsi que votre précédente commission, de maintenir ceux qui ont été consommés *légalement et sans fraude* avant le 1er janvier 1789.

Mais faudra-t-il maintenir aussi ceux qui ne jouissent pas de ce double caractère, lorsque l'objet reçu en contre-échange sera sorti des mains de la nation ?

Votre commission n'a pu croire que cette circonstance fît obstacle à la réparation du dol prouvé, ni que l'échangiste pût s'en faire un titre pour conserver ce qu'il aurait illégalement ou frauduleusement acquis.

Il nous a semblé que c'était en ce cas beaucoup faire pour lui que de lui attribuer les mêmes droits qu'à l'engagiste, soit pour la retenue des fonds, soit pour le remboursement, qui ne sera plus illusoire, comme il pouvait le paraître dans la résolution dernièrement rejetée par le conseil des anciens.

Est-il vrai d'ailleurs, comme on l'a encore prétendu, que la matière des échanges ne soit pas susceptible d'une disposition législative qui les embrasse en masse?

Sans doute ils peuvent différer entre eux, et il est assez évident que les cent trente-deux échanges relevés et connus jusqu'en 1789 ne sont pas de même cathégorie.

Les uns pourront être révoqués par défaut de consommation légale avant le 1er janvier 1789, les autres pour cause de fraude ou de lésion, d'autres enfin pourront être maintenus comme ne renfermant ni l'un ni l'autre de ces vices.

Résulte-t-il de là que le corps législatif doive les examiner tous séparément, et rendre des décrets qui ne seraient, à proprement parler, que des jugements? non, sans doute; la loi pose les bases de la justice distributive que d'autres organes doivent appliquer.

Mais d'autres exceptions ont été encore invoquées particulièrement en faveur des pays démembrés de l'empire Germanique : je vais en retracer l'objet.

L'article 2 de la résolution du 27 thermidor dernier (article que nous vous proposons de maintenir) porte, « qu'en ce qui concerne les pays réunis postérieure-
» ment à la publication de l'édit de février 1566, les
» aliénations des domaines faites avant les époques res-
» pectives des réunions, seront réglées suivant les lois
» lors en usage dans les pays réunis, ou suivant les
» traités de paix ou de réunion. »

L'article 5 révoque toute aliénation contenant *clause de retour* quelle qu'en soit la date, et *en quelque lieu de la république que* les biens soient situés.

Aliénations de domaines dans les pays démembrés de l'Allemagne avant la révolution.

Ces dernières expressions ont donné lieu à l'objection qui suit ; en Allemagne, a-t-on dit, et avant le traité d'Osnabruck, les princes et états d'empire ne tenaient leurs biens domaniaux qu'à titre d'engagement, grévés de la clause *de retour* envers le chef de l'empire : mais le traité d'Osnabruck intervenu entre l'empereur et les états. immédiats de l'empire a définitivement reconnu le domaine libre dans les mains de ces états immédiats.

Or, ce traité antérieur à la réunion de l'Alsace à la France, et qui avait corrigé le droit public d'Allemagne, n'effaçait pas le fait matériel de la stipulation originelle, bien que l'effet n'en existât plus au moment de la réunion : donc l'article 3 fait grief à cette partie des pays réunis, qu'il fallait nommément excepter de ses dispositions.

Il est nécessaire ici de bien s'entendre. Quelle était la matière sur laquelle a prononcé le traité d'Osnabruck ? Était-ce autre chose qu'un différend entre le chef et les états immédiats de l'empire, une dispute de puissance à puissance ? non, sans doute.

Les domaines étaient-ils de simples engagements dans les mains des princes et états de l'empire, ou bien étaient-ils la propriété de chaque état ? Voilà quel était le sujet du débat, terminé en faveur des princes ou états de l'empire par le traité d'Osnabruck, garanti par la France dans celui de Munster, que l'on fait remonter, ainsi que le premier, à l'année 1648, et qui, l'un et l'autre, contiennent le traité appelé de Westphalie.

Cherchons maintenant ce que cela peut avoir de commun avec la difficulté proposée.

Les droits des états d'Allemagne considérés comme

états, ont passé à la France pour la partie qui lui en a été remise, et par l'effet de cette consolidation, il ne peut exister aucune discussion entre des états qui n'existent plus et la république qui les représente.

Si l'on veut dire que quelques villes impériales, auxquelles le traité d'Osnabruck avait réuni le plein domaine à titre d'*états immédiats*, veulent le retenir aujourd'hui, nous demandons à quel titre. Si c'est en vertu de leur ancien droit, il est éteint; si l'on prétend que ces biens ont du moins pris la qualité de *communaux*, ce n'a pu être qu'en vertu d'un titre nouveau, d'une concession expresse contenue dans les traités de réunion, et l'article 2 maintient ces sortes de stipulations.

Sous ce rapport, la critique nous a paru sans objet; mais elle nous a semblé inexacte, si l'on a voulu l'étendre d'une manière plus générale aux engagistes de ces pays réunis, et si l'on prétend que par suite du traité d'Osnabruck, les particuliers détenteurs de domaines à eux engagés par les états immédiats ont été aussi affranchis de la clause de retour.

Car si le droit public d'Allemagne a sur ce point éprouvé des changements, ils ne se sont opérés qu'entre les puissances qui se disputaient le domaine primitif, et en faveur des *états immédiats* de l'empire, sur lesquels cette *clause de retour* pesait personnellement.

Mais de ce que ceux-ci ont été relevés par des considérations d'un ordre supérieur, il ne peut s'en suivre que des particuliers qui tenaient *des états* avec la même clause, aient dû profiter eux-mêmes d'un traité politique qui ne statuait que sur les intérêts et droits respectifs des puissances contractantes. Pourquoi donc faire exception relativement aux effets de cette clause de retour, en faveur *des pays démembrés de l'empire? inutile*, sous le premier rapport que l'on a examiné; *dangereuse*, sous le second; sous l'un et sous l'autre cette exception est inadmissible.

Réunion aux biens engagés par droit de retrait féodal ou censuel.

Je vais actuellement vous entretenir d'un objet jusqu'à ce jour omis dans nos délibérations, et sur lequel pourtant le premier éveil avait été donné en l'an III. Je veux parler des biens que l'engagiste avait réunis à son domaine par droit de retrait féodal ou censuel.

Seront-ils considérés comme faisant partie de l'engagement, et comme tels, à leur tour, sujets au retrait national? En seront-ils exceptés?

Votre commission, en adoptant la première opinion, a bien pensé qu'elle trouverait des adversaires qui voudront faire envisager ces biens ainsi retraits comme des fruits.

Il est très vrai encore qu'en certains pays, et singulièrement à Paris, cette dernière opinion avait prévalu, et que ces biens entraient comme *fruits* dans la communauté conjugale, tandis qu'ailleurs, et notamment dans la ci-devant Bourgogne et le ci-devant Artois, l'on tenait pour maxime que les biens provenant de tels retraits étaient et restaient propres à l'époux, du chef duquel ils procédaient.

Au milieu de ces usages divers, c'est à la raison à prononcer, et elle indique assez que le retrait féodal ou censuel donnait ouverture, non à des fruits, mais à une incorporation réelle qui rappellait à leur primitive condition des fonds qui en avaient été momentanément distraits.

Je viens d'analyser les droits de la nation, et les exceptions que peut justement comporter une loi de cette espèce.

Je dois maintenant fixer vos regards sur quelques autres points qui, à proprement parler, appartiennent
plus à la forme qu'au fond, et parmi lesquels pourtant
nous en trouverons qui sont d'un bien grand intérêt.

L'on avait reproché à la résolution du 27 thermidor,
de mettre toutes les propriétés particulières à la merci
des agents des domaines, en les autorisant à revendiquer sans produire aucuns titres, et en mettant la production des titres à la charge des défendeurs.

Notification des titres prouvant la qualité des domaines engagés.

Sans doute un tel système serait étrangement sub-
versif des notions les plus communes, mais il ne nous
a apparu ni dans la lettre ni dans l'esprit de la résolution : votre commission l'a seulement trouvée un peu
trop silencieuse sur ce point, et elle a pensé que pour
faire cesser cette objection, seulement relative au cas
où l'engagiste ne profiterait point des voies amiables
qui lui seront ouvertes, il convenait d'exprimer formellement l'obligation où sera placée la régie des domaines de notifier, avant toutes autres poursuites, les
titres dont elle entend se prévaloir pour obtenir la dépossession de l'engagiste.

Mais ici vient se placer un objet de discussion plus
grave. S'il s'élève des contestations sur la nature des
titres, sur la domanialité, sur la propriété enfin, comment et par qui seront-elles décidées ?

Compétence des tribunaux.

L'article 26 de la résolution du 27 thermidor portait que « les contestations qui pourraient s'élever sur
» son exécution, seraient décidées par les administra-
» tions centrales, sauf le recours au directoire exécutif
» comme pour les autres domaines nationaux. »

Un texte aussi absolu, aussi indéfini, embrassait
toute espèce de contestations quelles qu'elles fussent,
et c'est sous ce rapport que la résolution du 27 ther-

midor, attaquée aux Anciens par une foule d'orateurs, n'a été défendue que par un très petit nombre. On a soutenu qu'en établissant les administrations juges des questions de propriété, elle était *inconstitutionnelle*, *injuste*, et même *en opposition* avec la législation à laquelle on l'a référait. Je ne vous rappellerai pas tout ce qui a été dit à ce sujet.

La constitution, il est vrai, comme cela fut observé par quelques orateurs, n'attribue pas *textuellement* aux tribunaux les contestations relatives à la propriété; mais pourquoi ces tribunaux existeraient-ils, si telle n'était leur compétence essentielle et primitive ? En voulant la séparation des pouvoirs, et en fixant les attributions administratives, parmi lesquelles ne se trouve pas celle de statuer sur les contestations relatives à la propriété, la constitution n'a-t-elle pas suffisamment témoigné qu'elle entendait que cette partie restât dans le domaine judiciaire ?

Conçoit-on, d'ailleurs, que cela puisse être autrement sans diminuer la garantie civile ? N'existe-il pas enfin des lois en vigueur qui, lorsqu'il s'agit de débats relatifs à la propriété, ne voient plus dans la république elle-même, qu'une partie qui plaide contre une autre, et les renvoient l'une et l'autre devant les tribunaux pour y discuter leurs droits respectifs.

Compétence de l'autorité administrative après la vente consommée.

Pénétrée de la nécessité de maintenir un principe qui tient de si près à la conservation de l'ordre social, votre commission a aussi aperçu les inconvénients qu'il y aurait à l'étendre aux objets dont la vente est consommée.

C'est au propriétaire à veiller et à s'opposer, s'il croit la revendication injuste; mais s'il a négligé l'emploi de cette légitime ressource, et que l'on ait procédé à la vente, il n'appartient plus aux tribunaux de statuer sur des réclamations qui auraient pour objet d'invalider une telle vente.

Car alors on éleverait le pouvoir judiciaire à la qualité de réformateur des actes émanés des corps administratifs, et l'on violerait ainsi le principe de la séparation des pouvoirs et de leur indépendance réciproque.

De plus, et en suivant une autre voie, ne serait-ce pas jeter l'alarme parmi tous les acquéreurs de biens nationaux, et mettre en problème la validité de leurs contrats ?

Votre commission a donc cru qu'une distinction était nécessaire, et elle vient de vous en développer une partie essentielle.

Les réclamations contre les ventes consommées ne sont pas pourtant les seuls objets qui sortent de la compétence des tribunaux. Tout ce qui appartient à la liquidation des indemnités, à l'exécution mécanique de la revendication non contestée, fait, dans l'usage et d'après la raison, partie des fonctions administratives ; et cette attribution, réduite à ses vrais termes, ne sera sans doute pas contredite, ou du moins ne le sera pas avec succès.

Mais nous venons de parler de cas litigieux, et nous n'avons considéré que l'engagiste qui ne viendra pas de lui-même acquitter la somme désignée pour acquérir la pleine propriété du domaine dont il est ou fut détenteur.

Cette manière d'acquérir, indiquée par la résolution du 27 thermidor, sera-t-elle ou non reproduite ? question importante sur laquelle il convient de bien se fixer.

Deux objections principales ont été dirigées contre

ce système : on a soutenu qu'il était *inconstitutionnel*, on a prétendu qu'il lésait la république.

Mais est-il vrai, d'abord, que nulle cession du domaine national ne puisse se faire que par adjudication aux enchères publiques? Dans ce cas, la loi du 28 ventose an IV, qui a admis un autre mode d'aliénation, serait donc inconstitutionnelle, et pourtant jusqu'à présent personne n'a osé le prétendre.

Mais ce n'est pas à cet exemple toutefois imposant, que je me bornerai pour résoudre la difficulté.

Si c'est dans l'article 374 de la constitution que l'on croit trouver quelque argument pour établir la nécessité de l'adjudication *aux enchères*, il est évident qu'on voudrait lui faire dire plus qu'il ne dit effectivement.

En effet, quand cet article proclame la garantie des *adjudications légalement faites*, il n'ajoute pas que ces adjudications, pour être légalement faites, devront l'être *à la chaleur des enchères*.

Le texte n'est donc pas impératif : *adjuger, transmettre, conférer la propriété d'une chose*, voilà la fin; y arriver par la voie des enchères ou d'autre manière, voilà le mode que le silence de la constitution laisse à la discrétion du législateur. L'adjudication devient donc *légale*, non parce qu'elle est faite aux enchères, mais parce qu'elle est conforme à la loi : cela n'est-il pas dans les éléments du langage ?

Concluons donc que la difficulté n'est pas dans les termes de l'acte constitutionel, mais dans la matière même, s'il est vrai que la république doive en éprouver une grande lésion : car nul d'entre nous ne veut porter une loi de déprédation.

Mais y a-t-il déprédation quand au quart effectif de

la valeur du fonds en 1790, vient se joindre l'abandon entier et absolu de la finance et des améliorations, dont pourtant il faudrait faire état dans le cas d'une adjudication rigoureuse?

Qui ne sent d'ailleurs que le quart de la valeur de 1790 n'est aujourd'hui, relativement aux immeubles, qu'un quart *nominal ;* mais que dans la réalité ce quart représente une quotité beaucoup plus forte dans le prix que l'on pourrait tirer actuellement de la vente?

Mais une considération plus importante doit ici fixer l'attention du législateur : combien en effet de titres domaniaux sont encore à recouvrer ! Combien, parmi ceux que l'on possède, seraient sujets à contestation, si nul avantage n'était offert au détenteur, et si sa dépossession absolue était arrêtée ! Combien de procès et même d'actions impoursuivies fautes de titres, ou au moins de titres suffisants ?

Admettez-vous au contraire le système proposé par la résolution du 27 thermidor? le résultat change entièrement. L'engagiste craindra que le domaine ne recouvre ses titres et ne l'expulse ; il craindra de soutenir un procès douteux et de détériorer sa condition, en laissant passer ce court délai durant lequel pourra s'exercer le droit de retenue.

Dans l'un et l'autre cas, la république tirera de cette situation des engagistes un parti beaucoup plus prompt, et même beaucoup plus certain que celui que pourrait lui offrir l'exercice rigoureux de ses droits souvent inconnus, plus souvent environnés d'incertitudes et de difficultés.

Loin donc qu'il y ait ici déprédation, c'est un acte de sage administration : c'est celui qui procurera à la république les ressources les plus abondantes.

Ce n'est d'ailleurs pas une objection bien considérable que celle que l'on fonde sur l'égalité du bénéfice accordé aux divers engagistes, bien que leurs mises primitives et accessoires ne fussent pas en mêmes proportions : car si le système offre un but généralement utile, cette considération peut-elle lui porter atteinte ? et ne faudrait-il pas souvent renoncer à de grands avantages pour les masses, si on les subordonnait toujours à la précision arithmétique dont on voudrait réclamer l'application à chaque cas particulier ?

Je viens d'examiner l'affaire relativement aux engagistes qui réclameront la faculté de retenir pour le quart de la valeur de 1790.

Engagistes qui ne voudront pas payer le quart.

Que dirons-nous de ceux qui auront gardé le silence, et à l'égard desquels il aura fallu procéder par les voies juridiques ? Quand les droits de la nation seront établis, comment en réglera-t-on l'exercice ?

Dira-t-on en faveur de ces engagistes récalcitrants, qu'ils ne peuvent être privés de leur gage avant d'être intégralement remboursés en valeurs effectives ?

Nous ne nous sommes pas dissimulé que dans le droit commun le détenteur d'un bien sujet à rachat, ne peut en être dessaisi qu'après que le vendeur primitif lui en a remboursé le prix. Mais à quoi mènerait ici l'application exacte de ce principe ? La nation peut-elle faire ce remboursement préalable de valeurs non liquidées ? le pourrait-elle avant la paix, c'est-à-dire avant l'époque jusqu'à laquelle pourtant elle doit faire emploi de toutes ses ressources ?

C'est ici que le législateur ne doit pas être un simple juriste : l'intérêt national commande ce retour immédiat, et vous l'ordonnerez. Vous hésiterez d'autant moins que vous ne verrez, dans la dépossession réelle, qu'une mesure de rigueur exercée contre les engagistes les moins favorables, contre ceux qui auront refusé le bénéfice que la loi leur offrait, dans l'espoir le plus souvent de se dérober aux recherches des agents du domaine public.

A leur égard il y aura lieu à une liquidation de rigueur dans laquelle vous jugerez sans doute à propos de comprendre au profit de la république, les fruits perçus depuis et compris 1791, toutes les fois qu'ils ne justifieront pas de la déclaration prescrite sous cette peine, par la loi du 1ᵉʳ décembre 1790.

Liquidation rigoureuse.

De cette manière ils seront plus spécialement atteints et punis; ce qui donnera plus de crédit aux soumissions faites volontairement, et corroborera ainsi un système qui ne peut être bon qu'autant que toutes les parties en seront sagement coordonnées.

Pour atteindre plus facilement ce but, vous ordonnerez encore, sur les premiers deniers de la vente, le prélèvement au profit de la république, de la somme qu'elle eût touchée dans le cas de la soumission volontaire, c'est-à-dire, du quart de la valeur de 1790; car avant toute liquidation, ce quart n'est que la représentation de la lésion légalement présumée que la nation avait soufferte.

Prélèvement du quart.

Mais que deviendra le surplus du prix? L'on a objecté qu'il ne serait pas juste de ne laisser aux engagistes ainsi dépossédés que la perspective d'un remboursement en bons de la dette publique, ainsi que le proposait la résolution du 27 thermidor.

Emploi du prix restant après le prélèvement du quart.

Votre commission s'est sérieusement occupée de cette difficulté. Parmi les engagistes qui ne se présenteront pas spontanément pour faire leur déclaration, et la soumission facultative dont on a parlé, nous n'avons pas aperçu seulement des hommes de mauvaise foi, cherchant à dissimuler le vice de leur possession, nous y avons aussi vu des hommes que le défaut d'argent et les difficultés de s'en procurer, ont pu involontairement priver de la faculté déférée par la loi.

Nous avons d'ailleurs pensé qu'en toute hypothèse, il fallait être juste, et nous avons tâché de bien fixer les droits de l'engagiste, quant à la nature de son remboursement.

Il est loin de notre pensée de vouloir établir une différence *légale*, quoiqu'elle existe *de fait* entre le numéraire et les bons de la dette publique, mais en ne voyant dans l'engagiste qu'un créancier de la république par rapport à ses indemnités, il faut néanmoins convenir que cette créance a son caractère spécial et ses effets particuliers.

Car le gage est indubitablement frappé de l'hypothèque de l'engagiste, et le privilége sur le prix en est la suite : si donc le gage est vendu en *numéraire*, c'est de cette manière que l'engagiste doit être payé, non par la république même, mais sur le prix de la chose et des deniers de l'acquéreur.

Lors donc qu'il aura été procédé à l'adjudication, et que la nation aura reçu d'abord son quart de la valeur de 1790, le surplus du prix pourra rester aux mains de l'adjudicataire jusqu'à la liquidation définitive, pour répondre, soit des indemnités de l'engagiste, soit subsidiairement des plus amples créances de la république.

De cette manière, excepté la supposition extrême et le cas non présumable où les indemnités liquidées s'élèveraient au-delà des sommes restées en dépôt, il sera pourvu aux droits de tous, et les intérêts respectifs seront conciliés, tandis que le parti contraire pourrait ne laisser voir que le droit du plus fort exercé hors de légitime mesure.

Vous apercevez sans doute que cet amendement à la résolution du 27 thermidor n'énerve point le système, et ne fait que le compléter.

Car le projet rejeté par les Anciens n'embrassait qu'un seul ordre de choses : il ne voyait qu'un point, la soumission que l'engagiste était admis à faire : la refusait-il? la résolution ne statuait nullement sur rien d'ultérieur, et appelait ainsi une loi nouvelle, au lieu que, dans le plan actuel, les ressources de l'état ne seront en aucun cas indéfiniment ajournées ni subordonnées, hors d'un délai précis, à des déclarations particulières.

Je viens de vous entretenir des objets qui constituent la matière du nouveau projet. Je vous dois actuellement compte des motifs qui ont engagé votre commission à en laisser à l'écart plusieurs qui pourraient sembler y avoir trait, plusieurs mêmes qui avaient trouvé place dans la résolution du 27 thermidor.

Ainsi, par exemple, l'article 16 de cette résolution portait. « La faculté accordée aux détenteurs actuels » ou aux ci-devant détenteurs, dépossédés en vertu de » la loi du 10 frimaire an II, ne pourra être exercée » par eux, si lesdits domaines ont été soumissionnés en » conformité de la loi du 28 ventose an IV, et autres » y relatives, auquel cas le contrat de vente sera passé » auxdits soumissionnaires, etc. , etc. »

Biens soumissionnés en vertu de la loi du 28 ventose an IV.

Cet article décidait ainsi la validité générale des soumissions faites sur les domaines *engagés*. Il était sur ce point extensif des dispositions comprises aux articles 1 et 17, d'une résolution du 14 floréal dernier, aujourd'hui soumise à la censure du conseil des anciens : car ces articles combinés ne maintiennent la soumission que relativement aux domaines qui avaient été mis sous la main de la nation, et autorisent l'engagiste à re .ndiquer ceux qui auraient été soumissionnés avant sa dépossession.

Il y avait donc contradiction entre ces deux résolutions. Celle du 14 floréal maintient les dispositions sur les domaines *séquestrés* seulement. Celle du 27 thermidor les maintenait expressément, soit qu'elles portassent sur des domaines séquestrés, soit qu'elles fussent relatives à des domaines dont l'engagiste avait conservé la possession.

A côté de ces deux opinions, il s'en place une troisième, celle qui a pour objet de soutenir que, dans l'état de suspension où la loi du 10 frimaire an II avait placé tout ce qui était relatif aux domaines engagés, ils n'étaient pas, au 28 ventose an IV, succeptibles d'être soumissionnés.

Quelque facile qu'il fût de répondre à cette dernière prétention, quelque avantage même que l'on eût à soutenir que les biens engagés, *nationaux* par essence, ont pu indistinctement être soumissionnés, par cela seul que la loi du 28 ventose an IV ne les exceptait point de ses dispositions; votre commission n'a pas cru qu'il fût de son sujet de discuter ces questions, quand elles ont été résolues par un acte émané de vous, et qui est actuellement soumis aux anciens; car la résolution du 14 floréal subsiste en son entier, et n'a pas eu le sort de celle du 27 thermidor.

En cet état votre commission a pensé qu'il y aurait un inconvénient sensible à insérer dans le nouveau projet une disposition relative à cet objet.

En effet, de deux choses l'une; ou cette disposition

serait conforme à ce qui est statué par la résolution du
14 floréal, et dans ce cas elle serait au moins inutile et
redondante, ce qui est un grand vice en législation ; ou
au contraire, la nouvelle résolution introduirait des différences, et dans cet état d'opposition les deux projets
se tiendraient par ce point réciproquement en échec,
de sorte que l'adoption de l'un entraînerait le rejet de
l'autre.

Ainsi cette disposition compromettrait essentiellement
deux des plus importantes résolutions, ou au moins
l'une des deux.

Celle dont nous nous occupons est sans doute d'un
grand intérêt pour le trésor public. Celle du 14 floréal
embrasse les intérêts privés d'une foule d'acquéreurs de
biens nationaux. Craignons donc d'établir un choc
entre elles, et formons des vœux pour que nos collègues
du conseil des anciens statuent promptement sur la
résolution du 14 floréal : bornons-nous à des expressions qui, dans cet intervalle, conservent les intérêts
de tous, et obvient à l'expropriation de ceux qui, en
vertu de la loi du 28 ventose an IV, auraient soumissionné des domaines engagés.

Voilà sur ce premier point tout ce qu'il y a de sagement praticable, et toute autre disposition ne saurait
sans danger trouver place dans le travail actuel.

Nous n'y ferons pas entrer (non plus que ne l'avait
fait la résolution du 27 thermidor) les baux a une ou
plusieurs vies, baux qui n'ont pas tous les caractères
de l'aliénation, et qui appellent une loi particulière.

Nous userons de la même circonspection à l'égard
des domaines engagés dans nos colonies des Indes orien-
tales et occidentales.

Qui ne sent, en effet, l'extrême différence qu'il y a

entre des concessions continentales et celles faites à d'industrieux colons, s'arrachant à leur patrie pour aller fertiliser un nouveau monde ?

Nous ne vous proposerons pourtant point d'excepter, dès à présent et indéfiniment, les concessions coloniales des dispositions de la loi que vous allez porter; car elles ont eu aussi leurs abus, et l'on a vu plus d'une fois accorder à l'intrigue et à la faveur des territoires entiers que le concessionnaire ne connut jamais que de nom, et qui ne devinrent jamais dans ses mains qu'une taxe mise sur l'industrie du vrai colon.

Mais de même que l'exception indéfinie embrasserait dans ses faveurs quelques hommes qui n'en sont pas dignes; de même la loi que vous allez rendre, appliquée aux colonies sans de vastes tempéraments, envelopperait dans sa rigueur des hommes dignes de toute la protection du gouvernement.

En ce moment il convient de réserver à un travail particulier, toutes les dispositions que comporte un pareil ordre de choses, et dont, soit l'absence de quelques-uns des éléments nécessaires, soit la situation actuelle de nos colonies réclament l'ajournement.

Il en est de même, mais par d'autres considérations, des concessions *d'îles, îlots, attérissements et alluvions.*

C'est ici, d'abord, la qualité de la chose que l'on a mise en débat, c'est le droit romain qu'on a opposé à la législation française de ce siècle, ainsi que du précédent, et sous ce rapport on conçoit que tout l'avantage était du côté de ceux qui s'étaient attachés au dernier état de la législation.

Mais la considération due aux personnes et aux choses a prodigieusement étendu les limites de cette partie de la discussion.

D'une part on a fait valoir la faveur due à cette classe
de concessionnaires qui, pour la plupart, assujettis à
construire et entretenir des turcies, levées et autres
ouvrages d'art, ne sont possesseurs de ces accidents de
la nature qu'à titre fort onéreux, et ont rendu de
grands services à la navigation, au commerce et à
l'agriculture.

D'autre part, ceux mêmes qui ont réclamé les droits
du domaine, ont énoncé le vœu de voir bientôt une
bonne législation sur les fleuves.

Comme il n'est point entré dans les vues de votre
commission de renfermer une loi dans une autre loi,
il lui a semblé que, pour ne pas environner de trop de
chances le principal objet de ce travail, il convenait
de renvoyer à un autre moment l'article des alluvions,
plus susceptible d'ailleurs de longues controverses que
féconde en ressources importantes pour le trésor
public.

Je viens de vous exposer les principaux objets sur
lesquels ont porté les méditations de votre commission.

J'ai dû vous éviter l'ennui de tous les petits détails,
et parmi les articles qui composent le nouveau projet,
il en est plusieurs qui n'avaient pas besoin de développements préalables.

J'ai dû, pour ne pas étendre les limites d'un rapport déjà trop long peut-être, négliger les objets sur
lesquels une lumineuse discussion n'a laissé pressentir
aucune difficulté sérieuse.

J'ai dû m'attacher surtout à ceux que l'on a environnés d'objections, et je crois en avoir résolu beaucoup.

L'on a dit qu'une loi sur le retrait des domaines
engagés était impolitique et allait répandre des inquié-

tudes sur la stabilité même des aliénations nationales.

Votre commission n'a pas cru qu'en matière aussi dissemblable il y eût à argumenter d'un cas à l'autre : elle n'a vu au contraire, dans la dissolution des engagements *royaux*, que la confirmation du principe de l'aliénabilité réservée à la nation par ses représentants.

Dans les besoins de la patrie, votre commission a pensé qu'une telle loi était urgente, et elle s'est écartée le moins qu'elle a pu du plan qui lui était tracé par la résolution du 27 thermidor an VI.

Principaux changements apportés à la résolution du 27 thermidor.

Je finis en indiquant les principaux changements qui y seront apportés, si vous accueillez nos vues.

L'on reprochait à cette résolution d'exproprier tous les concessionnaires de terrains *vagues*, dont les droits proclamés par les lois antérieures à la révolution, avaient été confirmés par les assemblées nationales ; votre commission a trouvé ce reproche fondé dans ses rapports généraux avec la matière ; mais en vous proposant de revenir sur ce point aux vrais principes, elle devait aussi ne point perdre de vue la fraude pratiquée par les hommes puissants pour se faire concéder comme terrains *vagues* des terres *en valeur*, et elle a cru obvier au préjudice que la république souffrirait de ces fausses qualifications, en fixant la qualité des personnes, et en imprimant le caractère de la fraude aux contrats de celles qui avaient le plus de rapport avec le prince.

On reprochait à la résolution du 27 thermidor de mettre toutes les propriétés particulières à la merci des agents du domaine, en leur attribuant le droit de revendiquer sans exhibition de titres. Une disposition spéciale et précise fera disparaître cette crainte, qu'il n'était pas dans l'esprit de la loi d'inspirer.

On reprochait à cette même résolution de dépouiller les tribunaux et de compromettre l'ordre social, en attribuant à l'autorité administrative la connaissance de toutes les contestations relatives à cette matière, même de celles ayant trait à la propriété. L'on a résolu cette difficulté à l'aide d'une juste et nécessaire distinction.

On reprochait encore à la résolution du 27 thermidor, de faire rembourser ceux qu'elle déclarait dans le cas de la dépossession, autrement que sur le prix de leur gage mis en vente; ce grief ne subsistera plus dans le système que nous vous proposons d'accepter.

Parmi les nombreux griefs qui ont été cotés contre la résolution du 27 thermidor, je viens de rassembler ceux que votre commission a jugés dignes d'opérer quelque changement dans le travail. Les autres ont été réfutés, et en reproduisant toutes les parties de la résolution du 27 thermidor qui sont restées hors d'une légitime atteinte, votre commission a respecté et maintenu, autant qu'il était possible, la rédaction même qui avait obtenu vos suffrages.

RAPPORT fait au conseil des Anciens par Régnier, sur la résolution concernant les domaines engagés par l'ancien gouvernement, séance du 13 ventose an VII.

Je viens, au nom de la commission que vous avez nommée, vous rendre compte de la nouvelle résolution qu'a prise le conseil des cinq-cents, sur les domaines engagés par l'ancien gouvernement : vous y remarquerez que la discussion lumineuse qui s'engagea dans ce conseil, au sujet de la résolution du 27 thermidor, n'a pas été perdue pour nos collégues, et que, toujours supérieurs aux séductions de l'amour-propre, lorsqu'il s'agit de l'intérêt public, ils ont réformé avec une sage condescendance ceux des articles de cette résolution qui avaient fait ici la matière d'une juste critique. Par là ils ont considérablement amélioré leur ouvrage, et il y a tout lieu de croire que, dans l'état où il est maintenant, vous les jugerez digne de votre approbation : vous approuverez sans doute aussi l'acte d'urgence, ainsi que le motif qui lui a servi de base : le voici ;

« Le conseil des cinq-cents, considérant qu'il importe » à l'intérêt public comme à l'intérêt particulier, qu'il » soit promptement et définitivement statué sur les do- » maines concédés par l'ancien gouvernement. »

Représentants du peuple, il y aurait aujourd'hui plus de curiosité que d'utilité réelle, à rechercher si les domaines dits autrefois de la *couronne,* furent de tout temps réputés inaliénables. Imitons sur ce point la sage retenue des assemblées nationales qui ont précédé. Convaincues, d'une part, qu'il s'en fallait infiniment que la maxime de l'inaliénabilité fût très constante dans les dix premiers siècles de la monarchie, et de l'autre que des recherches poussées jusqu'à des époques trop reculées, contre les détenteurs des domaines engagés, ne se feraient pas sans de graves inconvénients, elles ont cru devoir s'arrêter à un terme que les détenteurs eux-mêmes ne pussent pas récuser, et ce terme est l'an 1566, époque de l'édit célèbre rédigé par l'Hospital, et connu sous le nom d'*Ordonnance des domaines.* Par cet édit, la maxime jusqu'alors assez équivoque de l'inaliénabilité fut solennellement proclamée, et dans les temps qui ont suivi, cette inaliénabilité a tou-

Ordonnance de 1566.

jours été regardée comme loi fondamentale de l'état.

Votre commission n'ignore pas que les rois, habitués à mettre sans cesse au-dessus de la loi leurs volontés arbitraires, se sont très souvent joués de cette maxime. Eh! de quoi ne se jouaient-ils pas?

Ainsi, quoiqu'aux termes de l'édit ils ne pussent aliéner qu'en deux cas seulement, l'un pour l'appanage, et l'autre pour les nécessités de la guerre, on sait que, livrés à d'avides courtisans, ils leur prodiguaient, sous les plus frivoles prétextes, et le domaine et les trésors de l'état. Mais ces atteintes portées à une loi conservatrice du domaine public, par ceux-là mêmes qui en devaient maintenir l'inviolable exécution, n'ont pu lui rien faire perdre de son autorité : elle a réclamé sans cesse contre ces prodigalités des rois, et contre l'opinion d'une propriété solide et incontestable, qu'eussent pu se former les détenteurs des domaines engagés.

Soit qu'ils aient été les objets immédiats de ces dilapidations royales, soit qu'elles leur a'ent seulement été transmises par les concessionnaires primitifs ou par leurs héritiers, jamais ils n'ont pu se considérer comme de vrais et légitimes propriétaires, mais uniquement comme de simples détenteurs dont la possession incertaine et précaire pouvait être à chaque instant révoquée. Et comment eussent-ils pu raisonnablement se former une autre opinion, lorsque l'édit de 1566, dans les deux cas mêmes où il permet d'aliéner, ne le permet que sous la condition d'une faculté perpétuelle de rachat? de manière que, d'après cette loi fondamentale, la faculté est suppléée nécessairement, et de plein droit, dans tous les actes d'aliénation postérieurs à sa publication, où elle pouvait se trouver omise.

Il faudrait donc se refuser à l'évidence pour nier que

la nation, rentrée dans l'exercice de ses droits, a pu révoquer toutes les concessions du domaine public faites d'après l'édit de 1566, et cette vérité, une fois bien établie, on appréciera sans peine l'improbation peu réfléchie de ces hommes difficiles et naturellement contradicteurs, qui se permettent de représenter comme une grande injustice l'exercice du droit le plus légitime.

En effet, de cette faculté incontestable qui appartient à la nation de rentrer dans ses domaines aliénés, sort invinciblement la conséquence qu'elle eût pu s'en ressaisir sans aucun ménagement, et que si, dans ce cas, la mesure n'eût pas été exempte de rigueur, on n'aurait pu l'accuser d'injustice, car on n'est pas injuste en exerçant un droit même rigoureux.

C'est ainsi qu'en ont jugé les précédentes assemblées nationales : bien persuadées que toute aliénation du domaine public, faite sans le consentement de la nation ou de ses représentants, était infectée d'une nullité radicale, elles les ont, à quelques exceptions près, généralement révoquées à partir de l'an 1566, sans laisser aux détenteurs aucune option ou alternative en vertu de laquelle ils eussent pu se conserver en possession.

La résolution qui vous est soumise n'a pas porté la sévérité si loin : mettant d'une part dans la balance les besoins pressants de l'état, et de l'autre la crainte de causer une secousse trop violente dans les fortunes particulières, elle a pris un sage tempérament qui remplit le double objet de secourir le trésor public, sans dépouiller les familles, et qui, loin de là, va convertir en une propriété incommutable, une possession jusqu'ici incertaine.

Cependant cette mesure qui fait éclater avec tant d'évidence l'esprit de sagesse et de modération qui

préside aujourd'hui aux délibérations du corps législatif, cette mesure qui semblait devoir concilier tous les
intérêts, est bien loin de n'avoir pas éprouvé de critiques; elle en a même essuyé de très amères : on l'a
qualifiée d'injuste, d'impolitique, d'excessive rigueur,
et elle est d'ailleurs si mal combinée, dit-on, qu'en sa-
crifiant sans pitié les intérêts privés, elle ne fait rien,
absolument rien, pour le trésor public.

Si cette censure véhémente avait quelque fondement,
le sort de la résolution qui vous est soumise serait
bientôt décidé, et sans doute vous n'hésiteriez pas un
moment à en proposer le rejet.

Mais votre commission a pensé qu'il y avait plus de
chaleur que de vérité dans ces reproches, et qu'ils ne
tiendraient jamais contre un examen attentif et impartial.

Quant à l'accusation d'injustice, elle l'a déjà réfutée
d'avance : peut-on en être taxé lorsqu'au lieu d'exercer
son droit dans toute sa plénitude, on s'en relâche considérablement, et que, loin de reprendre avec une inflexible rigueur tous les domaines engagés, on fournit
au contraire aux engagistes le moyen de devenir propriétaires incommutables, de simples détenteurs pré-
caires qu'ils étaient auparavant?

Mais, insiste-t-on, si la mesure n'est pas injuste, il
faut convenir au moins, qu'elle est impolitique.

Impolitique! et comment? votre commission n'ignore
pas qu'un gouvernement qui veut se concilier la confiance et l'amour des peuples, ne doit pas toujours
faire rigoureusement tout ce qu'il peut, qu'il est de
sages ménagements et de justes condescendances qui
prouvent, plus que toute autre chose, qu'on a bien
saisi l'art par excellence, l'art si difficile de gouverner

les hommes. Votre commission sait bien encore qu'il faut être avare des grandes ressources de l'état, et qu'on ne doit les employer que lorsqu'une nécessité impérieuse en impose l'indispensable obligation.

Mais, de bonne foi, quand, pour prix d'une propriété qui pouvait leur être légitimement ôtée et qui va être désormais à l'abri de toute instabilité, le corps législatif demande aux engagistes le quart de la valeur de cette propriété, peut-on l'accuser d'exercer impitoyablement un droit rigoureux? N'a-t-il ni condescendance ni égards pour les détenteurs, et n'est-il pas démontré au contraire qu'il les traite avec tous les ménagements que pouvaient comporter les conjonctures graves et difficiles où se trouve actuellement la république?

L'état doit rassembler toutes ses ressources pour conquérir la paix.

Représentants du peuple, vous le savez tous : il va s'agir peut-être de faire un dernier et généreux effort, soit pour achever de terrasser nos ennemis, soit pour les amener enfin aux conditions d'une paix glorieuse pour la république, et tout à la fois si solidement cimentée qu'elle éloigne au moins pour long-temps le terrible fléau de la guerre.

Eh bien! dans une telle position peut-il être permis de balancer? Pour arriver à ce terme désiré, à ce terme après lequel soupire depuis long-temps l'humanité en deuil, quel est le français, pour peu que la patrie lui soit chère, qui ne soit pas intimement convaincu de la nécessité de rassembler toutes nos ressources, et qui ne sente que la véritable économie, celle qui sauve les empires, nous impose impérieusement le devoir de les employer?

Vous vous garderez donc bien d'écouter les conseils timides qui tendent à faire borner à ce qu'on appelait autrefois le *grand domaine*, et aux échanges infectés de dol et de fraude, une mesure démontrée nécessaire dans toute sa latitude.

Vous n'oublierez pas que cette dénomination de *grand domaine* avait souvent plus de faste que de réalité, et que le titre modeste de *petit domaine* au contraire recélait quelquefois des propriétés aussi précieuses par leur fertilité que par leur étendue. Les noms ne font rien ici, ce sont des ressources réelles qu'il faut à la république : cherchons-les donc où elles se trouvent véritablement, sans nous embarrasser de vaines qualifications.

Sur la distinction des grands et petits domaines.

Ainsi vous adopterez dans toute son étendue la mesure que la résolution vous propose, et vous l'adopterez avec la double satisfaction de servir l'état, sans que les particuliers puissent raisonnablement vous taxer de rigueur, loin d'être fondés à vous accuser d'injustice.

Mais, dira-t-on, à la bonne heure, qu'on eût eu recours à la mesure que la résolution présente, si l'on pouvait en espérer un avantage réel pour la nation : or, selon toutes les apparences, cette mesure ne produira rien.

1° Il y a tout lieu de croire qu'il n'y aura qu'infiniment peu de détenteurs qui veuillent ou qui puissent payer en numéraire métallique le quart de la valeur des domaines qu'ils possèdent;

2° A l'égard de ce grand nombre de propriétés territoriales, dans lesquelles la république rentrera à défaut de paiement de la finance, elles seront nécessairement vendues fort au-dessous de leur valeur, puisqu'elles se trouveront en concurrence avec ceux des biens des émigrés et de leurs ascendants qui restent encore à vendre, dont elles vont considérablement augmenter la masse.

Votre commission n'a pu partager ces sinistres présages, d'abord elle ne croit point que le nombre des détenteurs qui se résoudront à payer le quart, doive être aussi restreint qu'on voudrait le faire craindre. Il ne faut pas perdre de vue, en effet, qu'il ne s'agit pas ici d'obtenir une simple confirmation passagère et toujours révocable, mais de faire convertir en une propriété solide et durable, une possession dont le détenteur pouvait être dépouillé à chaque instant.

Pense-t-on qu'un père de famille puisse envisager avec dédain une telle perspective ? Pense-t-on qu'il lui soit indifférent de transmettre à ses héritiers un patrimoine fixe et incommutable, ou une simple détention éphémère et révocable à perpétuité ?

Je sais ce qu'on peut dire sur la rareté du numéraire. que souvent on exagère encore, et qui certainement est plutôt un défaut de circulation qu'une pénurie réelle ! Mais, n'en doutons pas, tel citoyen qui n'ose pas livrer son argent aux hasards du prêt, ne balancera pas à en faire l'emploi pour consolider dans sa main une possession jusqu'alors incertaine, et dont il pourra désormais jouir sans inquiétude et sans danger.

Nous le savons tous, les hommes, en général, attachent encore beaucoup plus d'importance à conserver ce qu'ils ont, qu'à faire des acquisitions nouvelles : nous tenons à ce qu'ont possédé nos pères, à ce que nous avons possédé nous-mêmes, à ce que nous avons approprié selon nos goûts, nos convenances, nos caprices mêmes : nous y tenons par les doux charmes de l'habitude, à laquelle on ne renonce point sans un pénible et douloureux effort. Ajoutons que le détenteur d'un domaine engagé peut offrir à un prêteur, dans ce domaine même, un gage fort supérieur à ce qui peut être nécessaire pour sa sûreté : ainsi, il éprouvera toujours bien moins d'obstacle à faire l'emprunt dont il a besoin, que celui dont le patrimoine incertain né peut offrir qu'une responsabilité douteuse.

Enfin, la résolution qui vous est soumise accorde encore, pour les paiements de la finance, des facilités propres à donner un nouvel encouragement; vous ne serez donc pas surpris que votre commission n'ait point partagé l'avis de ceux qui prétendent qu'on ne trouvera que très peu de détenteurs disposés à payer le quart.

Mais quand leur prédiction se vérifierait jusqu'à un certain point, serait-ce une raison d'abandonner la mesure, ou du moins de la restreindre, comme ils le voudraient, aux grands domaines et aux échanges frauduleux ?

Ainsi réduite, la mesure deviendrait insignifiante et mesquine, et n'apporterait au trésor public qu'un soulagement presqu'insensible : c'est ce que votre commission vous a déjà fait sentir.

On insiste cependant et l'on dit, la réduction devient indispensable si le corps législatif veut sauver la république d'une lésion énorme. En effet, si vous ajoutez la masse entière des domaines engagés aux autres domaines nationaux qui sont encore à vendre, et qu'on ne trouve pas même à aliéner, vous exposez le tout à une dépréciation inévitable.

Votre commission croit vous avoir donné de très solides raisons pour vous convaincre qu'il était sans vraisemblance que le plus grand nombre des détenteurs se refusassent au paiement du quart : ainsi il faut infiniment réduire cette prétendue grande masse de nouveaux biens à vendre.

Mais à supposer que la majorité des détenteurs de biens engagés, entendissent assez mal leurs intérêts pour ne point accepter les conditions très modérées que leur offre la résolution, où a-t-on pris que tous les domaines nationaux dussent tomber par là dans une dépréciation inévitable?

Le corps législatif ne saura-t-il donc pas dans sa sagesse, prendre de justes mesures et régler les ventes de manière que la république soit garantie de cette énorme lésion dont on la menace? Oui, vous saurez en même temps utiliser et économiser ces grandes ressources; vous saurez peser tout à la fois, et l'urgence des besoins et le danger de la précipitation dans les ventes, et celui de vendre de trop grandes masses simultanément; mais vous n'oublierez jamais surtout, que le plus sacré de vos devoirs, que l'objet prédominant de votre mission est d'affermir la république, et de rendre la liberté impérissable, et si l'aveuglement de nos ennemis pouvait nous obliger à faire un dernier, mais décisif effort, le sentiment généreux qui vous anime vous fera comprendre sans peine, que le danger de vendre mal, tout grave qu'il soit, doit être compté pour rien, quand la grandeur et l'imminence des conjonctures commandent impérieusement la célérité des ressources.

Mais en attendant, commençons par assurer ces ressources pour le moment du besoin : faisons voir à l'Europe, muette d'admiration et de surprise, que la même énergie qui enfanta tout-à-coup, comme par miracle, de si nombreuses légions, sait aussi faire éclore avec non moins de rapidité tout ce qui est nécessaire pour seconder la valeur de nos guerriers.

Au lieu de l'état de marasme sous lequel nous dépeint le sycophante britannique, étalons aux yeux des nations un grand et vaste moyen ajouté à nos autres moyens : montrons-le leur sous la main et à la disposition du gouvernement : que cette nouvelle ressource ne soit pas pour elles un problême, mais qu'elles la voient effectivement actuelle et prête à être, s'il le faut, employée tout à l'heure contre nos ennemis. C'est le but que remplit la résolution. Par elle vous obtenez, ou bien une finance considérable incessamment disponible, ou des propriétés territoriales d'un prix fort supérieur à cette finance, et qui fourniront à la république une ressource presque aussi prompte : dans la situation où nous sommes, il n'y a donc pas à balancer.

En vain on nous dit que la mesure est trop fiscale, qu'il n'y a pas d'exemple que les rois eux-mêmes aient jamais exigé des détenteurs le quart de la valeur estimative des domaines engagés ; qu'il faut nécessairement en modérer la rigueur, que nous devons craindre de réduire au désespoir une foule de citoyens qui se verraient dépouillés de leur patrimoine, par l'impossibilité de payer une finance aussi excessive. Sur la fiscalité de la mesure.

Votre commission pense que la comparaison des édits des rois avec la résolution qui vous est soumise, est toute à l'avantage de celle-ci. Sans doute les rois n'ont jamais exigé, à titre de finance, le quart de la valeur des domaines engagés, mais aussi les rois, en soumettant les engagistes à une finance, leur transféraient-ils une propriété incommutable et dont ils fussent assurés qu'on ne les dépouillerait plus ?

Qui ne sait que leurs édits purement bursaux ne changeaient rien à la nature de la possession de l'engagiste, qu'elle demeurait incertaine et précaire comme auparavant, et que rien n'empêchait qu'on la soumît par la suite à une finance nouvelle, ou même qu'on lui fît subir la révocation de l'engagement ? Par la

résolution, au contraire, l'état de l'engagiste est entièrement changé. De simple détenteur il devient propriétaire : plus de finance ultérieure, plus de révocation à
craindre ; c'est un bien vraiment patrimonial qu'il va
posséder désormais, et cette amélioration si complète
de son ancienne condition, il se la procure moyennant
le quart de la valeur du domaine, lorsque la république pouvait, sans injustice, le lui reprendre en entier.

Où donc est la rigueur, où est l'excès dans la mesure,
où sont les sujets de désespoir pour l'engagiste, et pourquoi cette exaspération et cette résistance dont on voudrait nous faire peur ? Il n'y a que des hommes souve-
rainement déraisonnables qui pussent s'exaspérer, que
des hommes qui comptent la république pour rien et
leur intérêt privé pour tout ; et l'exaspération qui prend
sa source dans des motifs aussi condamnables, n'est pas
faite pour exciter votre sollicitude.

Quand le législateur est juste dans ses décrets, et
que les mesures qu'il prend sont d'ailleurs impérieusement commandées par l'intérêt de l'état, certes il est
bien fort. Il peut y avoir d'abord quelques murmures,
mais la réflexion les a bientôt étouffés ; il n'y a que
l'oppression et l'injustice qui produisent des mécon-
tentements durables, parce qu'elles impriment dans
l'ame un sentiment profond que le temps a peine à
effacer.

Votre commission eût pu s'épargner peut-être les
réponses qu'elle vient de faire à ces reproches généraux qu'on a dirigés contre la mesure qui vous est
soumise. En effet, lors de la discussion qui s'engagea
dans ce conseil sur la résolution du 27 thermidor, il
lui parut sensiblement que la très grande majorité
donnait son assentiment à cette mesure en elle-même,

et qu'on n'était arrêté que par les vices trop palpables
de quelques articles particuliers. Toutefois votre commission a considéré que les bases en étant attaquées
dans des opinions rédigées avec beaucoup d'art , et
d'autant plus séduisantes qu'elles semblent extrême-
ment populaires , il importait que ces opinions ne res-
tassent point sans réponse.

C'est un devoir sacré pour vous de rendre au peuple
compte de vos motifs , et ce devoir devient plus indispensable à mesure que les lois que vous portez pré-
sentent plus d'importance et d'intérêt. Ainsi vous fût-il
démontré , comme il y a lieu de le croire , que toutes
les attaques que l'on a dirigées contre les bases de la
mesure qui vous est soumise , dégénèrent en de vaines
critiques , encore ne pourriez-vous pas vous dispenser
de les discuter et d'en montrer la faiblesse : telle est
la juste condescendance que vous devez à vos com-
mettants.

De plus , en justifiant ces bases , en prouvant qu'elles
sont vraiment inattaquables , on produit encore ce bon
effet que tout homme sensé comprendra sans peine ,
qu'en faveur des avantages bien démontrés , que la
résolution doit procurer à la république , sans injustice envers les particuliers , il faut faire grâce à des
imperfections de détail , à quelques vices légers presque
inévitables dans un travail de longue haleine , et surtout
dans une matière aussi difficile que l'est la législation.

Maintenant votre commission va parcourir les divers
articles dont la résolution se compose.

L'article 5 excepte de la révocation les inféodations
et les accensements des terres vaines et vagues , landes ,
bruyères , palus et marais non situés dans les forêts ou
à 715 mètres de distance.

Mais c'est sous une double condition : la première, que les inféodations et accensements aient été faits sans fraude, et dans les formes prescrites par les réglements en usage au jour de leur date; la seconde que les fonds aient été mis et soient actuellement en valeur.

Sur ce point, le conseil des cinq-cents a réformé la résolution du 27 thermidor qui révoquait indistinctement toutes les aliénations de ce genre, lorsqu'elles excédaient 14 hectares : il a cédé aux observations judicieuses qui furent faites ici sur l'excès de sévérité d'une telle disposition, et il en est revenu aux principes de modération que l'assemblée constituante avait adoptés à l'égard de cette espèce d'engagement.

Et il était d'autant plus juste qu'il y revînt, que cette modération avait pris sa source dans la loi même : en effet, le propre jour où fut rendue la fameuse ordonnance des domaines, on vit paraître un second édit par lequel il fut ordonné qu'il serait fait bail à perpétuité, à cens et rentes avec deniers d'entrée modérés, des terres, prés, palus et marais vagues.

Ainsi, à la différence des autres engagistes, les aliénataires de cette sorte de terrains avaient pu, avec fondement, considérer leurs concessions comme irrévocables : par conséquent, il était juste qu'un peuple grand et généreux ne les rendît pas victimes d'une confiance qu'avait fait naître une loi formelle, rendue au moment même où le grand principe de l'inaliénabilité fut solennellement consacré pour la première fois.

Mais il eût été à désirer peut-être, que le paragraphe de l'article 5, qui renferme une exception aussi équitable, eût été rédigé avec plus de soin.

On ne saurait douter que l'intention du conseil des

cinq-cents ait été de comprendre dans l'exception toutes les aliénations et concessions des terres vaines et vagues indistinctement : toutefois le paragraphe que votre commission discute, ne parle que des inféodations et accensements, d'où l'on pourrait peut-être conclure au premier aperçu, que les autres espèces d'aliénations ne sont point comprises dans l'exception.

Mais, pour peu qu'on réfléchisse, il est aisé de sentir que ce mot *accensement* doit être pris dans le sens le plus large, et que, dans l'intention du législateur, il enveloppe toutes les espèces d'aliénations quelles qu'elles soient.

Sens du mot accensement.

D'abord on ne voit pas qu'il y eût la raison la plus légère de faire une distinction entre elles : ensuite, si l'on a recours au paragraphe 4 de l'article 5, on y remarque qu'il confirme toutes les aliénations et sous-aliénations faites avant le 14 juillet 1789 de terrains épars quelconques, au-dessous de la contenance de cinq hectares : or, si l'aliénation de ces terrains, quelle qu'en soit la bonté et la valeur, est généralement confirmée, même dans le cas où elle a été faite sans deniers d'entrée, comment soutenir qu'il n'ait pas été dans l'intention du législateur de confirmer aussi généralement des landes et des terres vaines et vagues ? Non-seulement il y a parité, mais même supériorité de raison. Cependant, je le répète, comme il faut, autant qu'il est possible, éviter de donner prise dans la loi, aux arguties et aux subtilités des glossateurs, quoiqu'ici le sens perce avec évidence, j'ai regret que les expressions laissent quelque chose à désirer.

Le sixième article ne répute échanges légalement consommés que ceux dans lesquels toutes les formalités

Quels sont les échanges maintenus.

prescrites par l'article 19 de la loi du 1er décembre 1790, auront été observées ponctuellement, et même dans le cas de l'observation la plus scrupuleuse des formes, l'échange aux termes de l'article 7 est encore susceptible de révocation, s'il y a eu, au préjudice de la république, lésion du quart, eu égard au temps de l'aliénation.

La lésion du quart est une lésion notable sans doute, et lorsqu'elle existe dans un échange, il y a tout lieu de présumer que l'intérêt de l'état a été trahi, soit par une connivence criminelle, soit au moins par une erreur; et dans un cas comme dans l'autre, l'échange ne peut se soutenir.

Cependant on a prétendu qu'il eût fallu faire une distinction pour le cas où les biens donnés en contre-échange sont sortis des mains de la nation. Comme dans ce cas, dit-on, il est impossible de remettre les choses en leur entier, en rendant à l'échangiste ce que la nation en a reçu, il importe peu que l'échange offre des vices dans la forme ou dans le fond : quel qu'il soit, il faut le confirmer.

Le résultat de cette objection serait, qu'à supposer même que l'objet donné en échange par l'ancien gouvernement valût le décuple de celui qu'il a reçu en retour, il ne faudrait pas moins dans le cas posé, qu'une lésion aussi énorme, fruit évident du dol personnel, fût consacré par le corps législatif.

Non, vous ne la consacrerez point. Eh ! qu'importe que l'objet donné en contre-échange ait été aliéné par les rois ? Cette circonstance a-t-elle eu la force de purger le vice radical inhérent au contrat ? A-t-elle purgé la fraude, l'illégalité et le mépris des formes, oubliées tout exprès pour que la fraude pût se commettre sans contradiction ?

Et de quoi, au surplus, l'engagiste qui a méprisé les formes, ou qui, paraissant les observer, a trouvé le secret de faire aux dépens de l'état un profit illégitime, de quoi pourrait-il se plaindre raisonnablement ?

Quelque défavorable qu'il soit, la résolution lui laisse encore la liberté, en payant le quart de la valeur estimative, de conserver le domaine qu'il s'est procuré par des moyens qu'il aurait peine à justifier. Et dans la supposition qu'il ne veuille pas prendre ce parti, son indemnité lui est offerte, et non une indemnité illusoire, comme il semblait que pût être qualifiée celle que présentait la résolution du 27 thermidor, mais un remboursement effectif en numéraire métallique. La résolution à son égard a donc plus d'indulgence que de rigueur.

Les articles 8 et 9 prennent de justes mesures pour assurer les intérêts de la république, soit dans le cas où des terres en valeur se trouveraient confondues dans un même contrat avec d'autres terrains vains et vagues, sans énonciations de contenance ou sans distinction de leur contenance respective, soit dans celui où des terrains en culture ou en valeur auraient été frauduleusement aliénés sous la dénomination mensongère de terres vaines et vagues, landes, bruyères, palus et marais. Dans ce dernier cas, la notoriété publique, les preuves vocales et littérales sont également et avec justice admises pour justifier la simulation dans les actes : et, d'après l'article 10, toute autre preuve devient même superflue, lorsque l'aliénation a été faite au profit de ci-devant gentilshommes titrés ou autres personnes ayant charges à la cour.

Terres en valeur, confondues avec des terres vaines et vagues.

Cette disposition, qui d'abord pourrait sembler sévère, n'est cependant que juste; qui pourrait nier en

Présomption légale de fraude.

effet que les aliénations faites aux individus que l'article désigne , ne doivent être généralement réputées le fruit de la corruption et de l'intrigue , et qu'elles n'aient été arrachées à des rois hébétés de mollesse et d'insouciance , par l'importunité des favoris , et l'ascendant des ministres et des maîtresses? Sont-ce de telles aliénations qui peuvent mériter de la faveur?

J'arrive maintenant aux articles 13 et 14 de la résolution. Votre commission a prouvé plus haut que si la république voulait user de la plénitude de son droit, elle pourrait sans injustice rentrer dans l'universalité des domaines aliénés depuis le mois de février 1566.

Mais elle vous a dit en même temps qu'un gouvernement sage et paternel se donnait bien de garde d'exercer toujours ses droits dans toute leur étendue. Ainsi , lorsque dans des conjonctures difficiles , l'impérieuse nécessité commande de faire ce qu'on ne ferait point dans des temps plus heureux , il faut du moins que la mesure, qu'on ne prend qu'à regret , soit adoucie par tous les ménagements compatibles avec les grands intérêts de l'état. Ces vues d'une politique à-la-fois sage et humaine ont été parfaitement saisies par le conseil des cinq-cents : loin de dépouiller tous les détenteurs des domaines engagés , sans aucun adoucissement , la résolution qui vous est soumise accorde une amnistie générale pour tous les vices dont les aliénations proprement dites , ainsi que les échanges , pouvaient être infectées ; abolit à jamais le précaire et la révocabilité inhérents à ces concessions , et rend à la possession des détenteurs ce charme de la jouissance qui ne saurait s'allier avec la pénible inquiétude d'être à chaque instant dépossédé.

Pour prix d'un si grand avantage , qu'exige la république dans les besoins pressants qui l'assiégent? le quart de la valeur estimative des immeubles dont elle transfère l'incommutable propriété ; et en usant d'une telle modération, le corps législatif pourrait être accusé de rigueur ?

Mais j'oublie que votre commission a déjà suffisamment répondu à ceux qui ne veut entvoir dans la mesure qui vous est soumise qu'un excès de fiscalité.

Votre commission ne croit point d'ailleurs que la mesure de déposséder sans ménagement tous les engagistes, pour vendre ensuite par enchères, pût être véritablement avantageuse.

Observez, je vous prie, que le quart de la valeur exigé par la résolution n'est point la valeur du moment, mais la valeur qu'avait le domaine en 1790, ce qui sans doute est bien différent.

De quelle
valeur la loi
exige le quart.

Observez ensuite que dans le système d'une dépossession générale, la république serait obligée de rembourser au détenteur le prix de la finance, ainsi que les impenses et améliorations qui auraient augmenté la valeur de l'immeuble, obligation dont elle est dispensée dans le plan que la résolution adopte.

Observez enfin qu'indépendamment des difficultés interminables qui naîtraient infailliblement de cette obligation d'indemniser, il ne faut pas se flatter d'ailleurs que des hommes exaspérés par une disposition aussi rigoureuse abandonnassent les domaines qu'ils détiennent avant d'avoir épuisé tous les moyens de les conserver : de-là une multitude épouvantable de procès soutenus avec acharnement par des infortunés qui se flatteraient toujours que le temps a pu effacer les traces de la domanialité, et dans lesquels la république, obligée de prouver sans cesse, ne manquerait pas de succomber souvent, ou parce que ses titres seraient perdus, ou parce qu'ils seraient égarés.

A l'exception des frais de procès, qui n'arrêtent guères un homme aigri par de grandes rigueurs, la condition de l'engagiste ne devenant pas pire en perdant sa cause, quel est celui, même sans goût pour la chicane, qui ne se laissât tenter par une aussi séduisante amorce?

Dans le système de la résolution, au contraire, la perte du procès serait d'une conséquence infinie; car le délai fatal qu'elle donne pour l'exercice du droit de retenue étant écoulé pendant la litispendance, il n'y aurait plus de remède, et il faudrait nécessairement abandonner un bien qu'on eût été maître de conserver. Ou je connais mal le cœur humain, ou très peu de détenteurs voudront courir une chance aussi périlleuse.

Concluons que des deux systèmes, celui qu'adopte la résolution, présente une mesure beaucoup plus prompte, moins incertaine, et qu'il prévient des difficultés, des agitations, et peut-être même des secousses auxquelles la tranquillité publique, l'intérêt de l'état et celui des particuliers vous pressent également de couper racine. Mais, dit-on, pourquoi avoir étendu la même mesure à tous les détenteurs sans distinction, lorsqu'il peut y avoir de si grandes différences entre eux, soit par rapport à la qualité des titres d'aliénation ou de concession, soit à l'égard des deniers d'entrée et finances accessoires? La réponse est, qu'autre chose est un jugement, autre chose est une mesure législative; quand on juge, c'est un devoir rigoureux d'examiner scrupuleusement toutes les diverses espèces, et d'y prononcer par le détail : dans une mesure législative,

au contraire, on ne doit s'occuper que des masses et
des grands résultats que l'on s'est proposés : car se
traîner sur les cas particuliers, et vouloir les différen-
cier tous avec une précision arithmétique, serait le
vrai moyen de s'égarer dans la route, et de n'arriver
jamais au but.

Ici le corps législatif est d'autant plus fondé à négliger les espèces particulières, qu'on ne peut pas dire
que la mesure qui vous est soumise ne soit qu'un acte
de stricte justice ; il est évident qu'elle présente indulgence et grâce : or, quand on fait grâce à tous, nul
n'a le droit de se plaindre qu'on l'ait étendue à d'autres qui pourraient la mériter moins.

Ainsi, ne nous arrêtons point au plus ou moins de
faveurs dont les divers actes d'aliénations peuvent être
susceptibles ; n'envions à aucun détenteur la partici-
pation à ce grand acte d'indulgence nationale, commandé par de si puissantes considérations, et que
tous, en effectuant la soumission de payer le quart,
soient, sans distinction de titres, maintenus ou réintégrés dans leur possession, et jouissent désormais de
la tranquillité qui doit accompagner une propriété
légitime et irrévocable.

Dans l'article 19 on règle la manière dont les experts
doivent procéder. Trois bases différentes d'estimation
sont fixées pour les maisons, usines, cours et jardins
en dépendants : et trois autres bases encore pour les
terres labourables, prés, bois, vignes et tous autres
terrains.

Les experts doivent motiver leur rapport sur chacune de ces bases, les administrations en énoncer les
résultats dans leurs arrêtés, se fixer à celui des trois
qui sera le plus avantageux à la république, et en

faire mention expresse, le tout à peine de nullité.

On a trouvé que cet article était trop sévère contre l'engagiste ; pour être juste, a-t-on dit, il eût fallu former un prix moyen des trois manières d'estimer, et au lieu du résultat le plus avantageux, n'adjuger à la république que ce prix moyen.

Votre commission n'a pas cru qu'elle dût se rendre à cette critique : voici ses raisons.

1° Il ne faut pas perdre de vue qu'en transférant à l'engagiste la propriété incommutable du domaine dont il n'était que le détenteur, c'est une véritable grâce que lui fait la nation. Or, on n'a jamais prétendu que l'auteur d'une grâce n'eût pas le droit d'apposer à son bienfait les conditions qu'il juge convenables.

Ici la grâce n'est point forcée : tout engagiste a l'option de l'accepter ou d'abandonner le domaine, auquel cas son indemnité lui est solidement assurée par la résolution. La critique est donc sans fondement. Que veut la résolution ? Elle veut que, pour prix de son bienfait, la république retire au moins des domaines engagés le quart de la valeur qu'ils pouvaient avoir en 1790. Or, c'est ce que souvent elle n'obtiendrait pas, si la résolution s'était bornée à lui accorder seulement le prix moyen des estimations. On dira, peut-être : mais si c'est le quart de la valeur qu'avait l'immeuble en 1790, que veut la résolution ? A quoi bon multiplier les estimations ainsi qu'elle le fait ? Il eût fallu se contenter de faire estimer relativement au prix commun de 1790. La réponse est que c'est la valeur de 1790 que la résolution demande à tout événement, mais son vœu n'est point que, dans tous les cas, la république soit strictement restreinte au recouvrement de cette valeur. Le quart de la valeur qu'avait le domaine en 1790 est le *minimum* du prix qu'elle attache à la concession de la grâce; mais si, dans quelques circonstances, la valeur actuelle du domaine était supérieure à celle de 1790, pourquoi la république n'en profiterait-elle pas ? En en profitant, elle n'excédera point le quart de la valeur présente et effective du domaine au temps de l'estimation, et par conséquent elle restera dans les termes de la mesure générale.

Il suit de ces observations qu'on n'a pas dû se borner à une estimation unique, calquée sur le prix commun de 1790, mais qu'il était juste de poser les bases diverses qu'offre la résolution, sans la réunion desquelles la république eût été exposée dans certains cas à recouvrer moins que le quart, contre l'esprit de la mesure, et le but qu'on s'est proposé d'atteindre en la prenant ;

2°. Mais de quelques précautions qu'on se soit avisé pour obtenir qu'en résultat l'estimation soit avantageuse à la république, gardez-vous de craindre qu'elle puisse porter aux particuliers un préjudice réel. Quelque zèle que vous deviez attendre des agents de la république, il n'égalera jamais l'activité et la souplesse de l'intérêt personnel, si fertile en ressources et en expédients.

Que de moyens pour faire illusion aux experts mêmes les plus honnêtes et les mieux intentionnés ! Que sera-ce quand ces experts seront de ces hommes faibles qui écoutent plutôt les conseils d'une pitié mal entendue, que la voix sévère de la justice ? Voyez ce qui est arrivé dans les partages faits entre la république et les parents d'émigrés : n'est-il pas de notoriété publique qu'il s'en faut de beaucoup que par l'événement ceux-ci aient été lésés.

Il n'en faut pas douter, dans de pareilles opérations la république aura toujours de grands désavan-
tages contre les particuliers, et c'est précisément par
cette raison qu'il ne faut pas craindre de multiplier les
moyens pour qu'elle ne devienne victime ou des séductions, ou de la partialité, ou de l'erreur.

Mode de pro-
céder à la li-
quidation de
l'indemdité.

Les articles 29, 30, 31 et 32, établissent de qu'elle
manière il sera procédé à la liquidation des indemnités
qui pourront être dues à l'engagiste évincé, et comment aussi il sera pourvu à son paiement.

Le silence de la résolution du 27 thermidor sur le
mode de ce paiement, donnait lieu de craindre que
les engagistes expropriés ne fussent assimilés à cet égard
aux autres créanciers de l'état, et plusieurs orateurs
vous firent sentir combien cette assimilation renferme-
rait d'injustice.

Le conseil des cinq-cents en a été pénétré lui-même:
aussi la résolution qui vous est soumise porte-t-elle
formellement que l'engagiste évincé sera payé de son
indemnité par l'acquéreur sur le prix de l'adjudication.
Cependant, il pourrait arriver que quelques-uns re-
gardassent encore cet acte de justice comme incomplet.

Lors de la discussion qui s'ouvrit sur la résolution
du 27 thermidor, un orateur soutint que toute dépossession de l'engagiste, avant son remboursement intégral en valeur effective, offrait un grand caractère
d'injustice : d'autres prétendront peut-être aussi que le
prélèvement du quart sur le prix de l'adjudication,
accordé à la république dans tous les cas par l'article
30, ne saurait se concilier avec les principes de l'exacte
justice, d'après lesquels il est indispensable avant tout,
que l'engagiste exproprié soit complétement remboursé
en valeurs réelles. La première de ces objections n'est

pas fort considérable; on sait bien que de droit commun le détenteur d'un immeuble sujet à rachat, n'en
peut être dépossédé par le vendeur, qu'après le remboursement du prix.

Mais, irons-nous, légistes inflexibles, appliquer ce
principe à la république avec une aveugle rigueur.

Les nécessités publiques ont commandé la mesure
que la résolution vous propose : dans cette position,
que peut raisonnablement demander le détenteur qu'on
évince, et qu'on évince encore lorsqu'il le veut bien !
Il ne peut demander que ce qui est au pouvoir de la
république : or, qui oserait soutenir qu'il est en son
pouvoir de rembourser les engagistes avant d'avoir
vendu le domaine engagé ?

La seconde objection présente plus de difficulté : la
nation devant, dans tous les cas, aux termes de la
résolution, prélever le quart de la vente, il pourrait
arriver que dans la suite les fonds manquassent pour
le remboursement complet de l'engagiste, et cet épui-
sement du prix de la vente est même prévenu par la
resolution, puisque dans ce cas elle veut que ce que
n'obtiendra pas l'engagiste en numéraire métallique,
il l'ait en bons de deux tiers et en bons du tiers
consolidé.

Ne peut-on pas dire que le droit de l'engagiste est
essentiellement blessé par une telle disposition : que
le domaine dont on le dépouille est affecté par privilége à son indemnité, et qu'ainsi, nulle portion du
prix ne peut être distraite avant que cette indemnité
ait été entièrement acquittée ?

Votre commission l'a déjà observé, il ne faut pas
se borner ici à raisonner en jurisconsultes, il faut
savoir encore raisonner en hommes d'état.

Des besoins impérieux ont obligé la nation à tirer parti de ses domaines aliénés par les rois; elle eût pu, ainsi que votre commission l'a démontré, exproprier tous les engagistes en les indemnisant, et certes, quoi qu'on ait pu dire, la vente générale des domaines engagés, bien combinée et faite à propos, eût procuré au trésor public de vastes ressources. Mais le conseil des cinq-cents a jugé avec raison que cette expropriation universelle et simultanée d'une multitude d'engagistes, pourrait occasioner une trop violente secousse, et il a préféré un moyen plus doux.

Voici comme il a raisonné : ce n'est pas pousser la supposition trop loin, si l'on admet dans les aliénations ou concessions de domaines, que l'état a été généralement lésé du quart. Eh bien ! au lieu de dépouiller tous les engagistes avec une rigueur inflexible, une nation grande et généreuse ne désavouera point le corps législatif s'il se borne à faire payer aux détenteurs le montant de cette lésion présumée.

Ainsi, la mesure du paiement du quart a été substituée à la mesure de révocation, et tout homme impartial sera forcé de convenir que la première est infiniment moins préjudiciable à l'immense majorité des engagistes que ne l'eût été l'autre : il conviendra encore qu'il n'y a nulle exagération à supposer que dans les aliénations faites par les rois, il y a eu généralement au préjudice de l'état, au moins lésion du quart.

Ainsi, la mesure douce et humaine en soi, bien préférable à l'autre, est encore fondée sur une donnée incontestable.

Ce n'est pas qu'il ne puisse y avoir quelques cas particuliers où cette lésion du quart ne se rencontrerait peut-être pas, c'est-à-dire, où il pourrait arriver qu'en prélevant le quart du prix de la vente au profit de la république, il ne restât plus en suffisance pour l'entier remboursement de l'indemnité.

Mais, dans une mesure générale, qui s'applique à une multitude de citoyens, et qui est véritablement dans les intérêts de la masse entière, doit-on être arrêté par la considération de quelques intérêts individuels ? Encore n'est-il pas certain que l'inexistence de la lésion du quart, ne soit pas un cas idéal et purement métaphysique.

Car, d'une part, personne n'ignore qu'aux temps de la monarchie, les aliénations du domaine étaient regardées généralement comme de véritables grâces : ainsi, sous ce rapport, il ne peut y avoir de doute que le prix des aliénations ne fût toujours infiniment au-dessous de la valeur du domaine aliéné.

D'un autre côté, quoique la résolution qui vous est soumise soit devenue publique depuis près de trois mois, il n'est parvenu à votre commission aucune plainte sur la disposition qui ordonne que dans tous les cas le prélèvement du quart du prix sera fait au profit de la république.

Ce silence absolu est une assez bonne preuve, sans doute, que dans le fait cette disposition ne lèse personne ; car l'intérêt personnel ne se tait pas quand il est réellement blessé.

Ainsi, vous n'irez pas, sous un tel prétexte, rejeter une résolution dont notre position politique sollicite l'approbation prompte, et qui, d'ailleurs une fois admise, présentera au peuple la perspective consolante d'obtenir quelque soulagement sur les impôts, que des circonstances impérieuses ont arrachés à notre répugnance.

Votre commission, composée des citoyens Vimar, Chasset, Pompéï, Perrin des Vosges et moi, vous propose d'approuver la résolution.

LOI du 14 ventose an VII (mars 1799), relative aux domaines engagés par l'ancien gouvernement.

Dispositions générales sur la confirmation ou sur la révocation du domaine de l'état.

ARTICLE PREMIER. Les aliénations du domaine de l'état, consommées dans l'ancien territoire de la France avant la publication de l'édit de février 1566, sans clause de retour ni réserve de rachat, demeurent confirmées.

2. En ce qui concerne les pays réunis postérieurement à la publication de l'édit de février 1566, les aliénations de domaines faites avant les époques respectives des réunions, seront réglées suivant les lois lors en usage dans les pays réunis, ou suivant les traités de paix ou de réunion.

3. Toutes les aliénations du domaine de l'état contenant clause de retour ou réserve de rachat, faites à quelque titre que ce soit, à quelques époques qu'elles puissent remonter, et en quelque lieu de la république que les biens soient situés, sont et demeurent définitivement révoquées.

4. Toutes autres aliénations, même celles qui ne contiennent aucune clause de retour ou de rachat, faites et consommées dans l'ancien territoire de la France, postérieurement à l'édit de février 1566, et dans les pays réunis postérieurement aux époques respectives de leur réunion, sans autorisation des assemblées nationales, sont et demeurent révoquées, ainsi que les sous-aliénations qui peuvent les avoir suivies, sauf les exceptions ci-après.

5. Sont exceptés des dispositions de l'article 4 :

1° Les échanges consommés légalement et sans fraude avant le 1er janvier 1789, pour les pays qui, à cette époque, faisaient partie de la France; et avant les époques respectives des réunions, quant aux pays réunis postérieurement audit jour 1er janvier 1789;

2° Les aliénations qui ont été spécialement confirmées par des décrets particuliers des assemblées nationales, non abrogés ou rapportés postérieurement;

3° Les inféodations et accensements des terres vaines et vagues, landes, bruyères, palus et marais, non situés dans les forêts ou à sept cent quinze mètres d'icelles (100 perches environ), pourvu que les inféodations et accensements aient été faits sans fraude, et dans les formes prescrites par les réglements en usage au jour de leur date, et que les fonds aient été mis et soient actuellement en valeur, suivant que le comportent la nature du sol, et la culture en usage dans la contrée;

4° Les aliénations et sous-aliénations ayant date certaine avant le 14 juillet 1789, faites avec ou sans deniers d'entrée, de terrains épars quelconques, au-dessous de la contenance de cinq hectares, pourvu que lesdites parcelles éparses de terrains ne comprissent, lors des concessions primitives, ni des maisons appelées châteaux, moulins, fabriques ou autres usines, à moins qu'il n'y eût condition de les démolir et que cette condition n'ait été remplie, ni, dans les villes, des habitations actuellement comprises aux rôles de la contribution foncière au-dessus de 40 francs de principal;

5° Les inféodations, sous-inféodations et accensements de terrains dépendant des fossés, murs et remparts de villes, justifiés par des titres valables, ou par arrêt du conseil, ou par une possession paisible et publique de quarante ans, pourvu qu'il y ait été fait des établissements quelconques, ou qu'ils aient été mis en valeur.

Échanges. 6. En conformité de l'art. 29 de la loi du 1er décembre 1790, les échanges ne seront censés légalement consommés, dans les pays formant la France au 1er janvier 1789, qu'autant que toutes les formalités rappelées par ledit article auront été accomplies en entier ; et en ce qui concerne les pays réunis, qu'autant qu'on aura observé les lois qui y étaient en vigueur.

7. Les échanges consommés pourront être révoqués ou annullés, malgré l'observation exacte des formes prescrites, s'il s'y trouve fraude, fiction ou simulation prouvée par la lésion du quart, eu égard au temps de l'aliénation.

Terres vaines et vagues confondues avec des terres cultivées. 8. Dans le cas où un contrat d'aliénation, inféodation, bail ou sous-bail à cens ou à rente, porterait à la fois sur des terrains désignés comme vains et vagues, landes, bruyères, palus, marais et terrains en friche, et sur des terres désignées comme étant cultivées ou autrement en valeur, sans énonciation de contenance, ou sans distinguer la contenance des uns et des autres, la révocation aura lieu pour le tout.

9. Si les objets aliénés sous le nom de terres vaines et vagues, landes, bruyères, palus et marais, étaient, lors de l'aliénation, des terrains en culture ou en valeur, la frauduleuse qualification pourra se prouver par la notoriété publique et par enquête, ou par actes écrits mis en opposition avec l'acte qui contient l'aliénation.

Présomption légale de fraude. 10. Cette frauduleuse qualification sera légalement présumée, et donnera lieu de plein droit à la révocation, si les aliénations dont il est parlé en l'article précédent, ont été faites à *des ci-devant gentilshommes titrés, ou autres personnes ayant charge à la cour ;* sans néanmoins que ladite révocation puisse atteindre les sous-inféodataires, à moins qu'ils ne réunissent les mêmes qualités.

11. L'exception portée au paragraphe V de l'art. 5 ne s'applique pas aux inféodations, dons ou concessions faits par un seul acte, et en entier, de tous les murs, remparts et fortifications d'une ville, ou de tous les terrains en dépendant : en ce cas, le sort desdites concessions sera réglé par les articles 1, 2, 3 et 4 de la présente, sans préjudicier toutefois à l'éxécution dudit paragraphe 5, relativement aux parcelles qui seraient possédées par des sous-concessionnaires.

> Murs, remparts, fortifications.

12. Les mêmes articles 1, 2, 3 et 4, s'appliquent aux biens que l'engagiste aurait pu réunir par puissance féodale, ou à titre de retrait féodal ou censuel résultant de son contrat d'aliénation.

13. Les engagistes qui ne sont maintenus par aucun des articles précédents, et même les échangistes dont les échanges sont déjà révoqués ou susceptibles de révocation, sont tenus, à peine d'être déchus de la faculté portée en l'article suivant, de faire, dans le mois de la publication de la présente, à l'administration centrale du département où sont situés les biens ou la majeure partie des biens engagés ou échangés, non encore vendus par la nation ni soumissionnés, en exécution de la loi du 28 ventose an IV et autres y relatives, la déclaration générale des fonds faisant l'objet de leur engagement, échange ou autre titre de concession.

> Conditions imposées aux détenteurs pour qu'ils puissent être maintenus dans la jouissance desdits biens et déclarés propriétaires incommutables.

14. Ceux qui auront fait la déclaration ci-dessus, pourront dans le mois suivant, faire, devant la même administration, la soumission irrévocable de payer en

numéraire métallique le quart de la valeur desdits biens, estimés comme il sera dit ci-après , avec renonciation à toute imputation , compensation ou distraction de finance ou amélioration.

En effectuant cette soumission , ils seront maintenus dans leur jouissance, ou réintégrés en icelle s'ils ont été dépossédés , et que lesdits biens se trouvent encore sous la main de la nation ; déclarés en outre et reconnus propriétaires incommutables , et en tout assimilés aux acquéreurs de biens nationaux aliénés en vertu des décrets des assemblées nationales.

Formalités des déclarations que les détenteurs doivent fournir, et nomination des experts qui doivent estimer les biens.

15. En faisant la soumission énoncée en l'article précédent, ils seront tenus de nommer leurs experts, et de déposer l'état signé d'eux ou de leur procureur constitué, touchant la consistance des biens qu'ils entendent conserver, leur situation, leur nature au temps de la concession, leur état actuel et leur produit, sans pouvoir être reçus à faire leur soumission autrement que sur la totalité du domaine ou des domaines compris dans le même titre, ou sur la totalité de ce qui en reste en leur possession ; le tout à peine de nullité de ladite soumission.

Le présent article, ainsi que le 12e et le 14e, ne s'appliquent point aux concessions de forêts au dessus de cent cinquante hectares, ni de terrains enclavés dans les forêts nationales ou à sept cent quinze mètres d'icelles, sur lesquelles il sera définitivement statué par une résolution particulière.

16. La valeur des biens dont il s'agit aux trois articles précédents, sera réglée aux frais de l'engagiste ou échangiste soumissionnaire, par trois experts nommés, savoir : l'un par ledit soumissionnaire, en la forme portée par l'article 15 ; le second, par le directeur des

domaines; et le troisième, par l'administration centrale dans le ressort de laquelle les biens ou la majeure partie d'iceux sont situés : ces deux derniers experts seront nommés dans la décade de la soumission, à la diligence de la régie des domaines.

17. Ces experts ne pourront, à peine de nullité, être pris parmi les citoyens détenteurs de biens nationaux susceptibles de retrait, ou dépossédés en vertu de la loi du 10 frimaire en 11, ou qui ont été ci-devant nobles, ou qui sont agents ou fermiers desdits détenteurs, ci-devant détenteurs ou ci-devant nobles.

Celui qui étant, à sa connaissance, dans l'exclusion, ne le déclarera pas, et procédera à l'estimation, sera condamné à 300 francs d'amende par voie de police correctionnelle, à la diligence du receveur des domaines, sans préjudice des dommages-intérêts des parties.

18. Tout détenteur ou ci-devant détenteur qui sera convaincu d'avoir donné, ou tout expert d'avoir reçu en argent ou en présent quelque chose au-delà des vacations réglées par l'administration de département, sera, par la même voie et à la même diligence, condammé en 1,000 francs d'amende envers la république, et en un emprisonnement qui ne pourra excéder une année, ni être moindre de trois mois.

19. Il sera procédé à l'estimation de la manière qui suit, savoir : Mode d'estimation.

Pour les Maisons, Usines, Cours et Jardins en dépendant.

Par une première opération, les experts les estimeront, d'après leurs connaissances locales, et relativement au prix commun actuel des biens dans le lieu ou les environs.

Par une seconde, relativement au prix commun en 1790, en formant un capital de seize fois le revenu dont lesdits objets étaient susceptibles, sans considérer les baux à ferme ou à loyer, s'ils ne s'élevaient pas au véritable prix.

Par un troisième, s'il y avait des baux en 1790, lesdites maisons et usines, les cours et jardins en dépendant, seront évalués sur le pied de leur valeur en 1790, calculée à raison de seize fois leur revenu net.

Et pour les terres labourables, prés, bois, vignes et tous autres terrains.

Par une première opération, les experts estimeront la valeur d'après leurs connaissances locales, et relativement au prix commun actuel des biens de même nature dans le lieu ou les environs.

Par une seconde, ils estimeront la valeur d'après le montant de la contribution foncière de 1793, en prenant pour revenu net d'une année quatre fois le montant de cette contribution, et en multipliant la somme par vingt.

Et par une troisième, s'il y avait des baux existant en 1790, la valeur sera fixée sur le pied de la même année, et calculée à raison de vingt fois le revenu d'après lesdits baux.

A l'égard de ce dernier cas, et de ceux non prévus ci-dessus, les experts se conformeront au paragraphe 3 de la loi en forme d'instruction du 6 floréal an IV, relative à l'exécution de celle du 28 ventose précédent.

Les experts motiveront leur rapport sur chacune des bases, et les administrations, dans leurs arrêtés, en énonceront les résultats, se fixeront à celui qui sera le plus avantageux pour la république, et en feront mention expresse; le tout à peine de nullité.

20. Le quart de la valeur du terrain estimé d'après les règles portées en l'article précédent, sera acquitté dans le mois de la date de l'arrêté de l'administration, qui en aura fixé le montant d'après le rapport des experts savoir, un tiers en numéraire, et les deux autres tiers en obligations ou cédules acquittables aussi en numéraire, savoir, un tiers dans deux mois, à courir de l'expiration du premier terme, et l'autre tiers aussi dans deux mois, à courir de l'expiration du second terme : le tout avec intérêt sur le pied de cinq pour cent par an, à compter du jour de la prise de possession à l'égard de ceux qui avaient cessé d'être détenteurs, et à compter du jour de l'arrêté ci-dessus à l'égard des autres.

Mode de paiement à faire par les détenteurs confirmés dans leur jouissance.

21. Aussitôt après la soumission autorisée par les articles 14 et 15, le soumissionnaire pourra vendre des biens compris en la soumission pour payer le quart de l'estimation à régler d'après l'article 16, mais à la charge d'imposer à l'acquéreur la condition expresse de verser en numéraire, dans la caisse du receveur des domaines nationaux, dans les délais fixés par l'article précédent, le prix de son acquisition, jusqu'à concurrence de ce qui sera dû à la république pour le montant de ladite estimation. Le versement sera fait nonobstant toutes oppositions qui pourraient avoir lieu entre les mains des acquéreurs; au moyen de quoi, ceux-ci demeureront subrogés aux droits de propriété de la nation, et affranchis des hypothèques

du chef de leur vendeur, comme les autres acquéreurs de domaines nationaux.

Néanmoins, si le prix de la vente faite par l'engagiste était inférieur au montant de l'estimation ordonnée par l'article 19, la république conservera, pour l'excédant, son privilége et son hypothèque, même sur la chose vendue, jusqu'au paiement intégral du quart dû par l'engagiste, sans être tenue de poursuivre l'inscription de sa créance aux registres publics de la conservation des hypothèques.

Signification des titres.

22. A l'égard de tous engagistes ou échangistes non maintenus, et qui n'auraient fait la déclaration prescrite par l'article 13 de la présente, ou qui, après l'avoir faite, ne se seraient pas présentés pour faire la soumission autorisée par les articles 14 et 15, la régie des domaines nationaux, immédiatement après l'expiration du mois qui suivra la publication de la présente, en ce qui concerne les premiers, ou du mois qui suivra la déclaration non suivie de soumission, en ce qui concerne les seconds, leur fera signifier copie des titres primitifs, recognitifs ou énonciatifs, tendant à établir les droits de la nation, avec déclaration que, dans le délai d'un mois à dater de la signification, elle poursuivra la vente des biens y énoncés, lesquels ne pourront être des biens qui auraient été soumissionnés en exécution de la loi du 28 ventose an IV et autres y relatives.

Elle les interpellera, par le même acte, de nommer dans la décade un expert pour procéder aux opérations préparatoires ci-après détaillées, conjointement avec l'expert qui sera nommé par la régie, et celui qui le sera par l'administration centrale du département de la situation des biens.

23. Ces experts procèderont, dans les deux décades suivantes, à la vue des titres, mémoires et renseignements qui leur seront respectivement remis, 1° à l'estimation du capital, d'après les règles posées en l'article 19; 2° à l'estimation du revenu annuel; 3° à celle des améliorations, s'il y en a, en observant qu'elles ne doivent être estimées que jusqu'à concurrence de la valeur dont les biens se trouvent augmentés; 4° à l'évaluation des dégradations, s'il y a lieu; 5° enfin à l'estimation des fruits perçus et recueillis par le ci-devant détenteur, depuis et compris l'année 1791, à moins qu'il ne justifie avoir fait la déclaration prescrite par la loi du 1er décembre 1790.

Formes dans lesquelles il sera procédé à la vente des biens dont les détenteurs n'auront pas fait la déclaration.

Les experts distingueront chacune de ces opérations dans leur rapport : si l'engagiste avait négligé d'en nommer un, ou si son expert nommé ne se réunissait point aux autres, au jour indiqué par sommation, il sera passé outre par ceux-ci.

24. Les articles 17 et 18 de la présente s'appliquent aux experts qui seront nommés en exécution de l'article précédent.

25. Après la remise du rapport des experts, et toutefois après l'expiration du délai d'un mois, à dater de la signification prescrite par l'article 22, les biens seront mis en vente par affiches et enchères faites conformément aux lois des 16 brumaire an v et 26 vendémiaire dernier.

En conséquence, la première mise à prix des biens ruraux sera de huit fois le revenu annuel; celle des maisons, bâtiments et usines servant uniquement à l'habitation, et non dépendant de fonds de terres, sera de six fois le revenu annuel.

26. Si, après l'adjudication faite dans les délais et

forme ci-dessus, le ci-devant détenteur élevait quelques prétentions relatives à la propriété, elles se résoudront de plein droit en indemnité sur le trésor public, s'il y échet.

27. Si, dans le mois qui suivra la signification des titres, le détenteur les soutient inapplicables ou insuffisants, ou s'il prétend être placé dans les exceptions de la présente, ou si de toute autre manière il s'élève des débats sur la propriété, il y sera prononcé par les tribunaux, après néanmoins qu'on se sera adressé, par voies de mémoires, aux corps administratifs, conformément à la loi du 5 novembre 1790; mais en ce cas, soit le tribunal de première instance, soit celui d'appel, devront, chacun en ce qui le concerne, procéder au jugement, sur simples mémoires respectivement remis, dans le mois, à dater de l'expiration des délais ordinaires de la citation.

28. Il n'est rien changé par la présente aux attributions de l'autorité administrative, en ce qui concerne purement et simplement les liquidations de droits et créances prétendus par des particuliers envers la république.

29. Il sera procédé à la liquidation des indemnités que l'engagiste pourrait réclamer, à la vue des quittances de finances, rapports d'experts et de tous autres titres et documents, de la même manière qu'il est observé pour les autres créanciers de la république : la remise des titres sera faite dans trois mois pour tout délai.

Mode des paiements à faire par les acquéreurs.

30. Le prix de l'adjudication qui sera faite en exécution de l'article 25, sera en totalité payable en numéraire métallique : les paiements seront divisés comme il suit :

1° Le quart de la valeur du terrain estimé, d'après les articles 19 et 23 de la présente, sera acquitté entre les mains du receveur des domaines nationaux, dans les dix jours qui suivront l'adjudication; savoir, le premier tiers en numéraire, et les deux autres tiers en obligations ou cédules payables aussi en numéraire, savoir, le second tiers dans le délai de deux mois, et le dernier tiers dans quatre mois; le tout à dater de la souscription des cédules, avec intérêts sur le pied de cinq pour cent par an jusqu'au paiement effectif;

2°. Le surplus du prix de l'adjudication restera entre les mains de l'acquéreur, pour fournir, jusqu'à due concurrence, soit aux indemnités de l'engagiste, soit aux plus amples reprises de la république : il ne sera exigible qu'après la liquidation de ces indemnités, et sera payables en trois portions égales, de trois mois en trois mois, à partir de la notification qui sera faite à l'acquéreur de l'arrêté définitif de la liquidation : on ajoutera au dernier paiement tous les intérêts qui auront couru jusqu'alors sur le même pied de cinq pour cent par an.

31. Si, par le résultat de la liquidation énoncée en l'article 39, le ci-devant concessionnaire n'était reconnu créancier que d'une partie de la somme restée aux mains de l'acquéreur, il sera d'abord remboursé, sur le premier terme, des deniers mis en réserve par l'article précédent, subsidiairement sur les second et troisième ; et la république ne touchera l'excédant qu'après qu'il aura été remboursé.

32. S'il arrivait qu'il fût dû au ci-devant concessionnaire au-delà de la somme restée en dépôt, il la retirera en entier, et sera remboursé du surplus de sa liquidation comme les autres créanciers de l'état; sa-

voir, deux tiers en bons de deux tiers, et l'autre tiers en bons du tiers consolidé.

33. Il n'est rien statué ni préjugé par la présente

1° Sur les concessions faites à vie seulement, ou pour un temps déterminé; soit par baux à cens ou à rentes;

2°. Sur les concessions de terrains, à quelque titre que ce soit, faites dans les colonies françaises des deux Indes;

3° Sur la nature des îles, îlots et attérissement formés dans le sein des fleuves et rivières navigables, non plus que des alluvions y relatives, ni des lais et relais de la mer.

Il sera statué sur ces divers objets par des résolutions particulières.

34. Il n'est, par la présente, porté aucune atteinte à l'exécution des lois des 28 août 1792, 10 juin 1793, et autres relatives aux biens appartenant aux communes ou sections de commune, et revendications de biens usurpés par la puissance féodale.

Dans le cas où il y aurait procès pendant entre une commune et un engagiste, relativement au fond du droit, sur les biens concédés par l'ancien gouvernement, les dispositions de la présente et les délais établis par elle ne courront contre l'engagiste qu'à dater du jugement définitif qui pourrait confirmer sa possession vis à-vis de la commune, sauf l'intervention de la régie des domaines audit procès, s'il y a lieu.

35. Il n'est point dérogé, par la présente, aux droits et actions qui peuvent compéter à la république contre les concessionnaires ou sous concessionnaires maintenus purement et simplement en possession par l'art. 5, à raison des redevances et prestations assignées sur les

fonds, et qui n'auraient pas été frappés d'abolition par des lois nouvelles.

56. Les précédentes lois sont abrogées en ce qu'elles ont de contraire à la présente.

LOI du 18 messidor an VII, *relative à l'aliénation des domaines nationaux tenus par baux à vie ou emphytéotiques.*

ARTICLE PREMIER. Les rentes emphytéotiques ou à vie appartenant à la république, ensemble la nue propriété des biens qui en sont l'objet, seront aliénées conformément à la loi du 27 avril 1791;

(Les autres articles, uniquement relatifs aux formes de la vente, n'offrent aucun intérêt.)

LOI du 16 pluviose an VIII, *qui proroge le délai accordé aux engagistes et échangistes non maintenus, pour faire la déclaration prescrite par la loi du 14 ventose an* VII.

ARTICLE PREMIER. Il est accordé un délai de trois mois, à compter de la publication de la présente, aux engagistes et échangistes non maintenus par la loi du 14 ventose an VII, sur les domaines engagés, pour faire la déclaration prescrite par l'article 13 de ladite loi.

Ce nouveau délai expiré, la déchéance sera irrévocable contre ceux qui n'en auront pas profité.

2. Les dispositions ci-dessus ne sont pas applicables aux domaines engagés qui auraient été aliénés par la république depuis la déchéance des engagistes et échangistes.

LOI du 11 pluviose an XII (1ᵉʳ *février* 1804), *relative aux engagements et échanges des bois nationaux.*

ARTICLE PREMIER. Dans les trois mois de la publication de la présente, tous engagistes, échangistes, ou autres concessionnaires, à quelque titre que ce soit, de bois et forêts dont les concessions sont révoquées par les lois des 5 septembre 1792, et 14 ventose an VII (4 mars 1799), seront tenus de déposer au secrétariat de la préfecture du département de la situation desdits bois et forêts, les titres de concession, les procès-verbaux qui ont dû constater leur entrée en jouissance, les quittances de finance si aucunes ont été payées, les baux qui en auraient été consentis, et, en général, tous les actes, titres et renseignements qui pourront en constater la consistance, la valeur et le produit, et faire connaître le montant des charges dont ils sont grevés.

2. Ils nommeront, dans le même délai, un expert. Il en sera nommé un par la régie des domaines et un par le préfet du département. Les experts prêteront serment devant le tribunal civil.

3. Les experts procéderont, dans le mois de leur nomination, à la vue des titres, mémoires et renseignements qui leur seront respectivement remis, 1° à l'estimation des améliorations, s'il y en a, en observant qu'elles ne doivent être estimées que jusqu'à concurrence de la valeur dont les biens se trouvent augmentés; 2° à l'évaluation des dégradations, s'il y a lieu. Seront considérées comme dégradations, les coupes anticipées et celles des bois qui ne faisaient pas partie des fruits ordinaires.

4. Il sera procédé à la liquidation des indemnités

que l'engagiste pourrait réclamer, à la vue des quittances de finance, rapports d'experts, et de tous autres titres et documents.

5. L'échangiste sera remis en possession des biens par lui donnés en contre-échange, et il sera procédé à la liquidation soit des soultes ou retours de part et d'autre, soit des indemnités, à raison des améliorations ou dégradations; lesdites dégradations comprenant les fruits indûment perçus, comme il est dit à l'article 3.

6. Si les biens donnés en contre-échange à la république se trouvaient avoir été vendus, la valeur entrera en liquidation au profit de l'échangiste. Elle sera réglée d'après le prix commun des biens de même espèce, à l'époque où l'échangiste aura reçu l'avis de sa liquidation, et où il devra faire le délaissement des forêts nationales qu'il a reçues en échange.

7. Le montant des sommes revenant aux engagistes par le résultat desdites liquidations, leur sera payé intégralement en inscriptions au grand-livre de cinq pour cent consolidés.

Les échangistes pourront recevoir le montant de leur liquidation en domaines nationaux estimés à raison de vingt fois le revenu net, ou en cinq pour cent consolidés; ils seront tenus d'opter dans le mois, à compter du jour où ils auront reçu l'avis de leur liquidation.

8. A compter du jour de la publication de la présente loi, les détenteurs qui se seront conformés aux articles 1 et 2 ne pourront être dépossédés sans avoir préalablement reçu l'avis de leur liquidation pour en toucher le montant, ou avoir été remis en possession des biens donnés par eux en contre-échange. Néanmoins, les bois et forêts dont il s'agit, seront soumis

aux règles générales de l'administration publique en
cette partie. Un quart du prix des coupes sera versé
au trésor public; les trois autres quarts seront remis
aux possesseurs actuels , jusqu'à leur liquidation et
remboursement.

Ceux qui ne se seront pas conformés aux articles 1
et 2 , seront dépossédés à l'échéance du délai fixé par
l'article premier.

9. Aucun concessionnaire ou détenteur, quel que
soit son titre, ne peut disposer des bois de haute futaie , non plus que des taillis recrus sur les futaies coupées ou dégradées.

Il en est de même des pieds corniers , arbres de
lisière , baliveaux anciens et modernes, des bois taillis,
dont il est d'ailleurs défendu d'avancer, retarder ni
intervertir les coupes.

10. A l'égard des aliénations ou engagements , accensements , sous-aliénations et sous-inféodations de terrains enclavés dans les forêts dont il s'agit , ou en
étant distants de moins de sept cent quinze mètres,
le sursis porté par la dernière partie de l'article 15
de la loi du 14 ventose an VII (4 mars 1799), est révoqué, et les autres dispositions de la même loi leur
sont appliquées.

11. Les engagistes ou échangistes à la charge de
faire des constructions de moulins et usines , et qui
ont été dépossédés sans avoir obtenu leur liquidation,
seront remboursés intégralement en cinq pour cent
consolidés , d'après les estimations qui seront faites en
conformité des articles précédents.

Pour les autres cas non compris dans la loi du 14
ventose an VII (4 mars 1799) et dans la présente, la
loi du 24 frimaire an VI (14 décembre 1797) sera
exécutée selon sa forme et teneur.

EXTRAIT du discours de M. Favard de Langlade, sur les engagistes de bois au-dessus de 150 hectares. (Session de 1816.)

« Si le dernier gouvernement n'a pas osé opérer la spoliation qui résulterait pour certains engagistes, de l'exécution de cette loi du 11 pluviose, peut-on aujourd'hui la conserver? pourquoi l'engagiste de bois au-dessous de 150 hectares, serait-il mieux traité que l'engagiste de bois au-dessus de cette contenance? le titre de l'un et de l'autre ayant la même origine, n'est-il pas juste de donner à chacun le même effet, en faisant jouir tous les deux du bienfait accordé par la loi du 14 ventose an VII? Convient-il que l'un puisse conserver sa propriété, en payant le quart de sa valeur, et que l'autre soit, non seulement dépouillé de la sienne, mais qu'il soit encore obligé de recevoir en rentes sur l'état, le montant des indemnités qui peuvent lui être dues?

» Tel serait cependant le sort des engagistes de bois au-dessus de 150 hectares, et notamment des émigrés auxquels des bois de cette nature ont été ou seront restitués, si la loi de l'an 12 était maintenue. Il est digne de l'assemblée de provoquer le rapport d'une pareille loi ;

» En adoptant, messieurs, une mesure sage, vous rendrez commune à tous les engagistes, la loi du mois de ventose an VII; vous consoliderez dans la main des engagistes de bois au-dessus de 150 hectares, des propriétés incertaines; vous procurerez au trésor le quart de la valeur de ces propriétés; vous les ferez enfin rentrer dans la circulation, pour être assujetties à la contribution foncière et aux droits de mutation. Tous ces avantages ne sont-ils pas fort au-dessus de ceux qui

pourraient résulter de l'exécution de la loi de pluviose
an XII, dont l'injustice ne saurait être plus évidente?

LOI du 28 avril 1816.

Art. 116. La condition mise par la loi du 5 décembre
1814, à la restitution des biens provenant d'émigrés,
qui ont été cédés à la caisse d'amortissement, est révoquée ; ces biens seront rendus aux propriétaires, lorsqu'ils auront rempli les formalités prescrites par la loi.

A l'égard des biens à restituer qui consisteraient en
domaines engagés, la loi du 11 pluviose an XII et l'article 15 de celle du 14 ventose an VII sont rapportés;
les possesseurs réintégrés ne seront assujettis qu'à l'exécution des autres dispositions de cette dernière loi.

La présente disposition sera commune à tous les engagistes.

---

*RAPPORT fait par M. Favard de Langlade à la
chambre des députés au nom de la commission spéciale chargée de l'examen de la loi relative aux
échangistes; séance du 26 mars 1818.*

Depuis vingt-cinq ans les différentes assemblées lé-
gislatives se sont successivement occupées des engagistes
et des échangistes dont les contrats n'avaient pas été
consommés avant le 1er janvier 1789. Plusieurs lois
ont été rendues sur cette partie; mais il reste encore à
statuer sur une classe d'échangistes, dont le sort n'a
point été fixé définitivement; c'est pour compléter la
législation, que le gouvernement vous a proposé le projet de loi soumis aujourd'hui à votre délibération.

Pour en présenter le véritable objet, il m'a paru convenable de rappeler aussi brièvement que possible les lois de la matière.

La première, du 1e décembre 1790, a révoqué toutes les aliénations des biens domaniaux postérieures à l'ordonnance de 1566.

Une seconde loi du 3 septembre 1793, en confirmant la révocation, prescrit aux détenteurs la marche à suivre pour obtenir leur liquidation.

La loi du 10 frimaire an II (30 novembre 1793), vint encore établir des principes sur les révocations de toutes les aliénations et engagements du domaine de l'état; elle apporta des modifications assez considérables à la loi de 1790, qu'elle révoque même par l'article 53.

Enfin la loi du 14 ventose an VII (4 mars 1799) est la première qui ait embrassé dans ses dispositions les diverses aliénations du domaine; elle désigne celles qui sont révoquées, celles qui sont confirmées, et renvoie à prononcer sur les autres, et notamment sur les aliénations de bois excédant 150 hectares.

Elle laisse, pour les aliénations révoquées, l'option aux concessionnaires de recevoir le montant de leurs finances et de leurs améliorations, ou de devenir propriétaires irrévocables des objets à eux concédés, en payant le quart de leur valeur actuelle, et en renonçant à tout remboursement de finances et d'améliorations.

Cette loi forme une grande époque dans la législation domaniale, et le temps n'a fait que confirmer la sagesse de ses dispositions.

Le principe des révocations était posé dès 1790, mais il fallait l'exécuter. Dans quel embarras l'administration se serait trouvée, si elle avait été obligée de liquider partiellement toutes les aliénations? Quel eût été également le sort des détenteurs, dont une grande partie

n'avait pu produire les quittances de la finance originaire, ni justifier suffisamment des améliorations, et
qui, pour comble de malheur, auraient été dépouillés
par la révolution ?

La disposition de la loi qui les a rendus propriétaires
incommutables en payant le quart, est une sorte de
transaction qui a fait cesser toutes les difficultés, et
dont l'exécution est devenue d'autant plus facile, qu'elle
favorisait les intérêts des détenteurs et ceux de la société, en donnant à leur possession la force et le caractère d'une propriété irrévocable, qui rentrait dans
la circulation.

Tout est terminé à l'égard des concessionnaires que
la loi avait admis à payer le quart ; mais, ainsi que je
l'ai déjà dit, les engagistes et les échangistes de forêts
au-dessus de 150 hectares avaient été exceptés par l'article 15, portant qu'il serait statué à leur égard par une
loi particulière.

Cette loi n'a été rendue que le 11 pluviose an XII
(1er février 1804), et elle était loin de répondre aux
espérances que la loi du 14 ventose an VII avait données à cette classe particulière de détenteurs.

Le gouvernement d'alors, qui avait l'intention de
réunir dans ses mains les plus grandes masses de forêts, fit annuler, par cette loi, toutes les concessions.

D'après les articles 4 et 7, les engagistes devaient recevoir leur indemnité en inscriptions sur le grand-livre.

Quant aux échangistes, l'article 5 portait qu'ils seraient remis en possession des biens par eux donnés en
contre-échange, s'ils existaient ; mais, s'ils avaient été
vendus, que la valeur serait liquidée, et que l'échangiste pourrait être remboursé en domaines nationaux
ou en inscriptions sur le grand-livre.

Il faut remarquer que les engagistes et les échangistes qui ont fait la déclaration prescrite par l'art. 1er, ont été autorisés par l'article 8 à continuer leur jouissance jusqu'à la liquidation et au remboursement, *en versant au trésor public le quart du prix des coupes.*

Cette loi, dont les dispositions, en ce qui concerne la révocation, étaient contraires à celles du 14 ventose an VII, fit naître une opposition parmi les législateurs eux-mêmes. Elle fut d'abord rejetée par le tribunat, et elle ne fut adoptée par le corps législatif qu'à une faible majorité.

J'ajouterai qu'elle n'a reçu aucune exécution quant à la dépossession des concessionnaires, qui n'ont pas cessé de jouir jusqu'à présent, en versant le quart du produit des coupes.

La loi du 5 décembre 1814 a restitué aux émigrés les biens non vendus.

Celle du 28 avril 1816 a compris dans cette restitution ceux des biens qui avaient été cédés à la caisse d'amortissement.

Mais dans ces mêmes biens il se trouvait des forêts au-dessus de 150 hectares, tenues à titre d'engagement, et qui, sous ce rapport, étaient atteintes par les dispositions de la loi du 11 pluviose an XII.

On examina alors s'il était convenable de rapporter cette dernière loi, et la question fut résolue en faveur des engagistes, sur la proposition de la commission des finances. L'article 116 de la même loi du 28 avril, rendit communes à ceux qui étaient détenteurs de forêts au-dessus de 150 hectares, les dispositions de la loi du 14 ventose an VII, et les autorisa à devenir propriétaires incommutables en payant le quart de la valeur actuelle, comme l'avaient été les détenteurs de forêts au-dessous de 150 hectares.

Ainsi le sort des engagistes a été réglé définitivement par l'article 116 de la loi du 28 avril , mais on a oublié d'y comprendre les échangistes détenteurs de forêts au-dessus de 150 hectares.

C'est pour réparer cette omission que le gouvernement vous propose son projet de loi. Le premier article déclare communes aux échangistes , les dispositions de l'article 116 de la loi du 28 avril 1816 , concernant les engagistes.

Vous avez déjà vu , Messieurs , que ce même article appelait les engagistes à devenir propriétaires incommutables des forêts au-dessus de 150 hectares, en payant le quart de la valeur, conformément à la loi du 14 ventose an VII.

Ainsi , le projet de loi a pour but de donner aux échangistes , qui sont également détenteurs de forêts au-dessus de 150 hectares , la faculté de devenir propriétaires incommutables aux mêmes conditions imposées par la loi de l'an VII , la seule à laquelle se rattachent tous les intérêts domaniaux.

La commission a examiné s'il ne conviendrait pas de soumettre ces échanges à de nouvelles estimations, afin de conserver les intérêts respectifs.

Mais , indépendamment des difficultés que cette marche rencontrerait dans l'exécution, et que le ministre des finances a signalées dans l'exposé des motifs, la commission a pensé qu'il serait injuste de faire une exception pour le petit nombre d'échangistes qui sont dans le cas de la loi proposée.

Veuillez vous rappeler, Messieurs , que la loi du 14 ventose a accordé à tous les détenteurs des biens domaniaux dont les aliénations sont révoquées, la faculté d'en devenir propriétaires incommutables , en payant le quart ; que, sous ce mot d'*aliénation*, sont compris non-seulement les engagements, mais aussi les échanges;

Que les échangistes des biens ruraux , quelles qu'en soient l'étendue et la valeur, et les échangistes de bois au-dessous de 150 hectares ont profité de cette loi , et sont aujourd'hui propriétaires irrévocables;

Que même à l'égard des échangistes détenteurs de bois au-dessus de 150 hectares , la loi du 11 pluviose an XII , en les laissant en jouissance, les a assujettis à payer le quart du prix des coupes; qu'elle a elle-même suivi les dispositions de la loi de l'an VII , et déterminé en quelque sorte la portion que le domaine doit y prétendre.

Faire une exception pour les échangistes dont le sort reste à régler , et vouloir des formalités d'estimation et un mode différent de liquidation , ce serait non-seulement être injuste à l'égard de ces derniers, mais encore s'écarter des motifs et des dispositions des lois antérieures.

La commission a désiré s'assurer de l'importance de ces échanges , et le ministre des finances a bien voulu lui en communiquer l'état.

Il résulte que le nombre de ces échanges non consommés au 1er janvier 1789, s'élève à cinquante-neuf seulement, et que ces neuf dixièmes comprennent des biens ruraux ou de ville, ou des bois au-dessous de 150 hectares.

La commission a reconnu que tout était réglé par la loi de ventose an VII , à l'égard des derniers échanges, et que le projet leur était étranger.

Ce n'est donc que pour les échanges qui contiennent des forêts au-dessus de 150 hectares , que le projet est proposé; mais nous venons d'observer que le nombre en était très petit; et pourrait-on sans injustice, faire une exception à leur préjudice, et introduire en ce qui les concerne , une législation et des formes différentes de celles qui ont eu lieu pour tous les autres détenteurs de biens domaniaux.

La commission, appuyée sur ces considérations, a pensé que l'article déclarant communes aux échangistes, les dispositions de l'art. 116 de la loi du 28 avril 1816, devait être adopté; elles propose seulement d'ajouter après le mot échangiste, ceux-ci *de forêts au-dessus de 150 hectares*, afin de mieux préciser l'objet de la loi.

Le premier paragraphe de l'article 2 n'a pas souffert de difficulté; il est une conséquence nécessaire de l'adoption de l'article 1er, puisqu'il autorise les échangistes à faire leur soumission dans le délai de trois mois, pour jouir du bénéfice de la loi de l'an VII.

Le second paragraphe de l'article 2 porte que les échangistes pour lesquels il a été fait des évaluations, conformément à l'édit du mois d'octobre 1711, ne seront tenus, pour être déclarés propriétaires irrévocables, que de payer la soulte résultant des évaluations.

La commission a été d'avis que cette exception ne pouvait avoir lieu que pour les échangistes dont les biens, par eux donnés en contre-échange, avaient été vendus par l'état; les autres doivent rester dans le droit commun, quoiqu'ils soient porteurs d'évaluations régulières. Il est certain que, d'après notre législation, tant que la formalité des lettres de ratification enregistrées dans les cours n'a pas été remplie, l'échange n'est pas consommé; et à ce titre il se trouve dans la révocation prononcée par la loi.

Mais la rigueur de ce principe ne saurait être opposée à l'échangiste, dont les biens par lui donnés en contre-échange ont été aliénés; si le contrat passé entre l'état et l'échangiste n'est pas consommé, l'état peut, sans doute, en demander la résolution; mais la première condition qu'il doit remplir, est de rendre ce qu'il a reçu ; il faut qu'il remette l'échangiste avec lequel il a contracté, dans la même position dans laquelle il était avant le contrat ; s'il est dans l'impossibilité de le faire, à cause de la vente des biens reçus en contre-échange, alors l'échangiste ne pouvant plus reprendre sa chose, il en résulte pour lui une espèce de ratification qui doit faire considérer le contrat comme consommé. Il est donc de toute justice que, dans ce cas, l'échangiste pour lequel il avait été fait des évaluations conformes à l'édit de 1711, soit maintenu dans sa possession, en payant la soulte qu'il peut devoir d'après les évaluations.

Tel est l'avis de votre commission : elle vous propose, en conséquence, d'adopter le projet de loi avec les deux amendements dont j'ai eu l'honneur de vous rendre compte.

LOI du 15 mai 1818, relative aux échangistes des bois de l'état, d'une contenance de plus de 150 hectares.

Article premier. Les dispositions de l'art. 116 de la loi du 28 avril 1816, concernant les *engagistes*, sont déclarées communes aux *échangistes* de forêts au-dessus de 150 hectares, dont les échanges n'étaient pas consommés avant le 1er janvier 1789.

2. Les échangistes seront, en conséquence, admis à faire les déclaration et soumission prescrites par la loi du 14 ventose an VII, dans le délai de 3 mois, à compter de la publication de la présente loi ; et, en payant le quart de la valeur des biens qu'ils ont reçus en échange, suivant le mode déterminé par cette loi, ils seront déclarés propriétaires incommutables.

Néanmoins les échangistes pour lesquels il a été fait des évaluations conformément à l'édit de 1711, quoique non suivies de l'enregistrement et de lettres de ratification, ne seront tenus, pour être maintenus dans leur possession, que de payer la soulte résultant des évaluations, si les biens par eux donnés en contre échange, ont été vendus par l'état.

EXPOSÉ des motifs du projet de loi présenté par S. Exc. le ministre des finances, sur les domaines engagés, concédés et échangés, et sur les décomptes des domaines nationaux. (Séance du 4 janvier 1827.)

(La première partie de l'exposé concerne les décomptes des domaines nationaux ; étrangère aux domaines engagés, nous avons dû la supprimer ici, comme inutile.)

Engagistes et Échangistes.

(T. 5, art. 10, 11 et 12.) Depuis le 14ᵉ siècle, le domaine de la couronne fut considéré en France comme inaliénable. Le roi ne pouvait en vendre, ni en donner à perpétuité aucune partie; il pouvait seulement faire des échanges de domaines ou les concéder temporairement, moyennant une somme d'argent, dite finance d'engagement. Ces concessions étaient toujours révocables à la volonté du souverain, en offrant la restitution de la finance d'engagement.

Ce droit de révocation devint entre les mains du gouvernement, un expédient de finance ; plusieurs fois ces menaces de révocation n'eurent d'autre but ni d'autre résultat que de forcer les engagistes à fournir des suppléments de finances.

Les lois de 1790 et années suivantes, en ordonnant la vente de tous les biens nationaux provenant soit de l'ancien domaine, soit des confiscations, semblaient devoir détruire l'ancien principe de l'inaliénabilité du domaine, pour y substituer l'aliénabilité la plus absolue; cependant les mêmes lois, ou des lois spéciales des mêmes époques, rappelèrent et appliquèrent constamment les anciens principes les plus rigoureux, aux anciens engagements et échanges.

Tous les engagements postérieurs à l'édit de février 1566, furent formellement révoqués par les lois des 1er décembre 1790, 3 septembre 1792 et 10 frimaire an II (30 novembre 1793), et les échanges furent soumis à des justifications, vérifications et estimations qui devaient entraîner l'annulation du plus grand nombre.

Mais l'exécution de ces lois parut si fâcheuse, qu'elle fut suspendue par celle du 22 frimaire an III (12 décembre 1794.)

Trois ans après, le gouvernement dont les besoins étaient urgents, se souvint des domaines engagés, concédés et échangés, et il proposa une loi à la fois, moins rigoureuse envers les engagistes et les échangistes, et plus habilement calculée pour le fisc; celle du 14 ventose an VII (4 mars 1799) releva les engagistes et échangistes de la dépossession dont ils avaient été frappés, et les admit à devenir propriétaires incommutables, en se soumettant au paiement du quart de la valeur des biens provenant d'engagements, ou d'échanges révocables, à l'exception des forêts au-dessus de cent cinquante hectares. La loi du 12 pluviose an XII (2 février 1804) ne laissa aux propriétaires de ces bois d'autre droit que celui de faire liquider leurs finances d'engagement.

Lorsque la loi du 5 décembre 1814 eut ordonné la

remise aux émigrés de leurs biens non vendus, il fut reconnu que parmi ces biens il s'en trouvait quelques-uns provenant d'engagement ou d'échange.

Les anciens propriétaires soutinrent avec juste raison, que les délais de la loi du 14 ventose an VII (4 mars 1799), et les dispositions de celle du 12 pluviose an XII (2 février 1805), ne pouvaient leur être applicables. L'article 116 prononça, au profit de tous les engagistes, l'abrogation de la loi du 12 pluviose an XII; et par la loi du 15 mai 1818, l'article 116 de la loi du 28 avril 1816 fut rendu applicable aux échangistes.

Si tous les domaines engagés ou échangés eussent été connus, l'exécution de la loi du 14 ventose an VII (4 mars 1799) serait terminée depuis long-temps; les engagistes ou échangistes auraient été expropriés, ou ils auraient payé le quart de la valeur de leurs propriétés, devenues dès lors incommutables.

Comme expédient de finances, la loi du 14 ventose an VII (4 mars 1799) a échoué, parce que les domaines engagés et échangés étaient beaucoup moins nombreux qu'on ne le supposait, ou parce que la plupart des échanges et engagements remontant à des époques très reculées, l'origine en était oubliée, effacée, et les titres domaniaux perdus ou insuffisants.

Les mêmes causes ont fait manquer l'effet salutaire que pouvait avoir la loi du 14 ventose an VII, de rendre incommutables les propriétés engagées, concédées ou échangées, et au lieu de faire cesser les incertitudes, elle les a aggravées, prolongées et multipliées.

Parmi les engagistes inconnus à l'administration des domaines, les uns ont fait les déclarations demandées par les lois, et payé le quart; tout est consommé à leur égard; les autres se sont tus par ignorance ou par calcul, ou par méfiance des intentions du gouvernement, craignent ou des estimations trop élevées, ou une ex· propriation, ou plus tard de nouveaux appels de fonds.

Il faut reconnaître que plus nous nous éloignons de l'année 1789, depuis laquelle il n'y a plus eu ni engagements, ni échanges révocables ; et des lois du 1er décembre 1790, et du 14 ventose an vii (4 mars 1799), qui ont ordonné les déclarations, moins il y a de moyens de découvrir les domaines de cette origine qui ont été célés ; il y a lieu de croire que ceux qui n'ont pu être découverts pendant ces trente années, sont maintenant à l'abri des recherches.

Il faut convenir que si, à l'égard de ceux qui connaissent l'origine de leurs biens, ils serait conforme à la loi de les déposséder; cette dépossession serait injuste, ou au moins d'une rigueur excessive envers les propriétaires qui ont acheté des domaines engagés sans connaître leur origine, et qui les ont possédés comme biens patrimoniaux, jusqu'au jour fatal auquel l'administration des domaines viendrait, armée de titres qui peuvent avoir deux cents à trois cents ans d'antiquité, leur révéler une origine domaniale.

Il existe des exemples de propriétaires ainsi troublés dans une possession antique et de bonne foi, par des prétentions domaniales dont les titres avaient plusieurs siècles de date.

On peut même dire qu'aucun propriétaire ne peut avoir la certitude d'être à l'abri des attaques de l'expropriation, en vertu de la loi du 14 ventose an vii, et de vieux titres domaniaux.

Il est vrai que lorsqu'un engagiste concessionnaire ou échangiste est dépossédé, il a droit à une liquidation et restitution quelconque des finances d'engagement

qu'il a fournies , ou des biens qu'il a cédés ; mais la seule
différence des monnaies réduit souvent à un écu d'argent un écu d'or, ou à une livre de vingt sols de cuivre,
une livre de vingt sols d'argent fournie , il y a deux ou
trois siècles ; ensuite l'application à cette somme , ainsi
affaiblie, des lois de réduction , de remboursement et
de liquidation, réduit à une très faible proportion le remboursement final.

L'application de la loi du 14 ventose an VII (4 mars
1799), a plusieurs fois donné lieu à des injustices graves, elle peut en causer encore. Il suffirait de l'exécuter
avec un zèle imprudent et avec une fatale habileté
pour répandre des inquiétudes. Cette loi est d'un exemple dangereux dans la législation domaniale actuelle;
elle repose sur le principe de l'inaliénabilité du domaine,
principe diamétralement opposé à ceux qui forment la
base des ventes des domaines nationaux, et qui fondent
la sécurité des acquéreurs ; principe devenu sans objet
depuis que le domaine de la couronne, resté seul inaliénable , a été séparé du domaine de l'état, et depuis que
les aliénations des domaines sont réglées par les lois,

La loi du 14 ventôse an VII (4 mars 1799), déclarait, article 14, que les engagistes et les échangistes qui
auraient fait leur soumission *seraient en tout assimilés
aux acquéreurs de domaines nationaux*, dès lors en
même temps que le gouvernement propose de déclarer
ces acquéreurs libérés , même sans représentation de
décomptes , il doit, par suite d'une assimilation déjà
prononcée , proposer de déclarer les engagistes , concessionnaires et échangistes, également libérés sans être
désormais tenus aux déclarations et aux paiements or-
donnés par la loi du 14 ventôse an VII.

Des motifs puisés dans de puissantes considérations

d'ordre public, suffiraient pour déterminer l'adoption de pareilles mesures, lors même qu'il en devrait résulter des sacrifices pécuniaires considérables. Mais nous pouvons ajouter que la sécurité que nous proposons d'accorder aux engagistes et échangistes, et dont l'influence réjaillira sur les acquéreurs des biens nationaux, ne privera le trésor que de sommes modiques. Ses recettes provenant du quart des domaines engagés, ne se sont élevées, depuis l'an VII (1799), en vingt années, qu'à la somme de 4 millions, et avant la loi du 28 avril 1816, qui a rouvert cette source de produits, les recettes annuelles étaient réduites à moins de 100,000 fr.

Cependant les précautions sont prises pour assurer au trésor le recouvrement de toutes les créances pour domaines engagés et échangés qui sont connues et réglées, ou dont le réglement est possible. Il n'est pas accordé décharge des soumissions faites conformément aux lois des 14 ventose an VII, 28 avril 1816 et 15 mai 1818, qui ne sont pas soldées, ou sur lesquelles il n'a pas été statué, ces soumissions devront être exécutées et accomplies. L'article 10 laisse même à l'administration des domaines un délai d'une année pour faire à tous les engagistes et échangistes qui lui sont connus, la sommation de se conformer à la loi du 14 ventose an VII (4 mars 1799), et réserve les droits de l'administration contre ceux auxquels ces sommations auront été faites.

Enfin l'article 11 prescrit à l'administration des domaines de ne faire la remise des biens confisqués qu'à charge de l'exécution des lois des 14 ventose an VII (4 mars 1799), 28 avril 1816 et 15 mai 1818.

Au moyen de ces réserves multipliées, on peut assurer que le *quitus* général donné aux engagistes concessionnaires et échangistes inconnus, et la sécurité rendue à tous les propriétaires ne coûteront presque au trésor que l'abandon de droits qu'il ne peut exercer, et le sacrifice de sommes qu'il lui est impossible d'atteindre.

Il est superflu, messieurs, d'arrêter plus long-temps votre attention sur ces détails. Nous en avons assez dit pour prouver que la justice autant que la politique et la saine administration, exigent que désormais il n'existe plus en France de propriétés sur lesquelles le domaine ait aucune répétition à exercer. Il faut que les préposés du fisc, que les agents du gouvernement n'aient aucun droit, aucun prétexte, aucun moyen d'inquiéter les propriétaires, ni de rechercher, de poursuivre les acquéreurs de biens qui ont appartenu à l'état. Pour atteindre ce but, l'abrogation de la loi du 14 ventôse an VII, de toute la législation, de toute la jurispudence administrative sur les domaines engagés, concédés et échangés, n'est pas moins nécessaire que l'abolition de la législation et de la jurisprudence administrative sur les décomptes de domaines nationaux. Ces deux dispositions, conséquences nécessaires l'une de l'autre, se prêteront un mutuel appui; leur réunion, leur simultanéité, ajouteront à leurs salutaires effets; ces motifs nous ont déterminés à les renfermer dans le même projet de loi.

RAPPORT de M. Delacroix-Frainville à la chambre des députés, (*séance du 2 février 1820.*)

Sur la 2ᵉ partie du projet de loi concernant la libération des engagistes et échangistes, la commission a considéré que les possesseurs de cette nature de biens ne possédaient qu'à titre précaire; ils ne sont point acquéreurs; ils ne détiennent qu'en vertu d'un titre an nullé et révoqué par les lois du 4 septembre 1792 et 10 frimaire an II; savoir : à l'égard des engagistes, pour tous les engagements consentis depuis l'édit de 1566, et à l'égard des échangistes, pour tous les échanges qui n'avaient pas été régulièrement consommés avant le 1er janvier 1789, ainsi que pour tous ceux effectués depuis cette époque.

A la vérité, les engagistes et les échangistes ont été admis par la loi du 14 ventôse an VII, à la faculté de se rendre acquéreurs, en payant le quart de la valeur estimative des biens qu'ils possèdent; mais, tant qu'ils n'ont point satisfait à cette condition, les biens font partie du domaine de l'état, il n'en existe pas d'aliénation.

Cette classe de possesseurs ne peut donc être assimilée aux acquéreurs qui ont une propriété certaine, et qui ne sont recherchés que pour le décompte de leur prix. Leur appliquer les mêmes dispositions, les déclarer propriétaires incommutables, après un délai plus ou moins rapproché, ce serait les récompenser de ce que, jusqu'à présent, ils se sont soustraits aux dispositions d'une loi qui était toute en leur faveur; ce serait les encourager à les éluder encore jusqu'au moment où ils seraient sûrs d'obtenir gratuitement la consolidation de leurs propriétés.

Toutefois il est peu vraisemblable que le maintien de la loi en vigueur sur les engagistes et les échangistes, puisse procurer au trésor des recouvrements de quelque importance. L'administration des domaines se croit assurée qu'aucun des objets notables de cette nature de biens, ne peut avoir échappé à ses recherches; et de fait, toutes les archives du royaume, tous les moyens de découverte ont été mis à sa disposition, dès 1792, par des lois expresses. Ce n'est pas sur les rêves de la malveillance et de la calomnie que l'on peut fonder de nouvelles espérances. Tout autorise à présumer que rien de ce qui était notoire n'a pu se dispenser de subir les conditions de la loi du 14 ventôse an VII; mais ce n'est toujours qu'une présomption. Les mêmes motifs de certitude n'existent pas pour les engagements et les échanges, comme pour les ventes nationales, qui sont toutes connues, il se peut que les propriétaires possèdent *à leur insu*, comme à celui du domaine, quelque portion dont la domanialité ne serait apperçue que dans la suite des temps, et c'est cette incertitude même que le projet de loi tend à faire disparaître.

Cette idée est d'une politique juste et sage ; sans doute lorsque l'on croit avoir épuisé tous les moyens d'exercer les droits de l'état, il est utile d'effacer jusqu'à la trace de toutes les espèces d'incertitude : on doit désirer d'arriver au moment où toutes les natures de propriétés, également libres de toutes craintes, sur l'avenir, pourront circuler avec la même confiance.

Mais il a paru à la commission que la loi du 14 ventôse an VII, était encore trop récente pour en arrêter dès à présent l'effet; elle a pensé qu'en conservant au domaine les droits que cette loi lui attribue, l'administration pourra continuer ses recherches, et le résultat qu'elles obtiendront servira à déterminer par la suite les mesures qui seront jugées les plus convenables.

Votre commission vous propose donc d'adopter la 1re partie du projet de loi avec les amendements que j'ai eu l'honneur de vous proposer, et de rejeter la 2e partie.

RAPPORT fait à la chambre des pairs, par M. le marquis Barbé-Marbois. (Séance du 6 mars 1820.)

Nous passons à cette autre partie du projet de loi, qui a pour objet la libération des concessionnaires, engagistes et échangistes. Les motifs qui ont dicté le premier titre, ont présidé à la rédaction de celui-ci : ce sont la sécurité et la confiance des détenteurs, dont la plupart sont devenus propriétaires, au titre le plus incontestable. Ce titre est la loi du 14 ventôse an VII, à laquelle ils se sont ponctuellement conformés. La loi qui vous est proposée tend aussi à conférer aux autres engagistes et échangistes, qui ne se sont pas encore mis en règle, un titre qui sera également incontestable aussitôt qu'ils auront rempli les conditions faciles qui leur sont imposées.

Le domaine de la couronne, son ancienneté, son inaliénabilité, son importance dans l'administration générale de l'état, les ressources qu'il offrait en cas de guerre, la modicité des autres contributions et impôts qui ne faisaient point partie du domaine, et lui furent étrangers pendant un grand nombre de siècles, telles sont les causes qui, autrefois, ont rendu nécessaires tant de lois rigoureuses pour parvenir à la conservation du domaine et à la réunion de celui qui était aliéné, engagé ou échangé.

L'effet de *ces dissipations du patrimoine sacré de la couronne,* pour parler le langage des ordonnances mêmes, avait été de priver le fisc d'une de ses principales ressources. Ainsi de règne en règne, des édits de réunion, de dégagements et de rachats suivaient des lettres et arrêts d'aliénation revêtus de toutes sortes de formes.

Ces oscillations perpétuelles et renouvelées du mal au remède et du remède au mal, les reventes et augmentations de finance ne profitaient point à l'épargne, et, aux termes de l'édit d'août 1667, *il n'en était, par un abus visible et notoire, entré aucuns deniers dans les cofres* du roi. Cet édit *cassait, révoquait, annulait les dons, concessions des domaines, pour quelque cause et prétexte qu'ils eussent été faits;* ordonnait des restitutions de fruits perçus, faute de rapporter titre, sans égard à la possession quelque longue qu'elle fût. Les tiers détenteurs, même de bonne foi, n'en étaient pas moins tenus à déguerpir. Il était interdit aux cours d'avoir égard aux lettres et brevets de dons et concessions.

Les dénonciateurs étaient stimulés par des promesses d'amples récompenses, et celui que les malheurs du temps ou sa propre négligence avait privé de son titre, pouvait être victime de la cupidité ou de l'infidélité de l'homme à qui il avait confié le secret ou le soin de ses affaires. Des lois aussi sévères n'étaient que trop facilement éludées, on se rédimait par des paiements en mauvaises valeurs, par de prétendues compensations, et le prince lui-même, renonçant bientôt à des dispositions bursales peu d'accord avec sa justice ou sa facile bonté, le domaine se trouvait de nouveau livré aux mêmes dissipations. Le principe de l'inaliénabilité était cependant toujours maintenu; et, de nos jours, lorsque, au temps du directoire, les deux conseils voulurent statuer par une loi complète, sur toutes les parties du domaine de l'état, ils reconnurent qu'il fallait renoncer à des recherches qui, sans aucun point fixe dans le passé, se perdaient dans les temps les plus reculés de la monarchie, et pouvaient atteindre tant de possesseurs de bonne foi, ignorant eux-mêmes l'origine domaniale de leurs possessions, on crut ne pouvoir prendre un point de départ certain d'une époque plus récente que le mois de février 1566 ; ce qui précédait l'édit fameux de cette date fut irrévocablement éteint, s'il n'y avait clause de retour. Mais les recherches purent s'exercer sur tout ce qui était postérieur, c'est-à-dire, sur une durée de deux siècles et demi, et nul échange, concession ou engagement n'en fut affranchi.

Souvent un engagiste avait vendu les terres de son engagement, sans faire connaître à l'acquéreur qu'il ne possédait qu'à titre précaire. D'autres ventes et reventes avaient suivi : les contrats étaient revêtus de toutes les formalités que les lois ont ordonnées ; contrôle, mise au tableau des hypothèques, enregistrement, rien n'avait été omis. Dans le cours des siècles, la propriété avait subi toutes sortes de changements ; mais ni les siècles, ni la prescription, ni la bonne foi ne pouvaient soustraire la glèbe à l'action du domaine.

La loi qui vous est proposée, messieurs, repose sur des principes bien différents. Au lieu de faire remonter les recherches et poursuites à une époque antérieure, elle montre le terme futur où elles seront consommées sans retour. Ce sera dans neuf ans ; le gouvernement n'avait demandé qu'une année, l'autre chambre a donné beaucoup plus de latitude. Nous sommes fondés néanmoins à espérer que l'activité des préposés du domaine devancera de beaucoup le terme assigné par la loi ; il n'en aura pas moins sa durée légale.

D'autres renseignements nous ont été donnés, et dans une matière de si grande importance nous croyons utile de les consigner ici, non que nous pensions que de tels éclaircissements puissent en aucun cas expliquer, développer le sens d'une loi ; elle reste textuelle-

ment telle qu'elle est sortie des mains du législateur;
mais connaître d'avance ses effets et ses résultats
probables, n'est pas une chose indigne de votre pré-
voyance, messieurs, et nous croyons devoir la satisfaire.

La loi du 14 ventose an VII (mars 1799), imposait
aux détenteurs des domaines et bois engagés ou échangés, l'obligation de payer au trésor le quart de la valeur
de l'immeuble pour en devenir propriétaires. Depuis la
date de cette loi, depuis vingt-un ans, le trésor a reçu
5,005,504 fr. pour ce quart, ce qui porte la valeur des
biens affranchis rentrés dans le commerce, et dont les
détenteurs sont devenus propriétaires incommutables,
à   20,000,000 f.

Selon les états fournis par les directeurs
dans les départements, le prix réduit en
numéraire des domaines engagés, vendus
comme domaines nationaux, est de   24,000,000.

Ces deux cathégories de biens n'appartiennent plus à l'état, les possesseurs ne
sont plus de simples usufruitiers; tout à leur
égard est consommé, ils possèdent incom-
mutablement.

Mais ce qu'il importe davantage de connaître, c'est la valeur des domaines et bois
pour lesquels il a été fait par les engagistes
ou échangistes soumission de payer le
quart, ou pour lesquels l'administration
paraît suffisamment fondée à poursuivre
ce paiement; or des renseignements à
peu près certains les évaluent à   13,000,000 f.
                                            ‾‾‾‾‾‾‾‾‾‾‾
                                             57,000,000.

Le quart de cette somme de 13,000,000, est de
3,250,000 fr.

Cette somme est certainement bien inférieure à ce

qu'on présume en général ; mais il convient d'observer
que la loi du 14 ventose an VII, a confirmé purement
et simplement, 1° les aliénations antérieures à l'édit de
février 1566, et faites sans clause de retour ; 2° les
échanges consommés légalement avant le premier janvier 1789 ; 3° les inféodations et accensements de terres
vaines et vagues, et marais à culture en valeur ; 4° les
aliénations et sous-aliénations antérieures à 1789, de
terrains épars au dessous de cinq hectares ; 5° enfin les
inféodations et sous-inféodations de terrains dépendants
des fossés, murs et remparts des villes. Voilà cinq classes de domaines affranchis pour toujours de toutes
recherches, et le nombre en était très considérable.

D'un autre côté, la plupart des engagements comprenaient des rentes seigneuriales, champarts, dîmes
inféodées, lots et ventes, et d'autres droits féodaux
supprimés postérieurement, et qui ne peuvent faire la
matière d'aucune révendication de la part de l'administration. Cet article se divisait en une multitude d'autres
articles.

La valeur de ces diverses natures de domaines qui ne
peuvent être assujettis au paiment du quart, et qui
sont irrévocablement affranchis, semble pouvoir être
portée à environ 60 millions. Si à cette valeur on ajoute
les 57 millions formant celle des domaines et bois engagés ou échangés, découverts par les préposés de
l'administration, on trouvera qu'il a existé des domaines pour une valeur d'environ 120 millions, aujourd'hui
réduite à 13, et on reconnaîtra que les biens restant à
découvrir, et auxquels les lois sur la matière seraient
applicables, sont de peu d'importance.

Les deux premiers articles de ce titre (7 et 8 du projet) ont pour objet de mettre les engagistes, conces-

sionnaires ou échangistes au rang des propriétaires incommutables. Parmi les détenteurs appartenant à ces classes, les uns n'ont jamais été dépossédés, les autres l'ont été par l'effet des lois concernant les émigrés, mais ceux-ci ont dû, dans des cas particuliers, être réintégrés en vertu des lois des 5 décembre 1814, 28 avril 1816, et 15 mai 1818. Aux uns et aux autres s'applique la loi du 4 mars 1799 (14 ventôse an VII).

Les devoirs que ces deux articles du projet imposent aux propriétaires détenteurs dont nous venons de parler, n'ont rien que de conforme aux lois existantes.

C'est dans l'article 9, que se trouvent les dispositions importantes qui doivent mettre les engagistes ou échangistes au rang des propriétaires incommutables. Cet article est ainsi conçu :

« Article 10 : *à l'expiration de trente années, à*
» *compter de la publication de la loi du 14 ventose an*
» VII, les domaines provenant de l'état, cédés à titre d'en-
» gagement ou d'échange antérieurement à la loi du
» 1er décembre 1790, autres que ceux pour lesquels
» auraient été faites ou seraient faites, jusqu'à l'expira-
» tion desdites trente années, les significations et ré-
» serves réglées aux articles ci-dessus 7 et 8, sont
» déclarés propriétés incommutables, entre les mains
» des possesseurs actuels, sans distinction de ceux qui
» se seraient conformés ou non aux dispositions des
» lois des 14 ventôse an VII (4 mars 1799), 12 plu-
» viôse an XII (2 février 1804), 28 avril 1816 et 15
» mai 1818.

» En conséquence, les possesseurs actuels desdits
» biens, engagistes, échangistes ou concessionnaires,
» ou leurs représentants, seront quittes et libérés par
» l'effet seul de la présente loi, et sans qu'ils puissent

» être tenus de fournir aucune justification, sous pré-
» texte que lesdits biens proviendraient d'engagements,
» d'échanges ou de concessions, avant ou depuis le
» mois de février 1566, avec ou sans clause de retour. »

Cet article exigeait toute l'attention de votre commission ; bien convaincue des intentions franches
qui l'ont dicté, elle a voulu s'assurer que le but serait
complétement atteint; que, dans l'exécution, on n'aurait point à redouter la disposition fiscale des préposés
quelquefois enclins à interpréter à l'avantage de l'administration, tout ce qu'il y a de douteux dans les termes
des lois et des réglements. La loi affranchit les détenteurs auxquels il n'aura pas été fait de signification de la
part de l'administration, avant l'expiration des trente
années qui ont commencé en mars 1799. Ainsi quelques-uns ont pu craindre qu'un détenteur ne fût appelé
à prouver ce fait négatif qu'il n'a pas reçu de signification. Messieurs, cette inquiétude, qu'on a cru devoir
communiquer à votre commission, lui a paru dénuée
de fondement. En cas de réclamation de la part de
l'administration, ce serait à elle à prouver que les significations ont été faites, et nous ne nous arrêtons pas
à l'idée qu'elle pourrait en supposer qui n'auraient pas
eu lieu; nous ne mentionnerons point d'autres alarmes
qui nous ont paru n'avoir pas plus de fondement.

Et néanmoins, messieurs, nous devons dire que
la loi, toute bienfaisante qu'elle est, n'a point voulu
protéger des détenteurs récalcitrants, des débiteurs
obstinés à ne jamais payer; qu'elle ne garantit pas qu'il
n'y aura pas un seul préposé qui ne puisse pas être
égaré par un zèle mal appliqué, mais ces incidents rares
seront soumis aux tribunaux ordinaires. Tous ces liti-
ges sont de leur ressort; l'administration y trouve jus-

tice , mais nous ne croyons pas qu'elle y soit favorisée ;
et nous répéterons à ce sujet un mot bien connu, appliqué autrefois à tous les procès du fisc : « Pour que
» le roi gagne un procès, il faut qu'il ait deux fois
» raison. »

Vous avez remarqué, messieurs, dans l'article 4 du
titre relatif aux décomptes, une disposition qui fixe pour
terme péremptoire des significations, le dernier jour de
1822, passé lequel, la régie pourra seulement terminer
l'exécution des jugements rendus, et vous avez pu reconnaître qu'elle a pour but de tranquilliser les acquéreurs, qui, après ce terme, n'auraient été l'objet d'aucune poursuite. On pourrait désirer de retrouver dans
l'article 9 une disposition semblable. Nous avons pré-
sumé qu'elle avait été jugée superflue, parce que ces affaires sont portées devant les tribunaux ordinaires, à la
poursuite de la partie la plus diligente, et qu'il dépendait de cette partie de la faire juger. Cette omission
ainsi expliquée, ne nous a point paru de nature à néces-
siter un amendement.

La loi même qui vous est soumise, messieurs, contient une dernière disposition bien propre à dissiper
toutes les inquiétudes. On s'est d'abord étonné d'un
travail qui doit embrasser deux siècles et demi et même
remonter plus haut. On a craint ou trop ou trop peu
de diligence dans l'exécution. On a cru qu'un état dé-
taillé de tous les cas compris dans le titre 2 obviait à
tout. En conséquence l'article 10 conçu en ces termes,
termine le projet de loi. « Article 10. Le ministre des
» finances fera imprimer et distribuer aux chambres,
» l'état des biens engagés qui sont à la connaissance
» de l'administration des domaines, avec les noms des
» détenteurs. »

A la lecture de cet article, messieurs, votre commission a douté d'abord de la facilité de l'exécution, elle s'est demandé si tant de siècles, tant de régnes, si toutes les provinces, tous les départements de la France entière ne fourniraient pas la matière d'un nouveau sommier, digne par son volume d'être placé à côté de cette liste qui vous a été distribuée et qui est remarquable par ses onze tomes, et ses deux cents quatre mille articles. Nous avons été à la source des plus sûrs renseignements. L'administration nous a appris que la rédaction de l'état était en pleine activité; qu'elle était facile, et serait bientôt achevée. Elle nous a communiqué la formule que nous pouvons mettre sous les yeux de la chambre; le cahier sera de cinquante à soixante pages; il comprendra neuf cents, au plus mille articles; c'est dire assez que ce champ n'offre plus qu'à glaner. Il n'est aucunement probable qu'un supplément soit nécessaire. Qu'à la vue de cet état cessent toute les inquiétudes qui troublaient les familles et des classes nombreuses de la société. Il n'en inspirera point de nouvelles à ceux qui sont déjà l'objet des poursuites de l'administration. Il rassurera ceux qui n'y seront point compris; il ne comprendra aucune échange consommé avant le 1er janvier 1789. On ne craindra plus le domaine, craint trop long-temps de ceux mêmes auxquels il ne songeait pas. Les transactions suspendues dans l'attente de la loi, reprendront leur cours. On pourra acquérir en toute confiance; et si nos espérances se réalisent, cette partie du revenu public qui procède de mutations, compensera, et fort au-delà, les faibles débris que le domaine disputait encore aux siècles, et qu'il leur abandonne.

Jamais loi, messieurs, n'a mieux mis au jour la différence

des temps et les changements inévitables qu'ils amè-
nent. L'inaliénabilité fut pendant des siècles et peut-
être davantage une loi utile et juste. La justice et l'utilité
publique veulent aujourd'hui qu'elle soit révoquée.
Ajoutons aussi que ce changement ne pouvait survenir
qu'à la suite d'une grande révolution dans l'administration de nos finances; l'abrogation de ces lois impossible
quand les revenus domaniaux étaient affermés, est jugée
aujourd'hui désirable par l'administration de l'enregistrement elle-même. Les chefs qui la dirigent dans quelque rang qu'ils soient, sont personnellement sans intérêt au résultat des poursuites, et depuis trois ans toutes
remises ont été supprimées. Le roi, par sa proposition,
met la dernière main au bienfait commencé en 1781,
par son auguste prédécesseur et frère, quand les fermes furent divisées entre trois compagnies.

Lorsqu'après de violentes secousses, le législateur
veut affermir des constitutions nouvelles, ses premiers
soins se dirigent vers la propriété, et il ne néglige rien
pour rendre inébranlable ce fondement principal de toute
société.

En vous proposant l'adoption d'une loi demandée au
nom du fisc, nous sommes heureux, messieurs, de pouvoir dire que jamais les intérêts du fisc ne furent plus
sagement combinés avec ceux de la propriété.

---

*LOI du 12 mars 1820, sur la libération des diverses
classes d'acquéreurs du domaine de l'état.*

TITRE II.

*Libération des concessionnaires, engagistes et échan-
gistes.*

7. L'administration des domaines fera signifier aux

propriétaires détenteurs de domaines provenant de l'état à titre d'engagement, concession ou échange, auxquels seraient applicables les dispositions des lois des 14 ventose an VII (4 mars 1799), 28 avril 1816 et 15 mai 1818, et qui n'y auraient pas satisfait, qu'ils aient à se conformer auxdites lois, relativement aux domaines engagés ou échangés, dont ils seraient actuellement en possession.

8. A l'égard des domaines provenant d'engagements ou d'échanges, restant à remettre aux anciens propriétaires, en exécution des lois des 5 décembre 1814, 28 avril 1816 et 15 mai 1818, dont l'origine domaniale sera connue, l'administration des domaines fera ses réserves dans l'acte de remise, et elle imposera aux propriétaires l'obligation de se conformer aux dispositions de la loi du 14 ventose an VII (4 mars 1799).

9. *A l'expiration de trente années, à compter de la publication de la loi du 14 ventose an* VII, les domaines provenant de l'état, cédés à titre d'engagement ou d'échange antérieurement à la loi du 1er décembre 1790, autres que ceux pour lesquels auraient été faites, *ou seraient faites jusqu'à l'expiration desdites trente années*, les significations et réserves réglées aux articles ci-dessus 7 et 8, sont déclarés propriétés incommutables entre les mains des possesseurs actuels, sans distinction de ceux qui se seraient conformés ou non aux dispositions des lois des 14 ventose an VII, (4 mars 1799) 12 pluviose an XII (2 février 1804), 28 avril 1816 et 15 mai 1818.

En conséquence, les possesseurs actuels desdits biens, engagistes, échangistes ou concessionnaires, ou leurs représentants, seront quittes et libérés, par l'effet seul de la présente loi, et sans qu'ils puissent être tenus de fournir aucune justification, sous prétexte que lesdits biens proviendraient d'échanges ou de concessions, avant ou depuis le mois de février 1566, avec ou sans clause de retour.

10. Le ministre des finances fera imprimer et distribuer aux chambres, l'état des biens engagés qui sont à la connaissance de l'administration des domaines, avec le nom des détenteurs.

AVIS

DU

CONSEIL D'ÉTAT.

AVIS du conseil d'État, du 3 floréal an XIII, sur la question de savoir si la totalité de la valeur des futaies doit être payée par les engagistes des forêts.

LE CONSEIL D'ÉTAT, qui, d'après le renvoi de Sa Majesté, a entendu la section des finances, sur le rapport du ministre de ce département, contenant la question de savoir si, d'après la loi du 11 pluviose an XII, qui, en révoquant le sursis porté par celle du 14 ventose an VII, admet les engagistes des forêts au-dessous de cent cinquante hectares, à se faire déclarer propriétaires incommutables de l'objet engagé, en payant le quart de la valeur, l'estimation doit avoir lieu, eu égard seulement à la valeur du taillis, ou si elle doit s'étendre aux futaies qui y sont percrues.

Vu l'article 5 du titre XXII de l'ordonnance de 1669, ainsi conçu : « Ces douairiers, donataires, usu-
» fruitiers et engagistes, ne pourront disposer d'aucune
» futaie, arbres anciens, modernes, ou balivaux sur
» taillis, même de l'âge du bois réservé des dernières
» ventes, ni des chablis, arbres de délits, amendes,
» restitutions, confiscations en provenant; mais le
» tout demeurera entièrement à notre profit et sera
» payé au receveur de nos domaines, ou de nos bois,

13.

» ès-lieux où nous en avons établis, pour nous en
» compter ainsi que des autres deniers de leur charge,
» nonobstant toutes lettres vérifiées, clauses, dons,
» arrêts, contrats, adjudications, usages et posses-
» sions contraires, »

EST D'AVIS que, dans l'expertise des bois dont il s'agit,
il doit être formé deux prix, l'un du quart de la valeur du
bois, non compris la futaie, l'autre de la totalité de la
valeur des futaies, et que les engagistes, pour devenir
propriétaires incommutables de la futaie et du taillis,
doivent être astreints au paiement du montant des deux
estimations.

---

*AVIS du Conseil d'Etat, du 16 fructidor an XIII,
approuvé le 22, sur la décharge que produit, à l'é-
gard de rentes dues pour domaines engagés, le
paiement du quart de leur valeur, fait en exécution
de la loi du 14 ventose an VII.*

LE CONSEIL D'ÉTAT, qui, d'après le renvoi de sa majesté, a entendu le rapport de la section de législation sur un conflit élevé entre les autorités judiciaire
et administrative, relativement au point de savoir
à laquelle de ces deux autorités il appartient de
connaître d'une demande formée par la régie de
l'enregistrement et du domaine, aux héritiers *Challaye*, en paiement d'une rente de six cents francs
due à raison d'un domaine engagé en 1765, et de laquelle les héritiers *Challaye* se prétendent rédimés, au
moyen du quart par eux payé, en exécution de la loi
du 14 ventose an VII,

EST D'AVIS que, s'il y avait lieu à donner suite à
cette affaire, elle serait de la compétence des tribunaux,

comme l'a fort bien établi le grand-juge dans son rapport, et comme cela pourrait encore se déduire de
l'article 27 de la même loi du 14 ventose an VII ;

Mais il y a une question préalable : c'est celle de savoir si la prétention de la régie est fondée ; car si elle
ne l'est pas, il est de la dignité et de la justice du
gouvernement, non de renvoyer à telle ou telle autorité,
mais d'ordonner à ses agents de s'abstenir de toute
poursuite mal fondée.

Or l'objet de la réclamation actuelle, quant au fond,
est contraire, et à la loi du 14 ventose an VII, et à la
jurisprudence même du conseil.

Cette loi du 14 ventose embrasse essentiellement
trois classes d'engagistes : 1° ceux dont les titres antérieurs à l'édit de février 1566 sont confirmés, lorsqu'il
n'y avait aucune clause de retour exprimée ; 2° les
engagistes postérieurs dont les contrats sont révoqués
en général (art. 4) ; 3° les engagistes dont les titres,
quoique postérieurs à l'édit, sont néanmoins confirmés
par exception (art. 5).

L'article 14 de la même loi admet les engagistes, dont
les contrats sont révoqués, à payer, en numéraire, le
quart de ce que valaient les biens en 1789 ; et, au
moyen de cette soumission, *avec renonciation à toute
imputation, compensation, ou distraction de finance, ou
amélioration, le même article statue qu'ils seront maintenus dans leur jouissance.......,* déclarés et reconnus
propriétaires incommutables, *et en tout assimilés aux
acquéreurs de biens nationaux.*

Dans cet état de la législation, l'ancien engagiste qui
a payé la quotité déterminée par la loi du 14 ventose,
peut-il être encore poursuivi en paiement de la rente
qu'il pouvait devoir antérieurement ? Non, sans doute,

si cela ne résulte pas du nouveau contrat qui s'est formé.

A la vérité, et à la faveur des expressions, *seront maintenus dans leur jouissance*, on a d'abord essayé de soutenir qu'il y avait, non précisément un nouveau contrat, mais un acte confirmatif de l'ancien, sous quelques nouvelles charges. Cette induction n'est point juste : car la jouissance est un fait, et de ce que l'engagiste y a été maintenu, il ne faut pas en conclure que ce soit au même titre, quand ce titre a été formellement changé, quand sa possession, de *précaire* qu'elle était, est devenue une *propriété incommutable*, quand, en un mot, d'engagiste qu'il était, il est devenu *acquéreur d'un bien national*. C'est donc un nouveau contrat qui a succédé au contrat primitif, d'ailleurs révoqué en termes exprès par l'article 4 de la loi.

Mais d'autres expressions de l'article 14 ont servi de prétexte pour soutenir que, même dans ce système, l'ancienne rente, considérée comme *prix ou finance*, restait due, puisque l'engagiste avait renoncé à toute *distraction de finance*.

Rappelons le texte, et n'en isolons pas les diverses parties : *Avec renonciation*, est-il dit, *à toute imputation, compensation, ou distraction de finance, ou amélioration*. Qu'est-ce que signifie cette disposition, sinon que l'ancien engagiste devra payer le quart *franc*, et sans aucune répétition, soit de deniers d'entrée et sommes principales par lui autrefois payées, soit d'améliorations par lui faites? Ces deniers d'entrée et sommes principales, voilà la finance que la disposition a en vue, et ce qu'elle défend à l'acquéreur de répéter; mais elle ne lui impose pas l'obligation de supporter encore les charges annuelles qui pouvaient résulter de l'ancien contrat aboli , car on se fût autrement exprimé ; l'on n'aurait pas exigé que l'ancien engagiste dît , comme on veut le lui faire dire , *je renonce à distraire du quart les rentes que je dois* (ce qui assurément est inintelligible) ; on lui aurait fait dire , *je me soumets , en outre , à continuer le paiement de la rente.*

La loi ne s'est pas ainsi expliquée , parce qu'elle ne l'a pas voulu , et son esprit se manifeste clairement par la différence qu'elle établit entre les engagistes dont les contrats ont été révoqués , et ceux qu'elle a exceptés de cette disposition rigoureuse.

A l'égard de ces derniers , comme leur condition n'a souffert aucun changement , l'article 35 les astreint formellement , mais il n'astreint qu'eux , à continuer le paiement des rentes et charges non féodales dont ils pouvaient être grevés.

Au surplus , la question présentée a déjà été formellement décidée par un arrêté du 16 frimaire an XII , rendu en faveur du général *Pommereul.* Il s'agissait , en cette affaire , d'une charge anciennement imposée à un fonds engagé ; et l'ancien engagiste en a été déchargé au moyen de l'exécution , par lui donnée , à l'article 14 de la loi du 14 ventose an VII.

La conclusion de tout ceci est qu'il convient de faire cesser toutes poursuites de la nature de celles dont il s'agit , dans l'affaire des héritiers *Challaye* , et dans celles qui peuvent lui ressembler.

AVIS du Conseil d'Etat, du 7 juin 1806, approuvé le 11, sur la levée opérée par la loi du 18 messidor an VII, de l'ajournement prononcé par celle du 14 ventose précédent à la vente des biens concédés à vie, ou par baux emphytéotiques.

LE CONSEIL D'ÉTAT, qui, d'après le renvoi de sa majesté, a entendu le rapport de la section des finances sur celui du ministre de ce département, relatif à la question de savoir si la loi du 18 messidor an VII, concernant l'aliénation des domaines nationaux tenus par baux à vie, et par baux emphytéotiques, a levé l'ajournement prononcé par l'art. 33 de la loi du 14 ventose de la même année à la vente des biens concédés à vie par l'ancien gouvernement, ou pour un temps déterminé en vertu de baux emphytéotiques;

Considérant qu'il suffit, pour établir un droit nouveau, qu'une loi contienne une disposition contraire à celle renfermée dans une loi antérieure, encore que la loi dernière en date ne fasse pas une mention expresse de celle qui l'a précédée; que si, par l'art. 33 de la loi du 14 ventose an VII, le législateur a déclaré qu'il ne statuait ni ne préjugeait rien sur les concessions faites à vie, ou pour un temps déterminé par baux emphytéotiques, sa volonté s'est ensuite clairement manifestée lorsque, le 18 messidor an VII, il a ordonné l'aliénation des domaines nationaux tenus par baux à vie et emphytéotiques, et que la loi rendue ledit jour 18 messidor an VII doit être appliquée aux biens de la ci-devant couronne, comme aux biens nationaux d'une autre origine, avec d'autant plus de raison, que par biens nationaux on entend tout ce qui appartient à l'état, à quelque titre que ce soit, et qu'il n'y avait aucune raison, dans le cas dont il s'agit, de faire une différence entre les biens de la ci-devant couronne et les autres; qu'ainsi rien ne doit empêcher de mettre en vente les biens de cette nature, ou d'en passer contrat à ceux qui, les ayant soumissionnés en vertu de la loi du 28 ventose an IV, ont laissé subsister leurs consignations, et offrent de solder le prix conformément à celle du 16 frimaire an VIII.

Mais qu'il convient de faire concorder, pour ceux de ces biens à mettre en vente, les règles actuellement en vigueur pour l'estimation et la mise à prix des biens nationaux, en recourant toutefois aux tables de proportion annexées à la loi du 27 avril 1791, pour réduire l'excédant de la redevance d'après le nombre d'années qui reste à courir; comme aussi il est nécessaire d'excepter de ces aliénations ceux desdits biens qui se trouvent faire partie de la liste civile, ou affectés à un service public;

EST D'AVIS que l'ajournement, prononcé par l'art. 53 de la loi du 14 ventose an VII, des biens concédés par l'ancien gouvernement, à vie ou par baux emphytéotiques, doit être réputé levé par la loi du 18 messidor de la même année, et qu'il y a lieu de mettre en vente lesdits biens, d'après le principe consacré par ladite loi du 18 messidor, suivant les formes réglées par celle du 5 ventose an XII, et sauf le recours aux tables de proportion annexées à la loi du 27 avril 1791; comme aussi de donner suite aux soumissions faites sur ces mêmes biens en vertu de la loi du 28 ventose an IV, en exceptant de ces aliénations ceux desdits biens qui font partie de la liste civile, ou se trouvent maintenant affectés à un service public.

AVIS du conseil d'état, du 19 août 1808, sur l'application de la loi du 14 ventose an VII, aux droits domaniaux incorporels. (*Séance du 9 août 1808.*)

LE CONSEIL D'ÉTAT, qui, d'après le renvoi ordonné par S. M., a entendu le rapport des sections des finances et de législation, sur celui du ministre des finances, tendant à décider si la loi du 14 ventose an VII a compris dans ses dispositions, les droits incorporels aliénés ou engagés par le domaine ;

Vu la loi du 14 ventose an VII ;

Vu les lois des 10 frimaire an II, et 22 frimaire an III, le décret du 24 germinal an III, et la loi du 7 nivose an V, relative aux domaines aliénés.

Considérant que la loi du 10 frimaire an II avait prononcé la révocation des engagements des domaines, tant incorporels que corporels ; mais que celle du 22 frimaire an III en suspendit l'exécution, et ordonna qu'il serait présenté un nouveau projet de loi sur les domaines aliénés ;

Que le décret du 24 germinal an III, et surtout les dispositions de la loi du 7 nivose an V, par laquelle les échangistes dépossédés, d'après la loi du 10 frimaire an II, furent rétablis dans la jouissance des biens donnés en échange, prouvent qu'aucune loi, sur cette matière, n'avait encore rempli les vœux du législateur ;

Que ce n'est que dans la loi du 14 ventose an VII, que l'on doit chercher un système fixe et complet de législation, sur les domaines engagés ou aliénés ;

Que les expressions de la loi du 14 ventose an VII, relativement aux aliénations du domaine, sont générales, et par conséquent applicables non moins aux droits incorporels, qu'à toute espèce d'aliénation ;

Que l'art. 36 de cette loi a abrogé les précédentes, en ce qu'elles contiennent de contraire à ses dispositions,

EST D'AVIS, 1° que la loi du 14 ventose an VII est applicable aux droits domaniaux incorporels aliénés, comme aux engagements et concessions de domaines corporels;

2° Que le présent avis soit inséré au Bulletin des lois.

(*Voyez* Bulletin des lois, 4ᵉ série, 1808, t. II, p. 55).

AVIS du conseil d'état du 2 février 1809, sur les biens concédés par les ducs de Lorraine et par les princes de Salm. (Séance du 3 décembre 1808.)

LE CONSEIL D'ÉTAT, qui, d'après le renvoi ordonné par Sa Majesté, a entendu le rapport de la section des finances, sur celui du ministre de ce département, relatif à l'inexécution de la loi du 14 ventose an VII, dans l'étendue de la ci-devant principauté de Salm, réunie à la France, par décret du 2 mars 1793 et tendant à faire décider, en conformité de l'article 2 de la même loi du 14 ventose, par quelles lois doivent être réglées,

1° Les concessions des domaines faites par les princes de Salm;

2° Celles faites par les ducs de Lorraine, de domaines provenant originairement de la maison de Salm, et rentrés dans la même maison, par l'effet de la convention passée entre le roi de Pologne, duc de Lorraine, et le prince de Salm, le 21 décembre 1751, portant partage définitif;

Vu, 1° l'article 2 de la loi du 14 ventose an VII, ainsi conçu :

« En ce qui concerne les pays réunis postérieure-
» ment à la publication de l'édit de février 1566, les
» aliénations de domaines faites avant les époques res-
» pectives des réunions, seront réglées selon les lois
» alors en usage dans les pays réunis, ou suivant les
» traités de paix ou de réunion; »

2° Le décret du 2 mars 1793, sus énoncé;

3° La convention du 21 décembre 1751, aussi
énoncée;

4° Le pacte du traité de famille fait entre les deux
princes de la maison de Salm, le 5 juillet 1771, ratifié les
18 et 25 du même mois;

5° L'avis du conseil de préfecture du département
des Vosges, ensemble les observations de l'administration de l'enregistrement et des domaines;

Considérant, 1° en ce qui concerne les concessions
faites par les princes de Salm, que le principe d'inaliénabilité du domaine n'a été établi, dans la principauté
de Salm, que par le traité de famille passé entre les
princes de la maison de Salm, le 5 juillet 1771; d'où il
suit que les aliénations faites postérieurement par cette
maison, sont seules dans le cas de la révocation;

2° Relativement aux biens concédés par les ducs de
Lorraine, pendant leur possession provisoire, et restés
définitivement propriétés du prince de Salm, par la
concession du 21 décembre 1751, que ce dernier acte
n'est qu'une suite de partage provisoire de famille fait
entre le duc de Lorraine et le prince de Salm en 1598;
que les biens dont il s'agit restèrent dans un état d'in-
division, jusqu'à la convention de 1751; que leur sort
n'a été définitivement fixé que par ce dernier traité;
d'où il suit qu'ils n'ont été sous la loi d'inaliénabilité,
que par le traité de famille de 1771;

EST D'AVIS,

Que la loi du 14 ventose an VII, n'est applicable ni aux biens originairement concédés par les ducs de Lorraine, et qui sont devenus définitivement propriétés du prince de Salm, par l'effet de la convention du 21 décembre 1751, ni même aux concessions faites par les princes de Salm, si elles ne sont d'une date postérieure au 5 juillet 1771. (Sirey, tom. IX, 2me part., p. 205.)

AVIS du conseil d'État sur plusieurs questions relatives aux engagistes de domaines dans le ci-devant Piémont, du 21 octobre 1809.

LE CONSEIL D'ÉTAT, qui, d'après le renvoi ordonné par sa majesté, a entendu le rapport de la section des finances sur celui du ministre de ce département, présentant les questions de savoir :

1° Si les engagistes de domaines, dans le ci-devant Piémont, qui sont reliquataires de tout ou partie des finances d'engagement, et qui sont dans le cas d'être maintenus en payant le quart de la valeur desdits domaines, conformément à la loi du 14 ventose an VII, sont tenus d'acquitter, indépendamment du paiement de ce quart, les portions qu'ils redoivent sur leurs finances;

2° Si, d'après le décret du 19 septembre 1806, qui ordonne le recouvrement de ce qui resterait dû sur le prix des ventes faites par l'ancien gouvernement sarde, qui ont moins de trente ans, il doit être établi une distinction entre les engagements de domaines, et les ventes faites par le même gouvernement; et si, par suite, il convient de se borner, quant aux ventes, à n'exiger

des acquéreurs que le restant du prix, sans les astrein-
dre à payer le quart de la valeur, aux termes de la loi
du 14 ventose an VII;

Vu, 1° la loi du 14 ventose an VII;

2° L'avis du conseil-d'état, approuvé le 22 fructidor
an XIII, lequel a décidé que les détenteurs de domaines
engagés, qui ont été maintenus en payant le quart de
la valeur de ces biens, ne sont pas tenus de servir la
rente d'engagement;

3° L'avis du conseil-d'état, approuvé le 23 juin 1806,
lequel a décidé qu'il n'y avait lieu à la restitution des
arrérages de rentes d'engagement, acquittés antérieurement à l'avis du conseil approuvé le 22 fructidor,
an XIII, par les engagistes qui ont été admis au paiement du quart;

4° L'article 10 du décret du 19 septembre 1806,
rendu spécialement pour le Piémont, et dont la teneur
suit :

« Quant aux ventes faites sous l'ancien gouverne-
» ment, dont le prix ne serait pas entièrement acquitté
» il y aura lieu au recouvrement de ce qui resterait dû
» sur celles qui auraient moins de trente ans de date; »

5° Les observations du conseiller-d'état ayant le département des domaines nationaux, celles du conseiller-d'état, directeur-général de l'administration de
l'enregistrement et des domaines et la délibération du
conseil de la même administration.

Considérant sur la première question, 1° que l'avis
du conseil-d'état approuvé le 22 fructidor an XIII, a
établi en principe, que la loi du 14 ventose an VII, avait
définitivement révoqué les engagements désignés dans
l'article 4; que la maintenue de l'engagiste, au moyen
du paiement du quart, a opéré un nouveau contrat qui

l'assimile en tout aux acquéreurs de domaines nationaux, et que la loi ne lui impose pas l'obligation de
supporter encore les charges annuelles de l'ancien contrat ; que ces mêmes principes s'appliquent aux capitaux
des finances d'engagement comme aux rentes ;

2° Que néanmoins les acquéreurs doivent compte au
gouvernement de la jouissance qu'ils ont eue des domaines engagés, jusqu'au jour où ils en sont déclarés
propriétaires incommutables ;

Considérant sur la seconde question, 1° que le décret
du 19 septembre 1806, en ordonnant que le restant du
prix des ventes de domaines faites depuis trente ans par
l'ancien gouvernement sarde, serait recouvré, a confirmé par là même ces aliénations ; que la loi du 14
ventose an VII, n'ordonne le paiement du quart que
pour les aliénations révoquées ;

2° Que la confirmation accordée par le décret sus-
daté, ne s'applique qu'aux ventes faites par l'ancien
gouvernement sarde, depuis trente ans seulement ;
qu'il suit de là que les ventes qui remontent au-delà de
trente ans, sont exceptées de la disposition ; que le
même décret ne fait aucune mention des engagements
dans le ci-devant Piémont, à quelque date qu'ils aient
été faits,

EST D'AVIS : 1° Que l'avis du conseil d'état approuvé
le 22 fructidor an XIII, s'applique aux capitaux de ventes comme aux rentes d'engagement ;

Qu'en conséquence, ce qui reste dû sur lesdits capitaux par les acquéreurs qui ont obtenu d'être déclarés
propriétaires incommutables, au moyen du paiement
du quart, est éteint, et ne peut être exigé, sans néanmoins qu'il y ait lieu à la restitution des sommes qui
peuvent avoir été acquittées avant le paiement du quart ;

Que les mêmes acquéreurs sont tenus, pour le prix de leur jouissance, au paiement des intérêts des capitaux restant dus, et ce, jusqu'au jour de leur envoi en possession, par l'administration des domaines;

2° Qu'au moyen de la confirmation accordée par l'article 10 du décret du 19 septembre 1806, les acquéreurs dont les ventes faites par l'ancien gouvernement sarde *ont moins de trente ans de date*, ne sont pas tenus de se conformer aux dispositions de la loi du 14 ventose an VII, et que l'administration doit se borner à recouvrer ce qui reste dû sur les capitaux;

3° Que, pour les ventes qui *ont plus de trente ans de date*, les acquéreurs sont assujettis aux formalités et aux obligations prescrites par la même loi;

4° Que tous engagements, *à quelque date qu'ils aient été faits*, par l'ancien gouvernement sarde, sont de même soumis aux dispositions de la loi du 14 ventose an VII;

5° Que le présent avis sera inséré au bulletin des lois. (Bulletin, 1809, p. 192.)

CIRCULAIRES, INSTRUCTIONS

ET

DÉCISIONS DU MINISTRE DES FINANCES.

Circulaire du 13 fructidor an VIII.

USAGE à faire des relevés de titres concernant les engagements de justice et droits seigneuriaux , ainsi que des extraits de liquidations de finances des engagistes.

Parmi les relevés des titres relatifs aux domaines engagés, que nous vous transmettons successivement, il en est, C. , qui concernent, soit des engagements de hautes, moyennes et basses justices , de droits seigneuriaux, soit des liquidations de finances d'engagement.

Plusieurs de nos préposés pourraient penser que les lois qui ont supprimé la féodalité, rendent ces relevés sans objet. Ce serait une erreur qu'il importe de rectifier, en leur faisant connaître l'usage qu'ils doivent faire de ces extraits.

Dans plusieurs coutumes, et suivant l'ancien droit commun, on comprenait au nombre des droits utiles des hautes justices , la propriété et la faculté d'user et d'utiliser les terres vaines et vagues, les marais, les eaux, les friches. Plusieurs engagistes de simples justices , exerçant les droits qui y étaient inhérents , ont concédé à leur profit, et moyennant des rentes foncières, des terres vaines et vagues ; ils en ont eux-mêmes défriché et mis en valeur ; ils ont desséché des marais, disposé des cours d'eau, et autorisé, moyennant une rente, l'établissement d'usines. Ces produits ont dû nécessairement se consolider à la propriété, et l'accroître. Les engagistes n'étant que les détenteurs temporaires, le fond de ces objets ne pouvait leur appartenir; aussi était-il de principe que la possession et jouissance en retournaient à l'État, à l'époque où les engagements cessaient.

On peut donc aujourd'hui s'aider de ces relevés, soit pour faire rentrer la république dans ses domaines, soit pour exiger les rentes foncières créées pour ces concessions, en appliquant à ces actes les nouvelles lois relatives aux domaines engagés, et en se conformant toutefois au nombre 3 de l'article V de celle du 14 ventose an VII, pour les terres vaines et vagues.

Au reste, il ne faut pas confondre ces fonds et droits réels, avec les droits casuels seigneuriaux, tels que les échettes, les épaves, et les successions en bâtardise, dévolues précédemment aux hauts justiciers, à l'exclusion du fisc, dans les cas où les lois les leur adjugeaient. Les biens échus à ces titres, n'étant considérés que comme simples fruits de la jouissance, appartiennent aux engagistes, *sans aucun retour à l'État.*

Les relevés des titres domaniaux dont il s'agit, serviront encore à faciliter la recherche des biens que les engagistes auraient réunis par puissance féodale, ou à titre de retrait féodal ou censuel, résultant de leur contrat d'aliénation, et qui sont soumis aux dispositions de la loi précitée du 14 ventose, ainsi que le porte textuellement l'article 12 de cette loi.

Il est utile d'observer que souvent les contrats d'engagement, *même de simples droits de justice ou de directe,* contenaient la faculté d'exercer le rachat d'autres
domaines démembrés du chef-lieu de la seigneurie engagée. Dans ce cas, les engagistes possédaient, au
même titre d'engagement, les domaines rachetés par
eux. Les extraits qui vous sont adressés pourront servir
à suivre la trace des domaines démembrés, et qui auraient été rachetés par l'engagiste.

Les relevés de liquidation de finances prouvent la
domanialité de l'objet qui, d'après les principes de l'inaliénabilité des domaines, est susceptible de réunion dans
quelque main qu'il se trouve ; ainsi ces extraits sont de
sûrs indices qui autorisent à demander aux détenteurs
actuels, la représentation des actes en vertu desquels il
jouissent, soit à titre de nouvel engagement, soit à ti
tre d'échange non revêtu de toutes ces formalités, soit
parce qu'ils auraient usurpé ou recélé ces biens. Ces extraits peuvent même suppléer à la perte des titres des
aliénations postérieures qui seraient inconnues. (Circulaires de la régie, t. 8, p. 255.)

INSTRUCTION du 4 *ventose an* x, *relative aux en-*
gagistes qui diffèrent de payer le quart en numéraire
de la valeur des biens par eux soumissionnés, en
exécution de la loi du 14 *ventose an* VII.

Plusieurs engagistes différant de payer le quart en
numéraire de la valeur des biens par eux soumissionnés,
en exécution de la loi du 14 ventose an VII, le ministre
des finances a rendu, le 29 frimaire dernier, une décision ainsi conçue :

14.

« Les engagistes qui, après avoir fait les déclaration
» et soumission prescrites par la loi du 14 ventose an
» VII, n'auront pas réalisé leur soumission, et payé le
» quart de la valeur des biens engagés, dans les délais
» déterminés par cette loi, doivent être assimilés aux
» engagistes qui n'ont fait ni déclaration, ni soumis-
» sion. En conséquence, si dans le mois de la somma-
» tion qui leur sera faite de se mettre en règle, ils n'ont
» pas rempli leurs obligations, l'administration des do-
» maines fera contre eux les poursuites nécessaires
» pour opérer leur dépossession en conformité de l'ar-
» ticle 22 de ladite loi. »

Suivant une autre décision du même ministre, du 5
de ce mois, l'arrêté des consuls, du 9 floréal an IX,
qui ordonne un sursis à la vente des domaines nationaux , n'est pas applicable à la vente des domaines engagés : à leur égard la loi du 14 ventose an VII, doit
recevoir son exécution.

L'administration a tracé à ses préposés, par sa circulaire du 9 germinal an VII, nº 1551, la marche à
tenir envers les engagistes, qui n'ont pas rempli leurs
obligations. Le directeur-général ne peut que s'y réfé-
rer, en recommandant la prompte exécution des décisions du ministre. (Instructions générales de la régie,
t. 10, p. 65.)

------

*INSTRUCTION du 28 vendémiaire an XI, concer-
nant les biens engagés par l'ancien gouvernement
pour un temps limité.*

Dans quelques départements, on avait pensé que les
immeubles engagés par l'ancien gouvernement pour un
temps limité, pouvaient être mis en vente, lorsqu'il ne
reste à l'engagiste qu'un petit nombre d'années de jouis-

sance. On prétendait, dans ce cas, assimiler les titres d'engagement à de simples baux, et l'on se fondait encore sur ce que la loi du 15 floréal dernier, concernant la vente des domaines ruraux, n'a pas excepté expressément de l'aliénation, les biens engagés.

En considérant comme bail l'engagement, c'eût été en dénaturer le titre.

D'un autre côté, la loi du 15 floréal n'a ordonné la vente que des biens *disponibles* appartenant à la république, puisqu'elle porte que cette vente *continuera* d'avoir lieu, etc.

Si elle excepte formellement les biens réservés par la loi du 30 ventose an IX, pour subvenir aux dépenses de l'instruction publique et à l'entretien des militaires invalides, l'exception était indispensable, pour ne pas les confondre dans la masse des domaines à vendre, dont ils eussent fait partie sans cette disposition.

Mais il en est autrement des domaines engagés, qui font une classe à part, et qui sont administrés d'après des lois particulières. L'article 33 de celle du 14 ventose an VII, porte qu'il n'est rien statué ni préjugé sur les concessions faites à vie seulement, ou *pour un temps déterminé*, soit par baux emphythéotiques, soit par baux à cens ou à rentes, et qu'elles seront réglées par des résolutions particulières.

Il est donc constant que les biens ainsi aliénés, ne sont pas susceptibles de vente, quant à présent, et qu'il faut attendre la nouvelle loi qui doit fixer le sort des engagements de cette nature.

Le ministre des finances l'a décidé le 13 de ce mois.

Les préposés de l'administration devront, en conséquence, s'abstenir de provoquer l'aliénation d'aucun bien de cette nature, et s'il en était mis en vente, les directeurs se concerteront avec le préfet de leur département, pour qu'elle n'ait pas lieu, quant à présent. (Instructions générales de la régie, t. 10, p. 191.)

EXTRAIT de l'instruction général du 5 fructidor an XIII.

La circulaire de l'administration, du 19 vendémiaire an VIII, n° 1672, porte, que les arrêtés que prennent les corps administratifs pour déclarer propriétaires incommutables les engagistes et échangistes qui ont satisfait à l'obligation de payer le quart imposé par l'art. 20 de la loi du 14 ventose an VII, sont sujets à la formalité de l'enregistrement, et passibles du droit de 2 pour cent, conformément à la loi du 26 vendémiaire an VII.

Mais les engagistes, après avoir soldé le quart de la valeur de leurs domaines, en exécution de l'arrêté préparatoire qui en a déterminé le montant sur le rapport des experts, négligent le plus souvent de provoquer un autre arrêté, qui les déclare propriétaires incommutables. De cette manière, ils évitent de payer le droit par eux incontestablement dû, en qualité de nouveaux possesseurs.

La quittance définitive du receveur des domaines, opérant la libération de l'engagiste, et consommant, en sa faveur, la mutation de propriété, il convient de faire courir le délai, pour l'enregistrement et le paiement du droit, du jour de cette quittance.

En conséquence, les receveurs des domaines qui les auront délivrées, en donneront avis à ceux de l'enregistrement, au receveur du bureau de la situation des biens; celui-ci préviendra l'engagiste qu'il ait à soumettre sa dernière quittance à la formalité, dans les trois mois de sa date ; et si, avant l'expiration de ce délai, il n'a pas été obtempéré à cet avertissement, le paiement du droit et du double droit sera poursuivi par les voies ordinaires, conformément à l'article 38 de la loi du 22 frimaire an VII.

Les arrêts définitifs qui auront pour objet de déclarer les engagistes propriétaires incommutables, ne seront sujets, au moyen de la mesure qui précède, qu'au droit fixe d'un franc.

Pour ce qui concerne le passé, les receveurs des domaines feront le relevé des quittances définitives par eux délivrées aux engagistes, en exécution de l'article cité de la loi du 14 ventose an VII; ils le remettront au receveur de l'enregistrement du chef-lieu : celui-ci leur en fera le renvoi, après l'avoir apostillé de la date de l'enregistrement des arrêtés définitifs précédemment soumis à la formalité. Ce relevé, ainsi apostillé, indiquera aux receveurs des domaines quels sont les articles sur lesquels le droit de mutation n'aura point été acquitté, et qu'ils devront en conséquence faire connaître au receveur de la situation des biens.

Les inspecteurs, dans leur tournée, tiendront la main à l'exécution de cet ordre. (Instructions générales de la régie, t. 13, p. 154.)

DÉCISION du ministre des finances, du 5 mai 1806.

Portant que l'engagiste, maintenu en exécution de la loi du 14 ventose an VII, ne peut pas, en raison de sa maintenue, évincer ses sous-aliénataires; mais que les sous-aliénataires doivent contribuer proportionnellement au paiement du quart. (Sirey, t. 6, 2ᵉ part., p. 144.)

DÉCISION du ministre des finances, du 25 mars 1809.

De laquelle il résulte que le paiement du quart, dispense l'engagiste de l'obligation, de payer la finance qu'il n'a pas encore acquittée, en tout ou en partie. (Sirey, t. 9, 2ᵉ part., p. 223.)

———

DÉCISION du ministre des finances du 25 mai 1809, sur la manière dont les préposés de la régie doivent procéder contre les acquéreurs d'un engagiste soumissionnaire, faute du paiement du quart de la valeur des biens.

Dans l'espèce, il y avait insuffisance dans l'expertise; et, d'après un nouveau procès-verbal d'estimation homologué par le préfet, et approuvé par S. E. le ministre des finances, l'administration était fondée à répéter, contre le soumissionnaire, un supplément pour compléter le paiement du quart. L'engagiste avait, dans l'intervalle, vendu l'immeuble, il était insolvable ; avait-on recours contre les acquéreurs ? il fallait procéder par voie de saisie immobilière.

L'article 21 de la loi du 14 ventose an VII, conserve au trésor, son privilége sur la chose vendue, jusqu'au paiement intégral du quart dû par l'engagiste, sans que le trésor soit tenu de poursuivre l'inscription hypothécaire de sa créance. L'expropriation judiciaire n'est donc pas la marche à suivre.

On se confirme dans cette opinion, d'après le décret du 3 juillet 1791, dont l'article 5 ne consolide irrévocablement la propriété sur la tête des acquéreurs des domaines nationaux, que par le paiement de la totalité du prix de la vente.

La mesure de la déchéance est donc la seule à employer, si l'on considère surtout que d'après l'article 14 de la loi de ventose an VII, les engagistes soumissionnaires sont, *en tout*, *assimilés aux acquéreurs de biens nationaux*.

Dans le cas dont il s'agit, on doit décerner contrainte contre l'engagiste soumissionnaire, avec commandement de payer le principal, les intérêts et les frais, et dénoncer cette contrainte aux acquéreurs qu'ils ont subrogés dans leurs droits, en déclarant aux uns et aux autres que, si dans le délai d'un mois ils ne se libèrent pas, la déchéance, par eux encourue, sera prononcée par le préfet. (Sirey, tom. 19, 2ᵉ part., p. 287.)

JURISPRUDENCE.

§ Ier.

JURISPRUDENCE JUDICIAIRE.

*L'engagiste qui, pour devenir propriétaire incom-
mutable, a payé, conformément à la loi du 14 ventose
an VII, le quart de la valeur du bien engagé, n'a
pas profité de l'abolition prononcée par les lois de
1792 et 1793, des rentes féodales ou mélangées de
féodalité.*

La régie demanderesse, C. Tête-Noire Lafayette,
défendeur.

Fait.—Le 5 mars 1789, deux commissaires du roi,
nommés par arrêt du conseil du 27 octobre 1787,
aliénèrent au profit de Philippe Tête-Noire Lafayette,
moulinier en soie à Saint-Étienne, les moulins à
blé et à soie, connus sous la dénomination du *Grand-
Moulin*, deux petits prés, et un jardin en dépendant provenant de la couronne, pour en jouir à
titre d'accensement et de propriété incommutable, à

la charge par le preneur , de faire faire auxdits moulins toutes les réparations et constructions détaillées dans le plan , et de payer au domaine une redevance annuelle et perpétuelle de 140 bichets froment..... Ladite redevance emportant lods et ventes aux mutations , suivant le terrier de Saint-Étienne.

Lafayette s'est mis en possession et a joui constamment , mais sans servir la rente stipulée.

Conformément à la loi du 14 ventose an VII, il a payé à l'état le montant du quart de l'estimation des immeubles ; et son titre a été confirmé par arrêté du préfet du département de la Loire , du 25 fructidor an VIII.

La régie décerna une contrainte contre Tête-Noire Lafayette , en paiement de la redevance ; celui-ci y forma opposition , en se fondant sur les lois abolitives des rentes féodales.

Les premiers juges furent favorables à la régie ; mais, sur l'appel interjeté par Tête Noire Lafayette , le jugement de première instance fut réformé , et Tête-Noire Lafayette déchargé du paiement de la rente.

La régie s'est pourvue en cassation pour contravention à la loi du contrat, et aux articles 1, 4, 5, et 35 de la loi du 14 ventose an VII sur les domaines engagés, et pour fausse application de la loi du 19 juillet 1792, abolitive des rentes féodales.

JUGEMENT du tribunal de cassation , du 10 brumaire an XII,

Vu l'article 1er de la loi du 17 juillet , et l'article 55 de la loi du 14 ventose an VII,

Et attendu que la première de ces lois n'a aboli les rentes foncières créées avec mélange de féodalité, que dans le cas de la concession perpétuelle des fonds , et où les concessionnaires en seraient dès-lors devenus réellement propriétaires ; et que, par l'acte du 5 mars 1789, Tête-Noire Lafayette n'était point dès-lors propriétaire des moulins dont il s'agit, puisqu'il était de principe constant à cette époque, que les domaines de la ci-devant couronne, dont les moulins faisaient partie lors de cet acte, étaient inaliénables ; et que, quelle que fût la qualification donnée au contrat, il ne renfermait jamais qu'un simple engagement, incapable de transférer la propriété ;

Attendu que ce principe d'inaliénabilité ne recevait d'exception que pour les petits domaines, dont la loi même du 14 ventose an VII exclut expressément, article 5, les moulins qui sont l'objet de l'acte de 1789 ; et que Tête-Noire Lafayette les a regardés lui-même comme ne faisant pas partie de ces petits domaines, puisque pour faire cesser la révocation de son acquisition prononcée par l'article 4 de cette loi, il a, conformément à son article 14 et dans la vue de conserver les moulins, payé le quart de leur valeur ; attendu, enfin, que l'article 35 de la même loi invoqué par le jugement attaqué, ne s'applique évidemment qu'aux aliénataires indiqués dans son article 5, ceux maintenus dans leur propriété purement et simplement, et sans bourse délier ; et que Tête-Noire Lafayette ne se trouve pas placé parmi ces aliénataires, puisque, comme on vient de le voir, il n'a conservé ses moulins qu'en payant le quart de leur valeur ;

D'où il suit que le tribunal dont le jugement est attaqué, a faussement appliqué les articles 1er et 35 des deux lois ci-dessus citées ; —Par ces motifs, le tribunal casse et annule, etc. Du 12 brumaire an XII, section civile. (Denevers an XII, p. 144 ; Sirey, tom. 4, 1re part., p. 46.)

AUTRE DÉCISION rendue dans une espèce analogue, et dont, pour cette raison, il est inutile de rappeler les faits ; il nous suffit de reproduire les termes du jugement de cassation.

Le tribunal, vu les articles 14 et 35 de la loi du 14 ventose an VII ; — Considérant en droit, que toutes les aliénations des domaines de l'état, postérieures à l'édit de février 1566, ne sont que des engagements, sauf quelques exceptions dans lesquelles ne se trouvent point les étangs aliénés à l'auteur des héritiers Challaye, par le contrat du 6 février 1765 ;—Considérant en fait, que les héritiers Challaye se sont eux-mêmes regardés comme simples engagistes ; que c'est en cette qualité, qu'ils ont fait la déclaration, fait et arrêté la soumission ordonnée par la loi du 14 ventose an VII; que c'est sous la même qualité qu'ils ont plaidé, et qu'ils ont été jugés ; — Considérant de plus, que les révocations des engagements prononcées par les articles 3 et 4 de la loi du 14 ventose an VII, ne sont que comminatoires et conditionnelles ; que l'article 14 donne aux engagistes la faculté d'en éluder l'effet, en faisant, et effectuant les déclarations et soumissions qu'il exige; qu'au moyen de ces déclarations et soumissions, l'article 14 porte que les engagistes seront maintenus dans leur jouissance, déclarés en outre et reconnus propriétaires incommutables, et en tout assimilés aux acquéreurs de domaines nationaux aliénés en vertu des décrets des assemblées nationales ; — Que la soumission exigée par le même article 14, est celle de payer en numéraire le quart de la valeur estimée, des objets engagés, avec renonciation à toute imputation, compensation ou distraction de finances, ou améliorations;

—Que la finance de l'aliénation consentie à l'auteur des héritiers Challaye, fut composée de deux parties; savoir : d'une créance de 13,110 livres qu'il avait sur l'état, de laquelle il donna quittance, et d'une rente annuelle et perpétuelle de 600 livres, qu'il s'obligea de payer; —Que l'article 14 exclut évidemment l'abolition de cette rente, par le paiement du quart de l'estimation, puisque cette rente est une partie de la finance de l'engagement, et que l'article veut que le quart de l'estimation soit payé sans distraction de finance; — Qu'il n'est point exact de dire que les engagistes, qui paient le quart de l'estimation, deviennent acquéreurs à un titre nouveau, puisqu'au contraire la loi porte qu'ils seront maintenus dans leur jouissance; — Que l'assimilation en tout aux acquéreurs de domaines nationaux, signifie que, comme ceux-ci, ils auront une propriété incommutable; —Que l'on ne peut induire de cette énonciation, qu'ils demeureront libérés des rentes qu'ils devaient payer pour le tout, ou pour partie de la finance de leurs engagements, puisque immédiatement avant cette énonciation, la loi dispose que le quart de l'estimation sera payé sans distraction de finance; qu'on ne peut concevoir qu'un engagiste, débiteur d'un capital pour reste de finance, en serait affranchi; —Que la loi du 14 ventose an VII, distingue, dans toutes ses dispositions, les engagistes qu'elle maintient purement et simplement, et ceux qu'elle soumet à en obtenir la confirmation, au moyen du paiement d'un quart de la valeur des objets aliénés; qu'ainsi il n'y a aucune induction à tirer au profit des engagistes soumis à obtenir la confirmation de ce que l'article 35 réserve les redevances et prestations dont peuvent être tenus les engagistes maintenus purement et simplement; — D'où il résulte que le tri--

bunal de Lyon a fait une fausse application de l'article 5, en induisant de cet article que les héritiers Challaye étaient déchargés de la rente en question, et qu'il a violé l'article 14, qui veut que le quart de l'estimation soit payé, sans distraction de la finance de l'engagement, casse, etc. — Du 5 nivose an XII. (Denevers, ibid., p. 254.)

L'exception établie par le n° 3 de l'article 5 de la loi du 14 vensose an VII, relativement aux terres vaines et vagues, landes, bruyères et marais, n'est pas seulement applicable aux aliénations faites moyennant des redevances annuelles, elle s'applique aussi à celles faites pour un capital fourni, et bien que la concession comprît des prés, des cabanes et des bâtiments.

Fait. — avant la construction de la ville de Rochefort, l'emplacement de cette ville et ses environs ne formaient qu'un vaste marais; un déssèchement avait été ordonné, mais on négligea les travaux commencés pour l'opérer, pour activer la construction du port et de la ville.

En 1687 et années suivantes, lettres-patentes et arrêts du conseil qui ordonnent l'aliénation des marais et pacages environnant le port de Rochefort, dans les formes prescrites par les édits antérieurs.

Adjudication, à la chaleur des enchères, et contrats d'aliénation passés par les commissaires à ce désignés par le roi, à divers particuliers, de portions plus ou moins considérables de ces marais, moyennant un capital à titre de deniers d'entrée; plus un cens ou une

rente foncière plus ou moins forte pour chaque année;
et plus à charge des lods et ventes aux mutations.

Les actes de concession énonçaient les terrains concédés comme *marais, prés*, pacages, terres à pacages,
communaux, cabanes.

Les concessionnaires ont amélioré et mis en rapport
les terrains concédés.

On éleva la question de savoir si ces divers objets
étaient compris dans le n° 3 de l'article 5 de la loi du
14 ventose an VII

Le tribunal de 1re instance de Rochefort et la cour
d'appel de Poitiers jugèrent l'affirmative.

Pourvoi en cassation pour fausse application du
n° 3, article 5 de la dite loi de ventose an VII, en
ce que cet article 5, n'exceptant de la révocation
que les inféodations et accensements, c'est-à-dire
les concessions faites moyennant des redevances annuelles seulement, il était inapplicable à l'espèce actuelle où il s'agissait d'aliénation faite moyennant un
capital fourni, et aussi pour violation de l'article 7 de
la même loi, qui porte que, si un contrat d'aliénation
comprend à la fois des terrains désignés comme landes
ou marais et des terres comme étant cultivées et en valeur sans distinction, la révocation aura lieu pour le
tout; or ici, disait-on, les contrats n'énoncent pas seulement des marais, mais encore des prés, des cabanes,
des bâtiments.

Arrêt de la cour de cassation du 1er prairial an XIII.

La cour, de l'avis de M. Lecontour et après un délibéré en la chambre du conseil; — Attendu que les réglements en usage lors des aliénations ont été observés;
que la cour d'appel de Poitiers a jugé en fait que les
immeubles dont il s'agit étaient de l'espèce désignée par

le § 3 de l'article 5 de la loi de ventose, comme faisant exception à la règle générale; que le contraire ne résulte point des actes d'aliénation, et que la régie n'a point offert de prouver, par les moyens que la loi autorise, que les terrains étaient en valeur quand ils ont été aliénés; — Rejette, etc.—Du 1er prairial an XIII.— (Denevers, an XIII, 2° part., p. 158.)

Les lois sur les domaines engagés sont inapplicables à une terre dont la patrimonialité a été reconnue par la puissance souveraine, et est devenue la condition sous laquelle la Lorraine et le Barrois ont été cédés à la France.

Madame de Noailles-Poix.

La terre de Merley, située dans le Barrois mouvant, avait été donnée en 1711, par Léopold, duc de Lorraine et de Bar, à Marc de Craon, à charge de réversibilité dans le cas seulement d'extinction de la postérité masculine et féminine du donataire.

En 1729, le duc François-Etienne, d'abord à son avénement à la couronne, avait, par un édit, révoqué toutes les aliénations domaniales faites par son prédécesseur; et la terre de Merley avait été comprise dans cette révocation générale.

Mais, par des lettres patentes particulières du 23 avril 1736, il en avait fait la restitution à M. de Bauveau, sur le motif qu'elle n'avait jamais fait partie du domaine de sa couronne; et par un article séparé et joint au traité de paix du 28 août de la même année, il avait été stipulé que le roi de France laisserait subsister ce qui avait été fait à l'égard de M. de Craon;

il avait même ratifié particulièrement cet article.

Dès lors, MM. de Bauveau père et fils avaient continué de jouir successivement et paisiblement de cette terre, jusqu'à l'époque de la loi du 14 ventose an VII, relative à la rentrée des domaines engagés; mais à cette date, madame de Noailles-Poix, fille et héritière du maréchal de Bauveau, fut inquiétée par les agents du domaine.

Il y eut à ce sujet une première instance au conseil d'état, terminée par un arrêté des consuls du 19 fructidor an VIII, qui déclara cette terre domaniale, et conséquemment comprise dans la disposition générale de la loi du 14 ventose an VII.

Sur les représentations de madame de Noailles-Poix, il intervint un second arrêté le 19 thermidor an IX, lequel ayant égard à la prétention élevée par cette dame sur la patrimonialité de cette terre, renvoya la connaissance de cette contestation par-devant les tribunaux, pour être statué sur cette question ainsi qu'il appartiendrait.

En exécution, ce fut le tribunal civil d'arrondissement de Bar-sur-Ornain qui en fut saisi ; mais, par sentence du 8 floréal an XI, il déclara la terre domaniale.

Sur l'appel porté à la cour de Nancy, arrêt confirmatif du 19 nivose an XII.

Ensuite pourvoi en cassation.

La dame de Noailles-Poix le fondait principalement sur deux moyens.

Elle faisait résulter le premier de la patrimonialité de cette terre, en ce qu'elle n'avait jamais été ni pu être possédée par les ducs de Lorraine, considérés comme ducs du Barrois mouvant, à titre de domanialité, parceque n'ayant eu en aucun temps la pleine souveraineté de ce duché, situé en deçà de la Meuse, du côté de la France, puisqu'ils étaient, à raison de cette possession, vassaux-liges des rois de France, qui exer-çaient sur le Barrois-mouvant, la justice en dernier ressort, il résistait à penser qu'ils pussent y posséder un domaine public inaliénable et imprescriptible, ce qui forme un des attributs les plus distingués de la souve-raineté parfaite, qu'ils n'avaient pas.

Elle étayait cette prétention de l'autorité des publi-cistes français anciens et modernes, et singulièrement de la jurisprudence constante du parlement de Paris, qui, dans toutes les occasions et dans toutes les circon-stances, s'était élevé avec la plus grande force contre toute idée de la souveraineté de ce pays, que préten-daient s'y attribuer les ducs de Lorraine.

Elle tirait son second moyen du traité de paix de 1736, et de la déclaration faite par le roi de France, qu'il laisserait subsister la remise de cette terre à Marc de Craon, par le duc François-Étienne, par la considé-ration qu'elle n'avait jamais été domaniale, ainsi que ce dernier en était formellement convenu par ses let-tres-patentes du 23 avril 1736.

C'est dans cet état de la cause que la cour suprême a rendu sa décision.

ARRÊT.

Ouï le rapport de M. Cochard.

Vu la déclaration du 28 août 1736, faisant partie du traité de paix dudit jour, ainsi conçue : « Le roi traitera selon toute justice et équité, et même le plus favorablement qu'il se pourra, ceux à qui depuis la si-gnature des préliminaires, il a été rendu des domaines; et dès à présent Sa Majesté consent à laisser subsister tout ce qui a été ainsi fait en faveur de MM. de Craon et de Mercy, sans, pour raison de ce, rien défalquer sur la somme qui doit être payée annuellement à M. le duc de Lorraine;

Considérant que cette déclaration a été ratifiée par Louis XV, qu'elle forme par conséquent un des articles du traité de paix du même jour 28 août 1736, et devient dès lors loi des parties qu'elle intéresse ;

Considérant que, par lettres-patentes du 23 avril 1736, la terre de Merley avait été rendue à la famille Beauveau, avec déclaration qu'elle n'avait jamais été domaniale;

Que le roi de France, en déclarant par l'organe de son ministre, qu'il laisserait subsister tout ce qui avait été fait pour M. de Bauveau, a pris l'engagement de reconnaître que cette terre n'avait jamais été domaniale, et que, par conséquent, c'est à titre de patrimonialité que ledit sieur de Bauveau la possédait;

Considérant que les lois sur les domaines engagés sont inapplicables à une terre dont la patrimonialité a été reconnue par la puissance souveraine, et est devenue la condition sous laquelle la Lorraine et le Barrois ont été cédés à la France;

D'où il suit qu'il y a dans l'arrêt attaqué, fausse application des lois sur les domaines engagés, et violation des traités de paix de 1736;

Par ces motifs, la cour casse et annule ledit arrêt de la cour d'appel de Nancy, du 19 nivose an XII, etc.—Du 27 janvier 1807. (Bulletin des arrêts de la Cour de cassation rendus en matière civile, an 1807, p. 11.)

La vente d'un bois, dont le sol n'est passé dans les mains de l'acquéreur qu'avec la condition de le défricher, et de le convertir en nature de pré fauchable, est comprise dans l'exception du n° 3 de l'article 5 de la loi du 14 ventose an VII.

L'administration des domaines demanderesse, C. la dame Deludre, née Dessalles.

- Par procès-verbal, en date du 6 juillet 1573, les commissaires députés par le roi avaient adjugé au sieur Jean Huet la superficie du bois de Voivres, situé dans le bailliage de Chaumont en Champagne, moyennant la somme de 9,100 livres tournois, qui fut payée comptant.

Une clause du cahier des charges de cette adjudication portait, que l'adjudicataire de la superficie le deviendrait aussi du très fonds du bois, en payant une redevance annuelle de 14 sous par arpent, et sous la condition expresse d'arracher tous les arbres, de défricher le fonds, et de le convertir en nature de pré fauchable.

Le lendemain du jour de l'adjudication, l'acquéreur fit sa déclaration de command en faveur du sieur Joseph Dessalles, qui exécuta toutes les conditions imposées à l'adjudicataire, et transmit à ses descendants la propriété du fonds de l'ancien bois de Voivres, défriché en nature de pré fauchable.

La dame Dessalles, épouse du sieur Deludre, se trouvait en possession de ce terrain lors de l'émission de la loi du 14 ventose an VII, qui ordonne la révocation des aliénations du domaine de la couronne, faites postérieurement à l'édit de 1566.

En exécution de l'article 13 de cette loi, elle fit sa déclaration à l'administration centrale du département de la Meuse, se réservant de justifier qu'elle était comprise, par la nature de son titre, dans l'exception portée au § 3 de l'article 5 de la même loi.

Le 6 floréal an x, un premier arrêté de la préfecture déclara la dame Deludre non fondée dans sa prétention. Cet arrêté fut rapporté par un arrêté subséquent, sous la date du 7 frimaire an xi, qui autorise la dame Deludre à assigner le préfet devant le tribunal compétent, pour faire juger la contestation contradictoirement avec lui, et faire déclarer de quelle nature étaient les terrains compris dans l'adjudication du 5 juillet 1573, afin de décider par suite si ces terrains étaient ou non compris dans l'exception portée à l'article 3, § 4 de la loi du 14 ventose an vii.

Le 22 messidor an xii, jugement du tribunal civil de Saint-Mihiel, qui décida que la dame Deludre n'était pas dans le cas de l'exception par elle invoquée.

Ce tribunal pensa que le titre originaire de la possession s'opposait à ce que le terrain de Voivres fût placé dans la classe des terres vaines et sans produit, puisque la superficie seule ou la coupe, y compris les frais, s'était vendue 9,100 francs; et qu'étant reconnu par la dame Deludre elle-même, que l'argent avait alors, par sa rareté, une valeur triple de celle qu'il a aujourd'hui, il en résultait que cette coupe vaudrait 27,300 fr., ce qui indique un domaine productif, du nombre de ceux que la loi frappe de révocation.

La cour de Nancy, sur l'appel qu'interjeta la dame Deludre, infirma le jugement de première instance;

La régie des domaines se pourvut en cassation, pour fausse application du § 3 de l'article 5 de la loi du 14 ventose an VII, en ce qu'il ne s'agissaît pas, dans l'espèce, de l'aliénation d'une terre vaine, vague et inculte, puisque, aux termes de la déclaration du mois d'août 1736, on entend par terres incultes celles qui, de quelque espèce et qualité qu'elles soient, n'ont donné aucune espèce de produit pendant quarante ans.

Voici en quels termes la Cour suprême a statué:

ARRÊT. « La cour, sur les conclusions de M. Pons de Verdun, substitut du procureur-général, et après en avoir délibéré en la chambre du conseil ;

Attendu que, de l'acte et procès-verbal d'adjudication du 10 juin, 2, 3, 4 et 5 juillet 1573, il résulte : 1° Qu'en exécution des lettres-patentes des 15 novembre 1566, et 27 décembre 1568, il fut adjugé à l'extinction des feux, au sieur Huet, comme plus haut et dernier enchérisseur, la coupe totale du bois dit la Voivre, pour la somme totale de 9,100 livres tournois, y compris les frais de la procédure d'adjudication ; 2° que cette adjudication fut faite à la charge de l'adjudicataire de prendre aussi le très fonds, ou sol du bois, après la coupe, en payant une rente et un cens annuel par chaque arpent, et à la charge encore que le très fonds serait défriché, et rendu en nature de pré fauchable, sans réserve d'aucun arbre ; attendu que, d'après les clauses de cet acte, la cour d'appel y a considéré deux dispositions très distinctes l'une de l'autre ; qu'elle y a vu que par l'une, il s'était effectué une vente pure et simple de la coupe ou tonture du bois dit la Voivre, moyennant une somme d'argent comptant, et que, par l'autre, l'adjudicataire avait accepté le très fonds de ce même bois, en s'obligeant à payer non-seulement ce cens, mais encore à défricher le sol, et le convertir en nature de pré fauchable ;

Attendu que, par une conséquence de cette distinc-

tion entre les dispositions de l'acte, la cour considérant
ensuite : 1º que la vente faite en deniers comptants
d'un objet purement mobilier, tel que la superficie d'un
bois, ne pouvait être susceptible de la révocation ordonnée par la loi du 14 ventose an VII, puisque cette
superficie, lorsqu'elle a été abattue, enlevée et payée,
étant une chose consommée et absolument anéantie, il
serait absurde de la considérer sous le point de vue d'un
domaine engagé; 2º que dès lors la deuxième partie
de l'acte renfermant, sur l'objet de la contestation, la
question à juger, la réduisait au point de savoir si la
vente d'un bois entièrement dépouillé de sa superficie,
et dont le sol n'a passé dans les mains de l'acquéreur
qu'avec la condition de le défricher et de le convertir
en pré fauchable, si cette vente est dans le cas de la révocation, ou si, au contraire, elle est comprise dans
l'exception de l'article 5, § 3 de la loi de ventose ;

Attendu que la Cour d'appel a considéré que le terrain vendu ou accepté par l'acte de 1573, avait tous les
caractères des terrains que la loi a voulu excepter de la
révocation ; que la dénomination de terre vaine et vague,
de landes ou de bruyères, employée dans l'article 5 de
la loi, lui convenait parfaitement, puisque le bois, après
avoir été coupé à blanc étoc, et ne pouvant plus se reproduire, eût été nécessairement réduit à un état de
vaine pâture, de lande ou de bruyère, si l'on n'eût imposé à l'adjudicataire la condition de le défricher ;
attendu que la Cour d'appel, en interprétant les clauses
de l'acte de 1573, et en fixant, par l'explication du fait,
la nature du terrain litigieux, n'a fait qu'user d'un droit
qui est dans ses attributions ;

Attendu, enfin, que d'après cette interprétation, la
Cour d'appel, lorsqu'elle a maintenu la dame Dessalles

dans la propriété et possession du pré dit la Voivre, dont il s'agit, n'a fait ensuite qu'une juste application de l'article 5, n° 3, de la loi du 13 ventose an VII; la cour rejette.

Du 10 février 1808; — Section civile. (Sirey, année 1808, 1re part., p. 190.)

Les possesseurs de domaines engagés qui obtiennent leur confirmation, au moyen du paiement du quart, sont passibles d'un droit de mutation.

La régie, C. les héritiers Meunier.

La dame Meunier possédait une partie de bois provenant du domaine de la couronne; elle fit et réalisa ses soumissions de payer le quart de la valeur, aux termes de la loi du 14 ventose an VII.

Il fut décerné contrainte contre ses héritiers, pour le droit résultant du supplément de prix.

Le tribunal de Château-Thierry décida que, dans le silence de la loi spéciale, aucun droit d'enregistrement n'était dû à raison de ce supplément de prix.

Pourvoi de la régie fondé sur ce qu'il y avait nouvelle transmission, à raison de laquelle était dû un droit de 2 p. 100 pour supplément de prix, ainsi que le droit avait été fixé par l'article 14 de la loi du 26 vendémiaire an VII, pour les domaines nationaux auxquels les domaines engagés étaient en tout assimilés.

ARRÊT. Vu les articles 4 et 14 de la loi du 14 ventose an VII, l'article 14 de celle du 26 vendémiaire, et l'article 4 de celle du 22 frimaire même année;

Considérant que les possesseurs de domaines ci-devant engagés, mentionnés aux articles 4, 13 et 14 de la loi du 14 ventose an VII, ne sont maintenus ou réintégrés dans ces domaines, à titre de propriétaires incommutables, qu'au moyen d'un supplément de prix porté au quart de la valeur de ces biens, ce qui présente une nouvelle transmission à titre onéreux, à raison de laquelle le droit d'enregistrement est dû dans la portion de l'obligation imposée, et de celle affectée à l'aliénation des domaines nationaux, auxquels les domaines engagés sont en tout assimilés.

La Cour casse et annule le jugement du tribunal de l'arrondissement de Château-Thierry, du 14 juin 1806, etc.

Du 12 avril 1808; — Section civile. (Sirey, année 1808, 1re part., p. 522.)

L'abolition des rentes féodales n'a point profité aux simples engagistes, parce qu'elle n'a été prononcée qu'en faveur des propriétaires du fonds et non des possesseurs à titre précaire.

La régie de l'enregistrement, C. le sieur Robion.

Le 1er septembre 1689, Les commissaires du roi concédèrent aux auteurs du sieur Robion, le four banal du Hédé, dépendant du domaine de la couronne, sous l'obligation de le tenir en fief, foi et hommage du roi, et à charge des devoirs féodaux et d'une rente annuelle de 60 livres.

Le sieur Robion a acquis la propriété incommutable du four, en payant, conformément à la loi du 14 ventose an VII, le quart de sa valeur, et par suite il a été déchargé de la rente de 60 livres; mais la régie a réclamé les arrérages reçus antérieurement.

Le sieur Robion a prétendu qu'il ne les devait pas, parce que la rente avait été abolie comme féodale ou mélangée de féodalité, par les lois des 25 août 1792 et 17 juillet 1793.

Le tribunal civil de Rennes a consacré le système du sieur Robion.

Pourvoi en cassation de la part de la régie, pour fausse application des lois du 25 août 1792 et 17 juillet 1793 : la régie a soutenu que l'abolition des rentes féodales n'avait été prononcée qu'en faveur des propriétaires des fonds et non point en faveur des possesseurs à titre précaire, tels que les engagistes; elle invoquait aussi la jurisprudence de la Cour dans les affaires, Tête-Noire La Fayette et Challaye.

ARRÊT : la Cour, Vu les lois portant suppression des droits féodaux et des rentes ou redevances féodales ou entachées de féodalité, et les articles 1134 et 1135 du Code civil;

Et attendu qu'il résulte évidemment des lois suppressives du régime féodal, que cette suppression a eu pour objet l'affranchissement des terres, l'encouragement et l'amélioration de l'agriculture, qu'elle n'a été faite qu'en faveur des propriétaires des dites terres, et non au profit des fermiers, emphythéotes ou autres possesseurs à titre précaire; — que le défendeur n'a jamais été réellement propriétaire du four banal du Hédé, qui fut concédé à ses auteurs en 1689, parce que cet immeuble, qui faisait partie du domaine de la couronne, était inaliénable de sa nature, conformément à l'édit de 1566; conséquemment que la possession du défendeur était absolument précaire; qu'il a lui-même reconnu cette vérité, puisque pour acquérir la propriété de ce four, il s'est conformé à la loi du 14 ventose an VII, et qu'il a en conséquence payé au trésor public le quart de la valeur de ce domaine; — qu'il suit de ces faits, que le tribunal de Rennes a faussement appliqué à l'espèce le bénéfice des lois abolitives du régime féodal;

Attendu que jusqu'à la concession faite au défendeur, en exécution de la loi du 14 ventose an VII, il n'avait pas cessé de jouir du four en question; que cette jouissance dérivait de la concession faite à ses auteurs, par le titre de 1689; qu'ainsi elle était nécessairement soumise aux charges et conditions imposées par ce titre, et qu'en déchargeant le défendeur du paiement des arrérages qu'il devait pour raison de cette jouissance, le tribunal de Rennes a violé les dispositions du Code civil, sur l'effet des conventions : casse, etc. Du 16 août 1809. — Section civile. — (Sircy, an 1810, 1ʳᵉ part. , p. 8.)

La concession par le Roi, de terrains dépendants de fossés, glacis, et fortifications, était irrévocable, ces terrains étant rangés dans la classe des petits domaines.

Barraut, C. l'hospice de Dôle.

Le 2 juillet 1742, l'hospice de Dôle bailla à Pengon et Vergnet un terrain à titre d'accensement perpétuel, et moyennant le cens annuel, perpétuel, irrédimable et imprescriptible de 91 l. 16. 8 d. : ledit cens emportant lods et ventes et retenue, en cas de vente, échange ou aliénation.

9 juillet 1774, quittances des arrérages et même d'un droit de lods, par les directeurs de l'hospice, en qualité de seigneurs censiers.

Les fonds ainsi accensés ayant passé dans les mains

du sieur Barraut, celui-ci soutint que la redevance était mélangée de féodalité, et que par suite elle était abolie.

L'hospice soutint, d'un côté, que malgré la qualité prise dans une quittance, il n'avait jamais été *seigneur*, et que, d'un autre côté, la constitution d'une rente seigneuriale n'avait jamais pu avoir lieu par l'hospice pour un bien qu'il ne détenait qu'à titre précaire, puisqu'il s'agissait de partie d'anciennes fortifications sur lesquelles le domaine n'avait jamais cessé d'élever des prétentions.

Le tribunal civil de Dôle décida que la redevance n'était pas féodale, et qu'ainsi Barraut ne pouvait se dispenser de la servir.

En appel, la Cour royale de Besançon, non-seulement adopta sur ce point les motifs des premiers juges; mais elle accueillit même l'autre moyen de défense de l'hospice, relativement à la nature domaniale des biens accensés.

Le sieur Barraut se pourvut en cassation; 1° pour fausse application de l'article 5 de la loi du 14 ventose an VII, et de l'avis du conseil-d'état interprétatif de cette loi du 25 fructidor an XIII; 2° pour fausse application et violation des lois suppressives des redevances féodales ou mélangées de féodalité, et des avis du conseil-d'état et décrets interprétatif de ces lois.

ARRÊT. La Cour, après en avoir délibéré,

Vu les lois abolitives de la féodalité, l'avis du conseil-d'état du 13 messidor an XIII, et notamment le décret du 23 avril 1807; — Vu encore la loi du 14 ventose an VII, art. 5 et 25, et l'avis interprétatif approuvé par Sa Majesté le 25 fructidor an XIII; et attendu qu'il s'agit dans la cause d'une concession de terrains dépendant

des fossés, glacis et anciennes fortifications de la ville
de Dôle, objets rangés dans la classe des petits domaines,
dont les concessions ont toujours été regardées comme
irrévocables, lorsqu'elles ont été faites avec les formalités requises, et que les conditions ont été remplies;
que la loi du 14 ventose an VII a rendu hommage à ce
principe, en confirmant ces concessions purement et
simplement; — Que rien ne justifie qu'il y ait eu clause
de retour insérée aux lettres-patentes du 10 septembre
1706; que l'on s'est borné à représenter l'acte du 2
juillet 1742, qui annonce seulement de la part de l'hôpital concessionnaire, la crainte que le roi n'usât de sa
puissance pour révoquer l'abandon fait du terrain dont
il s'agit; mais qu'il n'énonce point que le roi se fût réservé une pareille faculté; que la rétrocession faite à
titre perpétuel par cet acte, moyennant un cens perpétuel et imprescriptible, emportant lods et vente,
annonce simultanément et la confiance d'une pleine
propriété et la création d'un droit de féodalité sur le
terrain;—Que ce serait à l'hôpital à rapporter la preuve
que sa possession était précaire, et que ne la rapportant point, il ne lui appartient pas d'élever des doutes
sur une propriété qui ne lui est pas contestée; qu'il
suffit que la propriété de l'hôpital soit considérée
comme absolue et non précaire, pour en induire la pos-
sibilité d'une création féodale en sa faveur; que les
termes de l'acte portant constitution de cens imprescriptible et irrédimable, avec lods et ventes, en cas de
mutation, ne laissent aucune doute sur l'intention de
créer une redevance seigneuriale; — Que le jugement
du bureau des finances du 19 juillet 1780, qui déboute
les administrateurs du domaine de l'exercice de la directe sur le terrain, sans qu'ils se soient crus néanmoins,

autorisés à révoquer ensuite l'abandon fait en 1706, forme une preuve de plus que l'hôpital de Dôle avait la propriété incommutable, et qu'il était seigneur, ainsi qu'il s'en est qualifié dans un acte d'ensaisissement, délibéré au conseil de l'hôpital le 19 juillet 1774; qu'au surplus, d'après le décret du 25 avril 1807, il n'y a pas lieu d'examiner si les fonds sont réellement possédés à titre de seigneurie et qu'il suffit pour l'abolition des redevances, qu'elles soient entachées de féodalité par leur mélange avec des droits de lods et ventes, et autres droits supprimés; — Qu'ainsi la Cour d'appel de Besançon a violé les dispositions de la loi du 17 juillet 1793, et des décrets interprétatifs des lois sur l'abolition des droits féodaux; — Casse, etc.

Du 17 juillet 1811. — Section civile. (Sirey, année 1811, 1ʳᵉ part., p. 377.)

Si un terrain était VAIN ET VAGUE, *lorsqu'il a été engagé, et qu'il ait cessé de l'être à l'époque de la concession qui en a été faite par l'engagiste, l'exception contenue dans la loi du 14 ventose an* VII *n'est pas applicable.*

Les tribunaux doivent juger d'après l'état du terrain constaté par l'acte de concession.

Le préfet de la Haute-Saône, C. les sieurs Lambert et Fallatieu.

Par contrat du 25 avril 1749, M. le duc d'Orléans, seigneur engagiste des domaines de Chaumont et de Vouzy, avait accensé à la veuve Bacon et à ses enfants six arpents de terrain, sur lesquels se trouvaient alors des *forges, fourneaux, usines, étangs et jardins.*

Ces objets, devenus, par l'effet de diverses ventes successives, la propriété du sieur Lambert, furent revendus par celui-ci, le 10 juillet 1810, au sieur Fallatieu, moyennant la somme de 60,740 fr. 74 c.

Le 27 septembre 1816, la direction générale des domaines a demandé que la loi du 14 ventose an VII fut appliquée à ce terrain.

Le 7 mai 1817, jugement du tribunal civil de Vesoul, qui accueille l'action de la direction générale, et ordonne en conséquence, qu'il sera procédé à la vente des *forges, fourneaux, fonderies, martinets, moulins, étangs, bâtiments, jardins, vergers*, et autres objets compris dans l'accensement de 1749.

Le 1er mai 1818, arrêt infirmatif de la Cour royale de Besançon, fondé uniquement sur ce que les six arpents de terrain réclamés par le domaine étaient, à *l'époque de la concession* vains et vagues et petits terrains épars, comme cela est vérifié en fait, et qu'ainsi ils sont dans les exceptions portées aux nos 3 et 4 de la loi du 14 ventose an VII.

M. le préfet du département de la Haute-Saône, agissant au nom de l'état, s'est pourvu en cassation de cet arrêt, pour violation des articles 1319, 1320 et 1321 du Code civil, sur la foi due aux actes authentiques, et pour contravention à la loi du 14 ventose an VII sur les domaines engagés.

Son pourvoi a été accueilli.

ARRÊT. « Vu les articles 1319 et 1320 du Code civil, et les nos 3 et 4 de la loi du 14 ventose an VII;

» Attendu, 1o que la Cour royale de Besançon n'avait pas à examiner si les six arpents ou environ, réclamés par le préfet de la Haute-Saône, étaient vains et vagues lorsque, le 25 avril 1749, le duc d'Orléans,

exerçant les droits du domaine, les a concédés aux auteurs des défendeurs ; qu'en consultant l'état du terrain
à une époque autre que celle de la concession, la Cour
royale a commis, non une erreur de fait, mais une
erreur de droit, dont la répression rentre dans les
attributions de la Cour de cassation;

» Attendu 2°, qu'en se reportant à l'époque de la
concession, il est démontré par l'acte même qui la contient, acte synallagmatique et contradictoire avec les
auteurs des défendeurs, que lesdits six arpents ou environ étaient couverts *de bâtiments servant à usage
de forges et usines*, et que la foi due à un tel acte jusqu'à inscription de faux, n'a pu être détruite par une
déclaration contraire de la part des juges auxquels il a
été soumis;

» D'où il suit qu'en rejetant la réclamation du préfet
du département de la Haute-Saône, sur le seul motif
que le *terrain* dont il s'agit était *vain et vague et petits
terrains épars*, la Cour de Besançon a violé tant les
articles sus énoncés du Code civil sur la foi due aux
actes authentiques, que les art. 5 et suivants de la loi du
14 ventose an VII ;

» Par ces motifs, la Cour casse et annulle l'arrêt de
la Cour royale de Besançon, du 1er mai 1818. Section
civile arrêt du 15 mars 1820. (Journal de l'enregistrement, année 1820, p. 251. — Article 667. »

Les dispositions de la loi du 14 ventose an VII, sur les domaines engagés, ne s'appliquent pas aux domaines vendus par les anciens ducs de Bar, parce que ces ducs simples vassaux du roi, n'avaient pu frapper leurs domaines d'inaliénabilité.

L'état, C. les sieurs et demoiselle Bourlon.

Par acte notarié en date du 5 avril 1600, Charles de Lorraine, duc de Guise et de Chevreuse, vendit à Jean de Comytain, seigneur de Beaulieu, une partie de la terre de Saudrupt, dépendante de la baronie d'Amerville, dans le duché de Bar, avec promesse de garantir cette vente de tout trouble et empêchement quelconque, et sous faculté de rachat pendant trois ans, faculté qui n'a point été exercée.

La terre de Saudrupt est devenue la propriété des sieurs et demoiselle Bourlon.

Ils ont fourni en 1779, à la cour des comptes du duché de Bar, pour la terre et seigneurie de Saudrupt et ses dépendances, un aveu et dénombrement sur lequel est intervenu, le 4 février 1782, un arrêt de cette cour qui déclare recevoir cet aveu et dénombrement, sauf les droits du roi et autrui; ladite Cour constate en outre par plusieurs anciens titres, que lesdits biens et droits sont de nature domaniale.

En 1812, le préfet du département de la Meuse, et la direction des domaines au nom de l'état, font signifier cet arrêt aux sieurs et demoiselle Bourlon, et forment contre eux une demande en dépossession de la terre de Saudrupt, en vertu de la loi du 14 ventose an VII.

Les sieurs et demoiselle Bourlon, répondent que la terre de Saudrupt n'avait jamais appartenu au domaine de l'état ; que la preuve de sa patrimonialité se trouvait dans le contrat du 16 avril 1600 ; que les ducs de Lorraine, obligés envers les rois de France à rendre l'hommage lige, n'étaient pas réellement souverains, mais feudataires de la couronne de France ; qu'ils n'avaient pu par suite frapper leurs biens d'inaliénabilité.

Ce système triompha en première instance et en appel, et sur le pourvoi formé par le préfet du département de la Meuse, et la direction des domaines, il fut également consacré par la décision remarquable que nous allons transcrire fidèlement.

ARRÊT. La Cour, sur les conclusions de M. Joubert, avocat-général, attendu que le droit naturel et le droit civil se réunissent pour rendre tous les biens patrimoniaux et les mettre tous dans cette grande communauté qui compose la société ; qu'ainsi la prohibition d'aliéner est une exception au droit commun, qui, comme toutes les exceptions, ne peut-être établie que par une loi très positive ou une disposition de l'homme autorisée par la loi ; — Attendu que, de ces notions très simples, il résulte que celui-là seul peut conférer à un domaine le privilége de l'inaliénabilité, qui a le droit de donner des lois au pays dans lequel ce domaine est situé ; — Attendu que le pouvoir de donner des lois et celui de les faire exécuter, sont deux corrélatifs inséparables ; — Attendu que l'exécution des lois ne peut être légalement assurée que par le dernier ressort de la justice, puisque celui qui n'aurait pas ce dernier ressort serait obligé de déférer à des tribunaux étrangers les infractions aux actes qu'il appellerait des lois, et que ces tribunaux sur lesquels il n'aurait aucune supériorité ne staturaient que quand et comme ils le jugeraient à propos, et de là cet axiome si connu : *point de souverain sans cour souveraine ;* —

Attendu qu'il est si constant, particulièrement en France, que le dernier ressort de la justice est le signe caractéristique de la souveraineté, que même dans ces temps à peine séparés de nous par un intervalle de quatre siècles, ou les hauts barons jouissaient, dans leurs terres, des droits régaliens les plus éminents, comme battre monnaie, imposer des taxes, faire la paix et la guerre, on reconnaissait généralement que la souveraineté du royaume était attachée à la couronne, parce que là était le dernier ressort de la justice; que c'est sous le poids des jugements en dernier ressort que l'on a vu s'affaisser l'énorme puissance des grands feudataires; et s'il en est, tels que les duc de Bar, qui se soient maintenus plus long-temps dans l'exercice de ces grandes régales, dont l'on vient de parler, cela prouve moins un droit reconnu qu'un plus haut degré de faveur ou de ménagement conseillé par la politique : — Attendu que cette théorie subordonnait la difficulté qui s'était élevée entre le préfet du département de la Meuse et le sieur Bourlon, à la question de savoir à qui du roi ou du duc de Lorraine, appartenait le dernier ressort de la justice, et par conséquent la souveraineté du duché de Bar; que cette question purement de fait était résolue par un grand nombre de pièces du procès, dont la série embrasse le laps de plus de cinq siècles; que dans la plupart de ces actes dont le premier est sous la date de l'an 1301, il est dit formellement que les ducs de Bar tiennent leur duché sous l'hommage lige du roi, et que les jugements des tribunaux du Barrois ressortissaient au bailliage de Sens, pour les cas présidiaux, et, pour tous les autres cas, au parlement de Paris; que le chancelier d'Aguesseau, dont l'autorité est si grave dans les questions de droit public,

reprochant aux juges du bailliage de Bar , d'avoir mé-
connu la souveraineté du roi , disait en parlant des
mêmes actes , *que si ces officiers les avaient mieux con-*
sultés , ils auraient aisément reconnu , dans la réserve
expresse de l'hommage lige et du ressort , ce double
caractère de supériorité d'un côté et de dépendance de
l'autre , qui constitue toute l'essence de la souveraineté;
— Attendu que cette souveraineté du roi sur le duché
de Bar , était si généralement reconnue , que la coutume
de Bar , rédigée pour la première fois en l'année 1579,
fut homologuée au parlement de Paris , et que cette
cour informée que les officiers du bailliage de Bar af-
fectaient , dans leurs jugements , de donner au roi la
qualification de *roi très chrétien* , rendit le célèbre arrêt
du 27 mars 1699, qui fait défense *au bailli de Bar et*
à tous juges , d'ajouter dans leurs jugements , le sur-
nom de TRÈS CHRÉTIEN *, ni de souffrir que les avocats*
et procureurs qui plaident devant eux s'expriment de
cette manière en parlant du roi , leur enjoint d'en
parler dans les termes qui conviennent à des sujets
qui parlent de leur souverain seigneur , à peine d'in-
terdiction , et ordonne que ce présent arrêt sera lu et
publié à l'audience du bailliage , et , afin que personne
n'en ignore , affiché partout où besoin sera; — Attendu
que de ces développements , il résulte , en droit , que
l'inaliénabilité ne peut-être conférée que par une loi
formelle , et que , par conséquent , pour rendre un
domaine inaliénable , il faut en avoir la souveraineté;
et , en fait , que les ducs de Lorraine simples vassaux
du roi à raison de leur duché de Bar, tenaient ce
duché , comme tous les autres grands feudataires du
royaume , sous la mouvance , sous le ressort et sous la
souveraineté de la couronne de France ; qu'ainsi tout

ce qu'ils possédaient dans la circonscription de cette seigneurie , n'était et né pouvait être dans leurs mains que des propriétés privées et aliénables à perpétuité , comme toutes les autres propriétés patrimoniales ; ce qui conduit à cette dernière conséquence, que la cour royale de Nancy, non-seulement n'a violé aucune loi , mais a fait une juste application des principes de notre droit public, en jugeant que le domaine de Saudrupt , quoiqu'anciennement possédé par les ducs de Lorraine, n'en appartenait pas moins aux sieurs Bourlon à titre patrimonial et perpétuel, et ce nonobstant l'arrêt de la cour des comptes de Bar , qui n'avait rien préjugé sur une question de domanialité qu'on n'élevait point devant elle. — Rejette. — Du 3o janvier 1821. —Section des requêtes. — (Denevers, année 1821, p. 141; Sircy, année 1821 1ʳᵉ part. , p. 146.)

L'accensement des maisons, usines et autres objets dans la Lorraine, avant sa réunion à la France, sans charge de démolir, n'a pas été révoqué.

La Régie, C. les sieurs Vaultrin.

Le 23 mai 1710, la chambre des comptes de Lorraine avait accensé aux frères Vaultrin, moyennant une redevance annuelle, et après affiches et publications, un moulin que les affiches et actes d'adjudication annonçaient en ruine, à la charge de le réparer entièrement, et de le maintenir en état, tel qu'il pût répondre de la redevance.

Un édit du 4 juillet 1739, suivi d'un autre du 16 septembre, même année, ordonnèrent la révocation de toutes ces aliénations. L'article 5 de ce dernier édit exceptait formellement les moulins et usines , *en état de dégradations , aliénés avec charge de reconstruire ,* et après affiches et publications.

La régie des domaines voulut évincer les possesseurs de ce terrain , en vertu de la loi du 14 ventose an VII; sa demande fut rejetée en première instance et en appel; elle se pourvut en cassation.

Il résultait de l'édit de Léopold, du 16 septembre 1729, que l'aliénation faite aux frères Vaultrin était dans les cas d'exception prévus par les lois et usages dans la Lorraine , avant qu'elle devînt province française, lois maintenues par l'article 2 de celle du 14 ventose an VII;

En conséquence, le pourvoi de la régie a été rejeté par les motifs suivants :

ARRÊT. « Attendu , qu'aux termes de l'article 2 de la loi du 14 ventose an VII , les aliénations ou engagements des biens domaniaux faits dans les pays réunis à la France, depuis l'édit de 1566 , doivent être jugés conformément aux lois en usage dans ces pays, antérieurement à leur réunion;

» Attendu que la réunion de la Lorraine à la France a eu lieu en 1736, et que la Cour royale de Nancy , par une juste interprétation des concessions faites, le 25 mai 1710 , et des actes de transmission et subrogation des 26 mai 1742 , 19 mars 1777 et 21 novembre 1785 , a décidé que l'aliénation des moulins dont il s'agit remontait à la date de 1710 , antérieure à la réunion de la Lorraine à la France;

» Attendu que la législation domaniale de Lorraine, consacrait le principe général d'inaliénabilité des domaines , et l'exception d'aliénabilité des terres vaines et vagues , maisons, usines et autres objets de même nature, détruits ou dégradés à un tel point que la recon-struction en devenait nécessaire, pourvu que les aliénations eussent été faites par la chambre des comptes, après affiches et publications; que cette exception est reconnue et sanctionnée par les édits des 18 mars 1722, et 14 juillet 1729; qu'enfin, les commissaires nommés par le duc de Lorraine, pour l'exécution du dernier de ces édits, ont appliqué l'exception qui vient d'être indiquée aux moulins dont il s'agit, et que leur décision a été confirmée par un édit du 16 septembre 1729;

» Attendu que, dans cet état de choses, la Cour de Nancy, loin d'avoir violé l'article 2 de la loi du 14 ventose an VII, et les lois en usage dans la Lorraine avant sa réunion à la France, en a fait une juste application; »

» La Cour rejette, etc.; » — Arrêt du 5 novembre 1822 (Répertoire de M. Favard de l'Anglade, t. II, pag. 156.)

Des terres en friche, échues par déshérence aux anciens ducs de Lorraine, avant la réunion à la France, tombaient dans leur domaine privé aliénable et non dans le domaine de l'état; en conséquence, les concessions de ces terres, consenties par les anciens ducs, ne peuvent être considérées comme aliénations du domaine de l'état, révocables aux termes de la loi du 14 ventos e an VII.

La direction de l'enregistrement, C. Gadel.

Le 13 décembre 1713, arrêt de la chambre des comptes de Lorraine, qui accense au sieur Lombard la terre et seigneurie de Lintray, avec les cens, droits et rentes qui en dépendaient, moyennant un cens annuel de 3oo fr. barrois.

Ces terres acquises par déshérence et en friche, à l'époque de la concession, avaient été accensées par le duc de Lorraine, en 1707, à divers particuliers qui les transmirent au sieur Lombard.

Ultérieurement, le sieur Claudin s'était approprié environ 58 jours de ces terres, au moyen d'interlignes et d'apostilles marginales, insérées au procès-verbal de remembrement. Instruit de cette falsification, le sieur Lombard agit en dépossession contre le sieur Claudin.

31 janvier 1717, arrêt du conseil d'état qui adjuge ces terres au sieur Lombard.

Celui-ci compose successivement de ces terres une ferme qui prit la dénomination de Haut-de-Serolles.

Après être passée successivement entre les mains de plusieurs propriétaires, cette ferme appartenait, en 1811, au sieur Gadel.

La réunion de la Lorraine à la France remonte à 1736. Le directeur des domaines prétendit qu'en conséquence de la loi du 14 ventose an VII, les concessions des biens dont il s'agit s'étaient trouvées révoquées.

Un arrêté du Conseil de Préfecture du département de la Meurthe, du 19 mars 1811, accueillit cette prétention.

En exécution de cet arrêté, le directeur des domaines fit signifier au sieur Gadel, que faute par lui de s'être soumis à payer le quart du prix, il serait procédé à la vente de la ferme de Serolles.

Le sieur Gadel déclare consentir à payer le quart de la valeur des deux fonds énoncés dans l'accensement de 1713, lesquels faisaient partie de cette ferme ; mais il s'y refuse pour le surplus.

Il soutient que ce surplus se composait des terres acquises par le sieur Lombard, de divers particuliers à qui le duc de Lorraine les avait accensées en 1707; que ces terres étant échues aux ducs de Lorraine par déshérence, étaient tombées dans son domaine privé; que ce domaine privé était aliénable; qu'ainsi, et dans l'origine, les concessions n'avaient pas été des aliénations du domaine de l'état, que, dès lors, les dispositions de la loi du 14 ventose an VII n'étaient pas applicables à ces terres, comme elles l'étaient au domaine de Lintray, accensé, en 1713, au sieur Lombard.

Le domaine vit accueillir ses prétentions par le tribunal civil de Lunéville; mais la cour royale de Nancy infirma le jugement par un arrêt qui renferme de très longs développements sur les principes généraux relatifs à l'aliénabilité et à l'inaliénabilité des domaines de la couronne, suivant leur nature particulière.

Pourvoi en cassation de la part du Préfet de la Meurthe.

ARRÊT. — « LA COUR; — Attendu que les accensements consentis par le domaine en 1707, au profit des particuliers qui traitèrent ensuite avec le sieur Lombard à titre onéreux, ne comprenaient que des terres qui avaient été laissées en déshérence;

» Que la cour royale de Nancy a reconnu que la majeure partie de ces terres était, lors de ces accensements, en friche, et ne produisait par conséquent aucun fruit;

» Attendu que les terres adjugées au sieur Lombard, par arrêt du conseil-d'état, provenaient aussi de déshérence;

» Attendu que de la déclaration faite en détail par le sieur Lombard devant la chambre des comptes de Lorraine, le 20 mars 1720, il résulte que les terres accensées en 1707 étaient en friche lors des concessions ;

» Qu'il résulte en outre de cette déclaration, que postérieurement à ces concessions, une partie seulement de ces terres fut défrichée; et que tout le reste des dites terres était encore en friche au moment de la déclaration.

» Que par cet arrêt du 1ᵉʳ juillet 1720, la chambre des comptes, après avoir vérifié cette déclaration, en donne acte au sieur Lombard, et en ordonne l'inscription dans ses registres, conformément aux conclusions du procureur-général.

» Attendu que les terres vaines et vagues, lors des concessions, ont été exceptées de la réunion par l'article 5 de l'édit du 14 juillet 1729 ;

» Attendu enfin, que la *patrimonialité* des dites terres a été reconnue en 1772 et 1777 par des arrêts de la chambre des comptes de Lorraine, en présence et sans opposition du procureur-général;

» Que, par conséquent, la cour royale de Nancy, en décidant que ces terres n'étaient pas domaniales, a fait une juste application de l'article 5 de l'édit du 14 juillet 1729, ainsi que de l'autorité de la chose jugée, et n'est contrevenue ni à la loi du 14 ventose an 7, ni à aucune des autres lois invoquées; — Rejette, etc.; » — Du 15 juillet 1823; — Section civile; — (Sirey année 1823; — 1ʳᵉ part., p. 409, Denevers, année 2824, p. 23).

La défense orale qui est de droit public, n'est pas expressément prohibée par l'article 27 de la loi du 14 ventose an VII, pour les causes des domaines engagés, bien qu'il soit dit qu'on jugera sur simples mémoires.

Le préfet de la Marne.

Dans une instance qui existe depuis long-temps entre l'état et les héritiers Guémené relativement à des biens auxquels on veut appliquer les lois domaniales, M. le préfet de la Meurthe a demandé que l'instruction eût lieu dans la forme prescrite par l'article 27 de la loi du 14 ventose an VII, relative aux domaines engagés ; c'est-à-dire sur simples mémoires, et selon M. le préfet, sans plaidoiries.

Les défendeurs ont soutenu que la disposition invoquée n'excluait pas la plaidoirie.

Cette prétention est accueillie en 1re instance et en appel.

Pourvoi en cassation de la part de M. le préfet de la Marne, pour violation de l'article 27 de la loi du 14 ventose an VII. Selon le demandeur, en ordonnant dans les cas prévus par cet article, que l'affaire sera instruite sur simples mémoires respectivement remis, le législateur a eu l'intention comme il l'avait déjà fait par l'article 65 de la loi du 22 frimaire an VII, sur l'enregistrement, d'interdire toute plaidoirie ; il suffit à cet égard de se rappeler qu'à l'époque de la loi du 14 ventose an VII, les fonctions d'avoué étaient supprimées, et qu'aux termes de la loi du 3 brumaire an II, les tribunaux devaient prononcer seulement sur défenses verbales ou sur simples mémoires ; que la loi du 14 ventose ne rappelant que cette dernière voie , exclut nécessai-rement l'autre; que peu importe au surplus que la cause dont il s'agit soit une cause d'audience, cette circon-stance n'ayant pour résultat que d'obliger à faire lec-ture des mémoires à l'audience même.

ARRÊT. — «La Cour; — Attendu que la loi du 14 ventose an VII prononce uniquement que les affaires dont il s'agit seront jugées sur simples mémoires respective-ment remis; qu'elle n'interdit nullement les plaidoiries, et n'ordonne pas même qu'elles seront jugées sur rapport; d'où la cour royale de Paris a conclu que la cause reste cause d'audience; que dans ce silence de la loi spéciale, il est nécessaire de combiner la disposition de la loi du 14 ventose avec les autres lois spéciales précédentes ou postérieures qui régissent la même matière; — qu'en consultant l'arrêté du 10 thermidor an IV, concernant la poursuite et la direction des actions judiciaires main-tenues par celui du 7 messidor an IX, les procureurs du roi sont chargés, soit qu'ils lisent ou non à l'audience les mémoires qui leur sont transmis par les agents ad-ministratifs , de proposer tels moyens et de prendre telles conclusions que la nature de l'affaire leur paraîtra devoir exiger; qu'une pareille disposition non-seulement suppose, mais établit même pour l'audience une dé-fense orale dans l'intérêt de l'état; qu'en rendant la même faculté commune aux particuliers qui ont à se défendre contre l'état, la cour royale de Paris, loin de violer l'article 27 de la loi du 14 ventose an VII, en a fait une juste et saine interprétation qui est justifiée par la législation de la matière; — Rejette, etc. » — Du 7 décembre 1825. — Section civile (Sirey, année 1826. — 1ʳᵉ part. p. 290.) »

Les droits de pêche qui avaient été concédés à titre d'en-gagement ont été supprimés comme féodaux et sans indemnité.

Le préfet de Seine-et-Marne, C. les sieurs Périer et autres.

Le 2 juin 1718, la pêche sous les cinq arches du pont de Samois, sur la Seine, fut adjugée par les commissaires du roi, à titre d'engagement et avec faculté de rachat perpétuel, moyennant une somme de 5.300 f.

Les sieurs Périer et autres représentants de l'engagiste, contre lesquels un procès-verbal fut rapporté, le 17 novembre 1819, pour avoir pêché dans le lieu indiqué par l'acte d'engagement, prétendirent que cet acte formait leur titre et qu'ils n'avaient fait qu'user du droit qui en résultait pour eux.

Cette exception de laquelle naissait une question de propriété, les fit renvoyer de la police correctionnelle, où ils avaient été traduits, devant le tribunal civil de Fontainebleau.

Par un jugement du 22 août 1821, il leur fut fait défense de pêcher à l'avenir, motivé sur ce que le droit dont ils se prétendaient possesseurs avait été supprimé sans indemnité.

Ils se pourvurent en appel; et le 17 février 1824, la cour royale de Paris déclara que *l'engagement du 2 juin 1718 subsistait,* sauf, de la part du domaine, l'exercice de l'action autorisée par les lois des 14 ventôse an VII et 12 mars 1820.

Mais sur le pourvoi exercé au nom de M. le préfet de Seine-et-Marne, la cour de cassation, section civile, a cassé l'arrêt de la Cour royale.

ARRÊT. La cour :

« Vu le décret du 30 juillet 1793 , relatif à l'aboli-
» tion des droits exclusifs de pêche et de chasse , por-
» tant :

» La convention nationale, après avoir entendu la
» lecture d'une délibération prise par l'administration
» du département de la Charente , qui réfère à l'assem-
» blée la question de savoir, si le droit de pêche est
» compris dans l'abolition générale des droits féodaux,
» passe à l'ordre du jour, motivé sur ce que les droits
» exclusifs de pêche et de chasse étaient des droits
» féodaux, abolis par les décrets précédents comme
» tous les autres.

» Vu encore la loi du 8 frimaire an ii (28 novem-
» bre 1793), relative à une pétition de plusieurs habi-
» tants riverains de la Seine , qui demandent la sup-
» pression du privilége exclusif de la pêche , portant :

» La convention nationale, après avoir entendu le
» rapport de ses comités d'aliénation et domaines réu-
» nis , sur la pétition présentée par plusieurs habitants
» riverains de la Seine , qui demandent la suppression
» du privilége exclusif de pêche, depuis Rouen jusqu'à
» Bouille, prétendu par le fermier de l'hospice de l'hu-
» manité de la commune de Rouen , passe à l'ordre du
» jour , motivé sur les décrets des 6 et 30 juillet der-
» nier , qui ont compris au nombre des droits féodaux,
» supprimés par la loi du 25 août 1792, les droits ex-
» clusifs de pêche et de chasse.

« Vu enfin la loi du 14 floréal an x (4 mai 1802),
» titre 5 portant :

» ART. 12. A compter du 1er vendémiaire prochain,
» (23 septembre 1802) , nul ne pourra pêcher dans les
» fleuves et rivières navigables , s'il n'est muni d'une li-

» cence ou s'il n'est adjudicataire de la ferme de la
» pêche, conformément aux articles suivants. »

» 14. Tout individu qui n'étant ni fermier de la pê-
» che, ni pourvu d'une licence, pêchera dans les fleu-
» ves et rivières navigables autrement qu'à la ligne
» flottante et à la main, sera condamné : 1° à une
» amende, 2° à la confiscation des filets et engins de
» pêche; 3° à des dommages et intérêts envers le fer-
» mier de la pêche. »

« Attendu que si l'article 41 du titre 27 de l'ordonnance de 1669, en déclarant que la propriété de tous
les fleuves et rivières navigables fait partie du domaine
de la couronne, a maintenu les droits de pêche, que
des particuliers pouvaient y avoir par titres ou possessions valables, cette réserve ne s'est plus reproduite
dans l'article 2 de la loi domaniale du 22 novembre.
1er décembre 1790, ni dans l'article 528 du code civil;

» Attendu qu'il résulte au contraire d'une série constante d'actes nombreux, tant législatifs qu'interprétatifs des lois promulguées depuis 1789, que les droits
exclusifs de pêche nominativement, ont été déclarés
compris dans l'abolition générale de tous les autres
droits et priviléges, soit qu'ils se trouvassent dans les
mains des seigneurs, soit qu'ils fussent exercés par le
domaine lui-même, ou par ses concessionnaires,
et que par tous ces actes, la faculté de pêcher dans
les fleuves et rivières navigables a été formellement
reconnue libre pour tout le monde;

» Attendu que si la loi du 14 floréal an x a fait re-
vivre en faveur de l'état et comme moyen de finance,
le droit exclusif de pêche, dans les rivières navigables
qui sont sa propriété, cette loi n'a apporté, à l'égard
des particuliers ou des anciens concessionnaires, aucun

changement à la législation établie , notamment par
les décrets des 6 et 3o juillet 1793 , et 8 brumaire
an 11 ; que les dispositions de cette loi sont générales,
absolues ; qu'elles interdisent à tout autre qu'au fermier
de la pêche ou au porteur de licence de pêcher dans
ces rivières autrement qu'à la ligne ;

Que ces défenses de la loi du 14 floréal an x , sont
surtout inconciliables avec la supposition qu'il y eût des
droits exclusifs de pêche encore subsistants au profit
de quelques concessionnaires , et qui devaient être ré-
glés par la loi antérieure du 14 ventose an vii , sur les
domaines engagés ; qu'aussi l'on ne trouve dans cette
dernière loi , aucune disposition qui soit susceptible
d'application au rachat des droits de pêche ;

Qu'en jugeant le contraire, et en maintenant, sur ce
motif , les défendeurs dans le droit par eux reclamé,
l'arrêt attaqué a fait une fausse application de la loi
sur les domaines engagés , et a formellement violé les
lois ci-dessus , et notamment les articles 12 et 14 de la
loi du 14 floréal an x ; — par ces motifs, la cour Casse, etc.
Arrêt du 8 mai 1826 , section civile (journal de l'enregistrement, an 1826, p. 75 , art. 8431).

Pour déterminer si une propriété bâtie anciennement,
aliénée ou engagée par l'état, comporte une contri-
bution foncière, inférieure à 40 fr. , et si par sui-
te , elle est comprise dans l'exception à la révocation
de ces sortes d'aliénation ou d'engagement, pro-
noncée par la loi du 14 ventose an vii, il faut avoir
égard non à l'état actuel de la propriété ; mais à l'é-
tat où la propriété se trouvait au temps de la conces-
sion.

La direction des domaines, C. Guyot.

Par contrat public du 29 mai 1688 , les commissaires délégués par le roi concédèrent au sieur Delacroix, moyennant une redevance annuelle de 70 liv. , une maison ou échoppe située dans les fossés de la ville de Vannes.

Le sieur Guyot, cessionnaire du sieur Delacroix, fit bâtir à la place de cette échoppe une maison portée au rôle cadastral comme produisant un revenu de 600 fr.

En 1819, l'administration des domaines prétendit faire vendre ladite maison au profit de l'état , faute par le sieur Guyot d'avoir fait dans les délais prescrits, les soumissions voulues pour les articles 14 , 15 et suivants de cette même loi.

Le sieur Guyot soutint qu'il était placé dans le cas prévu par le § 4 de l'article 5 de la loi du 14 ventose an VII , qui excepte de la révocation prononcée par l'article 4 les aliénations et sous-aliénations ayant date certaine avant le 14 juillet 1789 , faites avec ou sans deniers d'entrée , des terrains épars, quelconques , au-dessous de la contenance de 5 hectares, pourvu que lesdites parcelles éparses de terrains ne comprissent, lors des concessions primitives , ni des maisons appelées chateaux etc. , ni dans les villes , des habitations actuellement comprises aux rôles de la contribution foncière , au-dessus de 40 fr. de principal. M. Guyot prétendait qu'au temps de la concession , l'emplacement sur lequel il a fait bâtir la maison dont il s'agit, ne payait pas une contribution de 40 fr.

La direction des domaines répondait que pour savoir si le terrain ou la maison en litige paie une contribution inférieure à 40 fr. , il fallait se reporter à l'époque de la

promulgation de la loi du 14 ventose an VII, comme l'indique le mot *actuellement* employé dans le § 4 de
l'article 5.

Après avoir été portée devant l'autorité administrative, la contestation fut renvoyée devant les tribunaux.

26 novembre 1824, jugement du tribunal civil de
Vannes, qui décide que l'échoppe en question est comprise dans l'exception prévue par le n° 4 de l'article 5
de la loi du 14 ventose an VII; qu'en conséquence, cette
échoppe, et la maison qui lui a été substituée, sont à
l'abri des recherches du domaine.

Appel de la part de l'administration des domaines.

12 mai 1828, arrêt confirmatif de la cour royale
de Rennes. Pourvoi en cassation par le préfet du Morbihan, au nom de la direction générale de l'enregistrement, pour fausse interprétation du § 4, de l'article 5
de la loi du 14 ventose an VII, et violation de l'article 4
de la même loi.

ARRÊT.—LA COUR, attendu que si les grands domaines de l'état sont inaliénables, il n'en est pas de
même de ceux appelés petits domaines, et qui sont
dans l'exception de l'article 5 de la loi du 14 ventose
an VII;

Attendu qu'il est prononcé par plusieurs arrêts de la
cour de cassation notamment par celui du 27 décembre 1813 (1), qu'il était nécessaire pour se fixer sur

---

(1) Cet arrêt pose sur cette question, des principes encore plus
précis que l'arrêt que nous venons de transcrire; nous croyons donc
devoir en reproduire les motifs et le dispositif : le pourvoi avait aussi
été formé par l'administration des domaines, en annullation d'un
arrêt de la cour d'Orléans.

l'application des dispositions exceptionnelles de la loi
du 14 ventose an VII , de se reporter à l'état des choses
au temps de la concession , et non à leur état actuel. —
Rejette, etc. — Du 4 décembre 1827 (Sirey, année
1828 , 1re part., p. 204).

LA COUR ; — Attendu que d'après les dispositions formelles du
§ 4. de l'article 5 de la loi du 14 ventose an vii, pour juger si des
domaines aliénés par l'ancien gouvernement sont ou non dans l'exception établie par cet article , ce n'est pas à l'état actuel des lieux
qu'il faut se reporter ; mais bien à celui où ils étaient à l'époque des
concessions ;

Attendu que suivant l'article 27 de la même loi, c'est aux tribunaux
qu'il appartient de décider si l'exception dont il s'agit est ou non applicable à l'aliénataire qui la réclame ;

Attendu que la cour d'Orléans a décidé en fait, d'après la vérification des actes de concession de 1728 et 1732 , et de divers actes sub-
séquents, que les terrains et bâtiments concédés aux auteurs du sieur
Lebrun n'étaient à l'époque desdites concessions , ni d'une contenance de cinq hectares, ni de nature à être alors considérés comme
renfermant des habitations de ville , devenues aujourd'hui susceptibles d'une contribution de 40 francs ; que cette cour , au contraire ,
a vérifié que les concessions ne portaient que sur des terrains épars ,
des emplacements vagues et inutiles, ou sur des bâtiments tombant
pour la plupart en ruine , et dont l'entière démolition a été reconnue indispensable pour l'apanage des ci-devant ducs d'Orléans ; d'où
cette cour a tiré la juste conséquence que, quelle que soit la valeur
actuelle des maisons construites par les aliénataires sur l'emplacement desdits terrains et bâtiments, les concessions dont il s'agit n'en
étaient pas moins susceptibles de l'exception prononcée par le § 4 sus
énoncé ; — Attendu que cette décision en fait, ne peut devenir la
matière d'une ouverture de cassation ; — Rejette , etc. (Sirey , *ibid.*,
à la note.)

La loi de ventose n'affranchit pas positivement les con-
cessionnaires des redevances annuelles qui grévaient
les domaines engagés, et ils peuvent y rester assu-
jettis, surtout si postérieurement à la loi de l'an vii,
ils ont contracté l'obligation personnelle d'acquitter
ces redevances.

Le sieur Dorr C. l'administration générale des domaines.

Au commencement du xviii° siècle et avant la réunion
de la Lorraine à la France, un sieur Boutoy était cen-
sitaire d'un moulin dit le moulin d'Ebersing et des
terres y annexées, le tout dépendant du domaine ducal
de Lorraine.

Depuis, la commune d'Ebersing obtint de la chambre
des comptes du duc de Lorraine, l'accensement de ce
moulin en remboursant à Boutoy 950 écus de Lorraine,
et à la charge de payer une redevance annuelle de 25
quartes de blé-froment.

La commune retrocéda cet accensement à Jacob
Scheng, qui le retrocéda à son tour à Mathias Kuntzler.

Intervint la loi du 14 ventose an vii.

Les sieurs Kuntzler avaient laissé expirer les délais
accordés par cette loi; ils furent relevés de la déchéance
et firent leur soumission de payer le quart.

Par l'arrêt du 28 pluviose an xii, qui admit leur
soumission, ils s'obligèrent à payer, indépendamment
de ce quart, *le montant du cens affecté sur le moulin et*
ses dépendances par le contrat d'accensement, ATTENDU
QU'ILS N'EN SONT PAS DÉCHARGÉS PAR L'EFFET DE L'ARRÊTÉ
QUI ADMET LA SOUMISSION *et conformément aux décisons*
du ministère des finances, des 28 pluviose an vii et 15
nivose an ix.

12 fructidor an XIII, adjudication du moulin à Dorr,
à la charge de payer la redevance , si le vendeur était
obligé de la payer par suite des jugements qui inter-
viendraient.

Contrainte décernée contre Dorr afin de paiement de
la redevance.

Opposition devant le tribunal de Sarreguemine ; jugement qui autorise la continuation des poursuites.

Appel; — arrêt confirmatif; — pourvoi en cassation.

ARRÊT. — La Cour en ce qui touche la violation de
l'article 14 de la loi du 14 ventose an VII.

« Attendu que cet article ne décide pas disertement
» la question de savoir si les engagistes qui sont devenus,
» moyennant le paiement du quart de la valeur affir-
» mative, propriétaires incommutables des domaines
» engagés dont ils étaient détenteurs, sont, ou non,
» affranchis des redevances annuelles qui grévaient ces
» mêmes domaines engagés.

» Attendu d'ailleurs que, dans l'espèce, la cour de
» Metz a formellement reconnu en fait, que par l'art. 3
» du procès-verbal d'adjudication du 12 fructidor an
» XIII, le demandeur a contracté l'obligation person-
» nelle d'acquitter la redevance dont il s'agit , obliga-
» tion conforme à celle que ses auteurs (les sieurs Kuntz-
» ler) avaient contractée par la soumission même
» qu'ils avaient faite de se rendre acquéreurs, ce qui
» suffit pour justifier l'arrêt, et dispense d'examiner les
» autres questions agitées par le demandeur. » — Du
7 janvier 1829.

JURISPRUDENCE

§ II.

JURISPRUDENCE ADMINISTRATIVE.

*Les arrérages de rentes d'engagement, payés antérieu-
rement à l'avis du conseil d'état du 22 fructidor an
XIII, ne sont pas restituables.*

Veuve Maniez et Consorts.

(Vous avez vu, Monsieur, écrit le ministre, au directeur par ma lettre du 7 brumaire dernier, qu'un avis
du conseil d'état du 22 fructidor an XIII, approuvé le
même jour par S. M., a dispensé les engagistes devenus
propriétaires, au moyen du paiement du quart de la valeur des domaines engagés, de continuer le paiement
des rentes d'engagement.

Il s'est élevé depuis, la question de savoir, s'il y a
lieu de restituer les arrérages des rentes d'engagement,
payés antérieurement à l'avis du conseil d'état.

Un décret du 23 juin, dont vous trouverez ci-joint
copie, signée de moi, a décidé la négative.

Je vous prie de donner aux directeurs de votre division, les ordres nécessaires pour son exécution, et de
m'accuser la réception de la présente.)

DÉCRET. Sur le rapport de notre ministre des finances, relatif à la question de savoir s'il y a lieu de restituer les arrérages des rentes d'engagement, payés

antérieurement à l'avis de notre conseil d'état, du 22 fructidor an XIII, qui a déclaré les engagistes quittes de ces rentes, en payant le quart de la valeur des domaines engagés.

Vu les demandes en restitution d'arrérages de pareilles rentes formées par la veuve Maniez et consorts, et par le sieur Ances-Pagart, domicilié dans l'étendue du département du Pas-de-Calais ;

Vu aussi les observations de l'administration des domaines;

Considérant que les engagistes étant, par la loi du 14 ventose an VII, assimilés en tout aux acquéreurs de domaines nationaux, au moyen du paiement du quart de la valeur des biens engagés, il y a lieu de leur appliquer les dispositions de l'arrêté du gouvernement, du 21 pluviose an XII, relatif aux acquéreurs de biens nationaux, et l'avis de notre conseil-d'état du 21 fructidor an XIII, approuvé par nous, concernant les débiteurs de rentes foncières mélangées de cens, acquittées antérieurement à la publication de l'avis de notre conseil d'état, du 30 pluviose précédent;

Notre conseil-d'état entendu, avons décrété et décrétons ce qui suit ;

ARTICLE PREMIER. Il n'y a pas lieu à la restitution d'arrérages de rentes d'engagement payés antérieurement à l'avis de notre conseil-d'état, du 22 fructidor an XIII, qui a déclaré les engagistes quittes de ces rentes, en payant le quart de la valeur des biens engagés.

2. Notre ministre des finances est chargé de l'exécution du présent décret. Décret du 23 juin 1806. —(Instruction général de l'enregistrement, année 1807, p. 194.)

Les détenteurs de terrains au-dessous de cinq hectares, formant autrefois dépendances de domaines réunis à la couronne, sont-ils tenus d'en payer le quart pour en devenir propriétaires incommutables?

Les héritiers Filleul.

La loi du 14 ventose an VII porte, art. 5 : « Sont ex-
» ceptées de la révocation générale des domaines de
» l'état, les aliénations et sous-aliénations ayant date
» certaine avant le 14 juillet 1789, faites avec ou sans
» deniers d'entrée, de terrains épars quelconques au
» dessous de la contenance de 5 hectares, etc. etc. »
La question se trouve résolue, dans tous les cas, par
le décret ci-joint.

DÉCRET. Sur le rapport de notre Ministre des finances, tendant à confirmer deux arrêtés du département de
la Seine, des 18 nivose an x, et 1er. fructidor an 13, qui
maintiennent les héritiers Filleul dans la propriété et
jouissance de terrain et maison, situés à Choisy et
Passy, concédés à leurs auteurs, par brevet des 9 octobre 1753, 19 juillet 1787, et 1er. août 1788; considérant 1° en ce qui touche le don fait au sieur Filleul
par le roi, le 27 octobre 1753, d'une place à bâtir à
Choisy; qu'à cette époque le domaine de Choisy était
possédé par Louis XV, à titre singulier, que le terrain
concédé était vain et vague, et que la concession a été
faite à la charge de bâtir; qu'il y a lieu de confirmer la
disposition de l'arrêté du conseil de préfecture du 1er.
fructidor an XIII, qui a déclaré cette concession dans
le cas de l'exception admise par la loi du 14 ventose
an VII;
2°. Qu'il n'en est pas de même de la maison située à

Choisy, concédée par Louis XVI en 1788, parce qu'au décès de Louis XV, le domaine de Choisy a été réuni au domaine de la couronne, et que la maison concédée qui en faisait partie, ne peut pas être rangée dans la classe des domaines épars, et au-dessous de 5 hectares, susceptibles de l'exception portée au § 4 de la loi du 14 ventose an VII;

Et 3°. que la maison située à Passy, concédée le 19 juillet 1787, formait également une dépendance du domaine de la Muette; et que l'exception admise par la loi ne lui est pas applicable;

Notre conseil-d'état entendu, nous avons décrété et décrétons ce qui suit :

Art. 1er. L'arrêté du conseil de préfecture du département de la Seine, du 18 nivose an x, qui confirme l'aliénation faite au profit de Louis Filleul et dame Rosalie Boquet, sa femme, d'une maison située à Passy, par brevet du 19 juillet 1787, est annullé.

Art. 2. L'arrêté du conseil de préfecture du 1er. fructidor en XIII est confirmé, quant à la disposition relative à la concession d'un terrain situé rue du Bacq, à Choisy, concédé par Louis XV à Thomas Filleul, le 27 octobre 1753, à la condition expresse d'y bâtir.

Il est annullé en ce qui concerne la concession faite par Louis XVI le 1er. août 1788, à Joachim Filleul, et à Marie-Catherine Dupoy son épouse, d'une maison désignée sous le nom du gouvernement de Choisy, et des cours et Jardins en dépendants, sauf aux héritiers Filleul à se pourvoir en liquidation, s'il y a lieu, pour les constructions et améliorations faites par eux ou leurs auteurs, tant à la maison de Choisy qu'à celle de Passy. —(Décret du 12 novembre 1806, journal de l'enregistrement, année 1809, p. 141 n° 3175).

C'est au Conseil de Préfecture, et non au Préfet, qu'il appartient de statuer sur les difficultés qui s'élèvent relativement à l'expertise, entre un engagiste et la Régie.

Tillette Montfort, C. la Régie.

La lo du 14 ventose an VII prescrit trois modes d'estimation des domaines engagés pour le paiement du quart par les détenteurs.

Le premier, d'après les connaissances locales des experts, et le prix commun des biens de même nature dans le canton.

Le second, d'après le montant de la contribution foncière de 1793.

Le troisième, par les baux existant en 1790.

Un domaine appartenant au sieur Tillette Monfort, dans le département de la Somme, avait été estimé, d'après le 1er mode, 5,387 francs, 50 centimes.

Le directeur de l'enregistrement a critiqué l'estimation ; il s'est procuré les rôles de la contribution de 1793, d'après lesquels le domaine s'élève à 10,399 fr.

Le sieur Tillette s'est élevé contre cette estimation, parce que les objets se trouvaient confondus avec d'autres biens, dans le rôle des contributions ; il ajouta que l'on ne pouvait pas consulter les baux de 1790, parce qu'il n'en existait pas.

Malgré ces motifs, le préfet du département rendit un arrêté, portant que l'estimation des experts était insuffisante, et qu'elle ne pouvait être faite que d'après le mode et au taux proposés par le directeur.

Le sieur Tillette-Monfort a réclamé contre cet arrêté auprès du conseil d'état, qui a statué en ces termes :

DÉCRET. «Vu la requête présentée par le sieur Tillette, tendante à ce qu'il nous plaise annuler un arrêté du préfet du département de la Somme, du 9 juillet 1808, qui fixe à 10,399 fr., la valeur d'un domaine engagé dans la commune de Sonis, que le sieur Tillette avait soumissionné, en vertu de la loi du 14 ventose an VII, et l'oblige à payer le quart de cette somme avec les intérêts, à compter du 1er vendémiaire an VIII;

Vu le procès-verbal du 26 prairial an VII, des experts nommés conformément à ladite loi, duquel il résulte que le prix desdits biens engagés a été porté, d'après les connaissances locales des experts, et le prix commun des biens de cette nature, à la somme de 5,387 fr. 50 c., et que les experts n'ont pas procédé aux deux opérations prescrites par la loi de ventose an VII, qui devraient avoir pour base la contribution foncière de 1773 et les baux de 1790, parceque d'un côté, il n'y avait à leur connaissance aucun bail de cette époque des biens en question ; et que d'un autre côté, l'article de la matrice du rôle concernant ces mêmes biens, en comprenait d'autres patrimoniaux du sieur Tillette;

Vu ledit arrêté du préfet;

Vu les observations du conseiller-d'état directeur général de l'enregistrement et des domaines;

Considérant que les contestations qui se sont élevées entre le directeur des domaines et le sieur Tillette, étaient de la compétence du conseil de préfecture, que dans tous les cas, d'après la loi du 14 ventose an VII. le prix des biens engagés ne pouvait être fixé qu'en conséquence des opérations faites par des experts nommés en conformité de ladite loi;

Article 1er, l'arrêté du préfet du département de la Somme, du 9 juillet 1808, est annulé.

2° Les contestations existantes entre la régie des domaines et le sieur Tillette sont renvoyées au conseil de préfecture dudit département. — Décret du 7 février 1809. (Sirey, année 1809, 2ᵉ part., p. 290.)

C'est aux tribunaux et non aux conseils de préfecture qu'il appartient de connaître des questions qui s'élèvent, relativement aux charges dont les biens étaient grevés, telles qu'un droit de terrage. On doit distinguer entre les charges et les hypothèques, dues par l'engagiste au domaine au moment de la soumission, et celles dues à des tiers.

Thobois, C. Thobois.

N., etc. — Vu la requête à nous présentée par le sieur Julien-François-Joseph Thobois, tendant à ce qu'il nous plaise annuller un arrêté du conseil de préfecture du département du Nord, lequel statuant sur le renvoi fait par devant lui par arrêt de notre cour d'appel séant à Douai, à déclaré un domaine soumissionné par la dame Thobois, en exécution de la loi du 14 ventose an VII, affranchi de toutes rentes, hypothèques et prestations quelconques, et notamment des droits de terrage (1) dus à l'exposant.

Vu ledit arrêté en date du 22 juillet 1808;

Vu l'arrêté du préfet du département du Nord, en date du 14 brumaire an XIII, portant vente, au nom de l'état, à la dame Thobois, du domaine par elle soumissionné à la charge de payer le quart de la valeur estimative dudit domaine, et en outre de continuer le paie-

---

(1) Droit à une partie de la récolte, espèce de champart.

ment de toutes les charges auxquelles il pouvait être
assujetti ;

Vu l'article 14 de la loi du 14 ventose an VII; et les
avis du conseil d'état en date des 16 frimaire an XII et
22 messidor an XIII, ensemble les mémoires et pièces
fournis par le sieur Thobois ;

Considérant, 1° qu'il s'agissait dans l'espèce de déterminer les effets et les conséquences de l'article 14,
la loi du 14 ventose an VII, et que cela rentrait dans
les attributions des tribunaux, auxquels il appartient
incontestablement de connaître du sens et de l'exécution des lois sous le rapport des contestations auxquelles
elles donnent lieu entre particuliers, que la compétence
des tribunaux était d'autant moins douteuse, que l'avis
du conseil d'état en date 19 fructidor an XIII, approuvé
par nous le 22 du même mois, le décidait d'un manière
formelle ;

Considérant en second lieu que s'il était question de
statuer au fond, il y aurait encore lieu de réformer, sous
ce rapport, l'arrêté du conseil de préfecture; qu'en effet,
en déclarant le bien soumissionné par la dame Thobois
affranchi de toutes rentes, hypothèques et prestations
quelconques, il a été plus loin que la loi elle-même,
qui ne porte pas une pareille disposition, assez importante néanmoins pour devoir être exprimée d'une manière formelle ;

Qu'il faut donc distinguer entre les charges et les
hypothèques dues par l'engagiste au domaine au moment de la soumission et celles dues à des tiers ; que les
premières ont été éteintes et confondues dans le nouveau prix du contrat intervenu entre l'état et le soumissionnaire ; mais qu'il n'a été rien préjugé sur les autres, ni par l'article 14 de la loi du 14 ventose an VII,

ou par les avis du conseil d'état des 16 frimaire an XII et 22 messidor an XIII, qui n'ont statué que dans des affaires intentées et dans l'intérêt du domaine ;

ARTICLE PREMIER. L'arrêté du conseil de préfecture du département du Nord, en date du 22 juillet 1808, est annulé.

2°. Les parties sont renvoyées devant notre cour d'appel séant à Douai, pour y procéder suivant les derniers errements.—Décret du 4 juin 1809 (Sirey, année 1809, 2ᵉ part., p. 381).

Les rentes affectées sur les domaines engagés ayant été abolies au profit des engagistes qui se sont libérés aux termes de la loi du 14 ventose an VII, la régie des domaines ne peut en poursuivre le recouvrement. (Avis du conseil d'état, du 22 fructidor an XIII.) — Toutes les questions incidentes que ferait naître l'application de cette règle doivent être soumises à l'autorité judiciaire.

D'Hennezel.

Conformément à la loi du 14 ventose an VII, le sieur Laurent Noël fit la soumission de payer le quart de l'estimation du moulin de l'Étangs, situé commune de Thouy, département de la Meurthe, engagé par arrêt du conseil de 1755, sous un cens annuel et perpétuel de 700 liv.

Dans l'intervalle de ces déclarations et soumissions à la confection des opérations qui devaient avoir lieu pour l'estimation, le sieur Noël vendit au sieur d'Hennezel, la propriété de l'immeuble engagé, et lui transféra en conséquence les droits et charges qui y étaient attachés.

Le 15 messidor an X, le directeur des domaines et

de l'enregistrement, dans un transport qu'il fit au sieur Bach, de plusieurs cens et rentes, compris le cens affecté précédemment sur le moulin de l'Étangs.

Le sieur Bach transporta, le 1er floréal an XII, les rentes et cens au sieur Brice Contal, et enfin le 18 nivose, an XIII, le sieur d'Hennezel, déjà propriétaire du moulin de l'Étangs, acquit du sieur Brice Contal, moyennant 6,000 fr., le cens annuel et perpétuel précédemment affecté sur ledit moulin.

Les choses étaient dans cet état, lorsqu'intervint un avis du conseil d'état du 28 fructidor an XIII, portant que les engagistes qui s'étaient soumis à payer le quart de la valeur estimative, étaient déchargés du service des cens ou rentes dont leurs domaines avaient été originairement grevés.

Il résultait de cet arrêté, que le cens dont il s'agit n'avait pu être l'objet d'un transfert valable de la part du directeur des domaines, et le sieur Bach demanda en conséquence, sur l'action en garantie dirigée contre lui, à mettre le préfet de la Meurthe en cause.

Le conseil de préfecture, considérant que la question rentrait dans le domaine des tribunaux, autorisa cette mise en cause; le tribunal de Nancy, saisi de la contestation, condamna le préfet de la Meurthe, au nom du domaine, à la garantie demandée.

Sur l'appel la cour royale de Nancy mit l'appellation et ce dont était appel au néant, et renvoya les parties à se pourvoir devant le conseil d'état.

Le sieur d'Hennezel, cessionnaire de Bach et de Brice Contal, a soutenu devant le conseil d'état, que les tribunaux seuls étaient compétents.

Voici en quels termes a statué le conseil.

Décret. Vu la requête présentée par le sieur d'Hennezel, tendante à ce qu'il nous plaise prononcer sur un conflit négatif existant entre la cour d'appel de Nancy et le conseil de préfecture de la Meurthe, en réglant les parties de juridiction, les renvoyer à procéder devant la même cour d'appel, en considérant l'arrêt de la cour d'appel du 21 juin 1810, comme non avenu.

Vu, etc.

Considérant que les rentes de la nature de celles dont il s'agit, ayant été abolies au profit des échangistes et engagistes qui se sont libérés, aux termes de la loi du 14 ventose an VII, la régie des domaines ne peut en poursuivre le recouvrement ; mais que toutes les questions incidentes qui peuvent s'élever à leur occasion sont du ressort des tribunaux, ainsi que le serait la question principale, si elle n'était décidée par la législation, et notamment par l'avis approuvé par nous, le 22 fructidor an XIII.

L'arrêt de la cour d'appel de Nancy, du 21 juin 1810, est déclaré comme non avenu, et les parties sont renvoyées à discuter leurs droits devant cette même cour. — Décret du 22 novembre 1811 (Sirey, Jurisprudence du conseil d'état, t., 1, p. 558).

Les engagistes de terrains domaniaux qui, en vertu de la loi du 14 ventose an VII, ont été admis à devenir propriétaires incommutables, en payant le quart de la valeur des biens qu'ils détenaient, ont dû payer ce quart, d'après la valeur des objets au temps de l'estimation, y compris les améliorations et constructions qu'on a pu y faire, et non d'après la valeur de l'objet tel qu'il était au moment de l'engagement.

Le sieur Elisson et la dame Barreau.

Les auteurs du sieur Elisson avaient autrefois reçu en engagement une portion du terrain sur lequel avait été bâti le château Trompette à Bordeaux. Ils firent sur ce terrain diverses constructions et améliorations.

Voulant par la suite user de la faveur que leur donnait la loi du 14 ventose an vii, de devenir propriétaires incommutables, ils obtinrent à cet effet trois décrets impériaux, des 28 juillet 1806, et 1er et 15 septembre 1811, qui les maintenaient dans la propriété des terrains par eux possédés, à la charge de payer le quart de leur valeur, conformément à la loi du 14 ventose an vii.

Dans l'estimation qui dut être faite en exécution de ces décrets, le préfet de la Gironde ordonna de comprendre les constructions et améliorations faites sur les terrains estimés.

Le sieur Elisson s'opposa à ce mode d'estimation, et prétendit qu'on ne devait avoir égard qu'à la valeur du terrain nu, tel qu'il avait été concédé à ses auteurs. Nonobstant ces prétentions, les experts opérèrent conformément à l'ordre du préfet, et ce magistrat homologua leur rapport, par arrêté du 10 octobre 1812.

Le sieur Elisson s'est pourvu au conseil d'état; et après une ample instruction, et plusieurs requêtes signifiées de part et d'autre, la contestation a été décidée par un décret conçu en ces termes :

DÉCRET. Considérant qu'aux termes de nos décrets des 28 juillet 1806, et 1er septembre 1811, les suppliants n'ont été maintenus dans ces biens qu'à la charge de aire la déclaration et la soumission prescrites par les articles 13 et 14 de la loi du 14 ventose an vii ;

Que la soumission ordonnée par ces articles et que

les suppliants ont souscrite, consiste à payer le quart de la valeur des biens, avec renonciation à toute imputation, compensation ou distinction de finances ou améliorations.

Qu'il suit évidemment de ces termes, que, pour fixer la valeur des biens détenus par les suppliants, on ne peut distraire, ni ce qu'ils ont déboursé pour les acquérir, ni ce qu'ils ont dépensé pour y faire des améliorations.

Que le mot *amélioration* est générique, et s'entend, d'après les règles du droit, de tout ce qui ajoute à la consistance et au profit d'un fonds, et par conséquent des bâtiments et édifices qu'on y élève.

Qu'ainsi, en ordonnant que les constructions faites par les suppliants sur leurs terrains, seraient évaluées, le préfet de la Gironde s'est conformé à la loi du 14 ventose an VII, et à ceux de nos décrets qui ont ordonné l'application de cette loi à l'affaire actuelle ; la requête du sieur Elisson et de la dame Barreau est rejetée. — Décret du 19 août 1813 (Journal de l'enregistrement, année 1814, p. 94, art. 4733).

C'est aux tribunaux et non à la justice administrative de décider si des terrains prétendus domaniaux, sont ou ne sont pas tels, si leur aliénation originaire est passible de l'article 1er de la loi du 14 ventose an VII, ou si les concessions et inféodations sont comprises dans le § 3 de l'article 5 de la même loi.

Destillères. C. l'administration des domaines.

Par lettres-patentes du 24 janvier et d'octobre 1598, le roi, sur la demande du sieur Maurice Allard, lui fieffa des forges à fer et fourneaux, avec étangs, rivières, et divers portions de prés, situés dans la paroisse de Vieux-Couches, avec tout ce qui en dépendait, pour en jouir, user et posséder, comme avaient fait ci-devant les anciens maîtres de forges, à la charge de rembourser et indemniser la veuve Quesnel, à laquelle ces objets avaient été engagés dès 1526, de faire bâtir et remettre sur lesdites forges et fourneaux, de payer au roi chaque année, deux écus et huit boulets, et avec permission de prendre des mines en la forêt de Couches, en payant le même prix que les autres maîtres de grosses forges.

En 1655, le sieur Nicolas Allard, sieur de Vaugouins, assigné en représentation de ses titres, en produisit plusieurs, et entr'autres une ordonnance des commissaires députés pour l'évaluation des domaines d'Évreux, du 7 juillet 1603, dans laquelle étaient visées des lettres-patentes du 1er septembre 1603, par lesquelles le roi avait fieffé au sieur Allard trois arpents de bois du parc de Couches, et une ordonnance du grand-maître des eaux et forêts, du 8 octobre 1604, portant adjudication à Jacques Allard, fils de Maurice, desdits trois arpents de bois, moyennant 75 liv., à la rente foncière et non rachetable de 15 deniers.

Le sieur Caroillon-Destillères se trouvait possesseur desdits objets dans les derniers temps.

Le domaine prétendit lui appliquer les dispositions de la loi du 14 ventose an VII; le sieur Destillères réclama devant le ministre des finances, et soutint qu'il se trouvait dans les cas prévus par les articles 1 et 5.

Trois décisions successives du ministre des finances intervinrent, qui repoussèrent sa prétention.

Le sieur Caroillon-Destillères se pourvut au conseil d'état, contre ces décisions.

Intervint alors une quatrième décision ministérielle , qui le maintint dans la déchéance par lui encourue , d'après la loi du 14 ventose an vii, pour n'avoir pas satisfait aux décisions précitées, lesquelles furent d'ailleurs déclarées non-avenues : ce qui semblait rendre le pourvoi inutile.

Le sieur Destillères étant mort, sa fille exerça un nouveau pourvoi, en concluant à la fois à l'annulation des quatre décisions du ministre.

La demoiselle Destillères prétendait que les concessions de terrains dont il s'agissait, ne pouvaient être passibles de l'application de la loi du 14 ventose an vii ; attendu , 1° que la concession de 1598 n'était qu'une subrogation pure et simple à celle de 1526; 2° que cette concession primitive de 1526 était une aliénation définitive, et non un contrat d'engagement; 3° que, fût elle considérée comme engagement, elle se trouvait, aux termes de l'article 1er de la loi du 14 ventose, confirmée purement et simplement; que si les rentes et livraisons n'avaient pas été continuées, c'est quelles se trouvaient frappées par les lois abolitives de la féodalité, et au besoin par la prescription.

L'administration des domaines paraissant renoncer au bénéfice des décisions ministérielles et même à l'effet de la dernière, soutenait que l'affaire devait être renvoyée devant les tribunaux, et que la décision que le sieur Destillères avait demandée au ministre des finances, pouvait avoir l'effet de la décision administrative préalable , telle qu'elle était prévue par le même article 27; qu'il n'en résultait pas d'obstacle à l'action judiciaire, et que, dès lors, le pourvoi n'était ni nécessaire ni fondé.

Le conseil a statué en ces termes :

Louis, etc. ;

Vu, etc.;

Considérant que parmi les questions qui ont été soumises, tant par le feu sieur Caroillon-Destillères, que par la demoiselle Destillères, sa fille et unique héritière, la plupart et les principales touchent la propriété du fond des terrains dont il s'agit; qu'effectivement il s'agit de savoir si ces terrains sont domaniaux ou non, si leur aliénation originaire est passible de l'article 1er de la loi du 14 ventose an vii, ou enfin si les concessions ou inféodations qui en ont été faites, sont comprises dans les exceptions du § 3 de l'article 5 de la même loi; que de telles questions sont dans les attributions des tribunaux, conformément à l'article 27 de cette loi.

Art. premier Les parties sont renvoyées devant les tribunaux ordinaires, pour faire statuer sur les questions de propriété ou exceptions proposées par la demoiselle Destillères, pour après être statué par nous en notre conseil d'état, s'il y a lieu, sur les autres questions purement administratives subordonnées aux premières.

2. Les dépens sont compensés entre les parties. — Ordonnance du 20 novembre 1815 (Sirey, Jurisprudence du conseil d'état, tom. 5, p. 157).

C'est à l'autorité judiciaire, et non à l'autorité administrative, de statuer sur les moyens proposés par le possesseur actuel de domaines inféodés, à l'effet d'être dispensé du paiement du quart pour lequel il est obligé en vertu de la loi du 14 ventose an vii.

Rochechouart. C. l'administration des domaines.

Par contrat du 15 juillet 1690, les commissaires du

roi, institués pour l'aliénation des domaines sujets à réparations, vendirent au sieur Mandart de St.-Simon, plusieurs moulins situés dans les environs de Verneuil, moyennant une rente annuelle de 1100 fr., et moyennant en outre 1100 fr. une fois payés.

En 1713, le sieur Portier acquit du roi la rente de 1100 fr. ; quelques années après, moitié de cette rente rentra dans les mains du Roi.

Ladite moitié de rente se trouva quelques années après comprise dans un échange que fit le roi de diverses parties de rentes avec M. Colbert de Civry, contre la propriété de six maisons, situées rue Vivienne, à Paris.

M. et madame de Courteilles, devenus acquéreurs, en 1752, des biens inféodés par le contrat de 1690, remboursèrent aux héritiers Colbert de Civry la moitié de la rente qui leur appartenait, et aux héritiers Portier l'autre moitié.

La dame de Rochechouart a succédé aux sieur et dame de Courteilles.

Le 4 prairial an VIII, cette dame a fait, en exécution du la loi du 14 ventose an VIII, la déclaration des biens qu'elle possédait, en expliquant qu'elle excluait de sa déclaration la moitié desdits moulins représentant la moitié de la rente de 1100 fr., acquise par M. Colbert de Civry par voie d'échange, et remboursée depuis à ses héritiers.

L'administration n'a pas accueilli cette explication, et elle a fait sommation à la dame de Rochechouart de se conformer, dans le délai d'un mois, pour la totalité des domaines inféodés, aux articles 13 et 14 de la loi du 14 ventose an VII.

La dame de Rochechouart a présenté des réclamations contre la prétention du domaine à M. le préfet de l'Eure.

L'affaire fut portée au conseil de préfecture, qui décida que l'échange dont excipait madame de Rochechouart pour se dispenser de comprendre dans sa soumission partie des domaines inféodés était illégal, et ne pouvait faire obstacle à l'exécution de la loi de l'an vii, rejeta la réclamation de ladite dame de Rochechouart, et lui enjoignit de passer la déclaration détaillée des biens inféodés, et de faire sa soumission de payer le quart.

Pourvoi de madame de Rochechouart au conseil d'état contre cet arrêté.

Voici les termes de l'ordonnance intervenue sur ce débat :

Louis, etc. ;

Vu, etc., etc. ;

Considérant, qu'aux termes de l'article 27 de la loi du 14 ventose an vii, il n'appartient qu'aux tribunaux ordinaires de statuer sur les moyens proposés devant le conseil de préfecture du département de l'Eure, par la dame comtesse de Rochechouart, à l'effet d'être dispensée, pour la moitié des biens compris dans le contrat susdit d'inféodation du 13 juillet 1690, des déclaration, soumission, et paiement du quart de la valeur estimative requis par ladite loi ; que l'objet de l'examen préalable réservé à l'autorité administrative par ledit article 27, et par la loi du 5 novembre 1790, à laquelle il se réfère, est uniquement de mettre l'administration à portée d'apprécier les droits de l'état, et de diriger et même d'arrêter, s'il y a lieu, l'action des préposés des domaines ; que cependant le conseil de préfecture du département de l'Eure, par les dispositions de son arrêté du 17 février 1814, et par les termes dans lesquels il est conçu, s'est constitué juge entre l'admi‑nistration des domaines et la dame comtesse de Roche‑chouart, et qu'ainsi il est sorti des limites de sa com‑pétence.

Art. premier. L'arrêté susdit du conseil de préfecture du département de l'Eure, du 17 février 1814, est annulé;

2. La dame comtesse de Rochechouart est renvoyée à se pourvoir, si elle le juge convenable, devant les tri‑bunaux ordinaires compétents,

Dépens réservés.— Ordonnance du 13 janvier 1816 (Sirey, jurisprudence du conseil d'état, t. 3, p. 211).

La question de savoir si un immeuble litigieux est communal ou domanial à titre d'engagement, doit être soumise aux tribunaux et non aux conseils de préfecture.

Guyard de Changey. C. La commune de Changey et autres.

En 1774, le roi échangea contre divers immeubles appartenant au sieur Guyard, les terres de Changey, Echevronne et Fussey, dans lesquelles se trouvaient plusieurs cantons de bois, et dont ledit sieur Guyard n'était alors qu'engagiste : l'acte d'échange portait que ledit sieur Guyard jouirait desdits biens, lui et ses héri‑tiers, patrimonialement à perpétuité, et à titre de pro‑priété incommutable.

La loi du 28 août 1792 réintégra les communes dans la propriété de leurs biens usurpés, nonobstant tous édits, lettres-patentes, etc.

Les communes de Changey, Echevronnes et Fussey reclamèrent en vertu de cette loi, comme étant d'origine communale, les cantons de bois compris dans l'acte d'échange de 1774.

Un jugement arbitral, du 2 messidor an v, accueillit cette demande.

Le sieur Guyard ayant émigré, fit à son retour, en exécution de la loi de ventose an vii, sa soumission de payer le quart, encore qu'il ne se considérât pas comme engagiste; mais bien comme propriétaire incommutable, d'après son acte d'échange.

En même temps la régie des domaines contestait la propriété desdits bois aux communes de Changey, Echevronnes, sur le motif que c'étaient des domaines engagés, et que les communes n'avaient pas rempli les formalités prescrites pour légitimer leur possession.

A cette prétention, les communes opposaient des titres tendant à établir que les bois en question étaient d'origine communale, et se prévalaient de la sentence arbitrale qui les envoyait en possession.

Sur ces réclamations, et par arrêté du 27 floréal an x, le conseil de préfecture du département de la Côte-d'Or décida que les communes se trouvaient dans le cas prévu par la loi du 28 août 1792, qui ordonne la réintégration des communes dans leurs biens usurpés par la puissance féodale; que la soumission du sieur Guyard ne pouvait être admise, parce que les propriétés dont il s'agit étaient communales, ainsi que cela résultait des titres produits, et non domaniales.

Le sieur Guyard s'est pourvu au conseil d'état contre cet arrêté, et voici le texte de l'ordonnance qui est intervenue.

Louis, etc. :

Vu, etc. ;

Considérant que la question qui s'élève entre lesdites communes et le sieur de Changey, engagiste, est celle de savoir si les bois litigieux sont communaux ou domaniaux ; que, par conséquent, le conseil de préfecture a excédé les bornes de sa compétence, en prononçant sur cette question préalable de propriété, qu'il aurait dû renvoyer, par-devant les tribunaux, conformément aux dispositions des articles 27 et 35 de la loi du 14 ventose an VII ;

Considérant que le conseil de préfecture a également excédé ses pouvoirs, en ordonnant l'exécution d'un jugement arbitral,

ARTICLE PREMIER. L'arrêté du conseil de préfecture du département de la Côte-d'Or, du 27 floréal an x, est annulé pour cause d'incompétence et pour excès de pouvoir. Les parties sont renvoyées devant les tribunaux ordinaires, pour y faire prononcer sur la question de propriété qui les divise, sauf l'intervention de l'administration des domaines.

2. Les dépens sont réservés jusqu'après le jugement définitif. — Ordonnance royale du 18 mars 1816 (Sirey, Jurisprudence du conseil d'état, t. 3, p. 251).

Un arrêté du préfet qui décide qu'un des engagistes qui s'est fait, en son nom personnel, relever de la déchéance encourue par tous, a acquis à tous les autres le bénéfice du relief, ne décide que la question administrative de déchéance ; il ne touche point à la question de propriété.—Dès lors s'il y a pourvoi, ce doit être par recours auprès du ministre et non par appel au conseil-d'état.

Descarsins. C. Hérot.

Louis, etc.;

Vu la requête à nous présentée par la veuve et les héritiers Descarsins et la veuve et les héritiers Hérot, tendante à l'annulation d'un arrêté du préfet du département de l'Aisne, du 13 décembre 1815, lequel a déclaré commun à Madeleine Guilbert, veuve de Remi Hérot, et autres héritiers de Jean-Simon Hérot, un arrêté précédent du 2 septembre, qui relève de la déchéance et déclare propriétaires incommutables des grands et petits prés, dits du Roi, les engagistes y dénommés, moyennant l'accomplissement des charges y désignées;

Vu, etc.;

Considérant que l'arrêté du préfet se borne à étendre à tous les présumés propriétaires, le bénéfice du relevé de déchéance, sans statuer sur le droit de propriété;

Que si les reclamants attaquent l'interprétation donnée par le préfet à son premier arrêté, ils doivent se pourvoir devant notre ministre secrétaire-d'état au département des finances;

Que s'ils contestent la propriété, ladite interprétation ne fait pas obstacle à ce qu'ils se pourvoient devant les tribunaux;

Art. premier. La requête de la veuve et des héritiers Descarsins et de la veuve et des héritiers Hérot, est rejetée.—Ordonnance du 31 janvier 1817, (Sirey, Jurisprudence du conseil d'état, t. 3. p. 492).

La loi du 11 pluviose an XII, qui, modifiant celle du 14 ventose an VII, permettait, par son article 10, l'aliénation des terrains engagés, quoique placés à moins de 715 mètres des forêts nationales, ne doit s'entendre que des terrains vains et vagues, et non des terrains plantés d'arbres. L'article 116 de la loi du 28 avril 1816 a autorisé la soumission desdits objets, et rapporté en ce point les dispositions de la loi du 11 pluviose an XII.

Roncy. C. l'administration des domaines.

Il s'agissait de trois portions de bois concédés en 1704, par Henri IV, au sieur d'Hautefort.

L'article 15 de la loi du 14 ventose an VII avait sursis à statuer sur les concessions des forêts au-dessus de cent-cinquante hectares, et sur celles de terrains enclavés dans les forêts nationales, ou à 715 mètres d'icelles.

L'article 10 de la loi du 11 pluviose an XII, avait levé le sursis à l'égard des terrains enclavés ou à 715 mètres des forêts, et déclaré que les autres dispositions de la loi de l'an VII leur seront applicables.

Le sieur de Roncy, successeur du sieur d'Hautefort, prétendit devenir propriétaire incommutable, en faisant sa soumission de payer un quart.

Le domaine soutint que la loi du 11 pluviose an XII n'avait levé le sursis que quant aux *terrains*, et non quant aux bois, dont elle défend au contraire l'aliénation.

Le conseil de préfecture de l'Aisne admit le système de la régie, ainsi que le ministre des finances, auquel le sieur de Roncy s'était adressé.

Pourvoi au conseil d'état.

La dame Huet, tutrice du mineur d'Hautefort, est intervenue dans l'instance, par le motif que lesdits bois
appartenaient non au sieur de Roncy, mais au mineur
d'Hautefort.

Pendant que l'affaire s'instruisait au conseil, a été
promulgué l'article 116 de la loi des finances du 28 avril
1816, qui a permis la soumission des bois au-dessus
de 150 hectares. Ordonnance qui statue dans les termes suivants :

Louis, etc.;

Vu la requête présentée par le sieur Claude-Joseph
de Roncy, tendante à l'annulation d'un arrêté du
conseil de préfecture du département de l'Aisne, et
d'une décision approbative du ministre des finances en
date du 10 juin 1811 et 13 novembre 1812, lesquels
ont déclaré que la loi du 11 pluviose an XII ne pouvait
donner au requérant la faculté de devenir propriétaire
incommutable de trois parties de bois très rapprochées
d'une grande masse de forêts, et dont il est détenteur
à titre d'engagement;

Vu, etc. ;

Considérant, dans l'espèce, que les bois soumissionnés par le sieur de Roncy, à titre d'engagement, se
trouvant placés à une distance moindre de 715 mètres
des forêts domaniales, n'étaient point aliénables aux
termes de l'article 10 de la loi du 11 pluviose an XII;

Qu'ainsi la soumission du sieur de Roncy a été valablement rejetée par lesdits arrêté et décision;

Mais, considérant néanmoins que la loi du 11 pluviose
an XII ayant été, en ce qui concerne les biens engagés,
rapportée par l'article 116 de la loi des finances du 28
avril 1816, ne fait plus présentement obstacle à ce que
le sieur de Roncy profite des dispositions de cette der-

nière loi, et à ce que la dame Huet, partie intervenante, suive devant les tribunaux les actions qu'elle prétend avoir le droit d'exercer au nom et comme tutrice du mineur d'Hautefort, sur les bois soumissionnés par le sieur de Roncy;

ART. PREMIER. L'arrêté du conseil de préfecture du département de l'Aisne en date du 10 juin 1811, et la décision approbative du ministre des finances du 13 novembre 1813, sont confirmés;

Néanmoins lesdits arrêté et décision ne font point obstacle à ce que le sieur de Roncy suive, relativement aux bois dont il est détenteur à titre d'engagement, les effets des dispositions nouvelles introduites par l'article 116 de la loi des finances du 28 avril 1816;

2. La dame Huet est renvoyée à se pourvoir devant les tribunaux, pour y prononcer entre elle et le sieur de Roncy, sur la propriété des bois soumissionnés;

3. Le sieur de Roncy est condamné aux dépens envers l'administration des domaines;

4. Les dépens de l'intervention, en ce qui concerne la dame Huet et le sieur de Roncy, seront supportés par celle des deux parties qui succombera devant les tribunaux. — Ordonnance du 3 décembre 1807. (Sirey, jurisprudence du conseil d'état, tom. 4, p. 219.)

La question de savoir si un immeuble, est compris dans les exceptions de la loi du 14 ventose de l'an VII, sur les domaines engagés, doit être soumise aux tribunaux ordinaires, aux termes de l'article 27 de cette même loi.

Deustche.

Louis, etc.

Vu la requête à nous présentée au nom des sieurs et

dame Deutsche, tendant à ce qu'il nous plaise annuller deux arrêtés du préfet du département du Pas-de-Calais, des 28 février et 12 avril 1809 ; lesdits arrêtés portant revendication, au nom de l'état, de la partie de la Molière de Berk, saisie sur le sieur François Macquer et son épouse, et dont la vente, par expropriation, était poursuivie au tribunal civil de Montreuil sur mer ;

Vu, etc.

Considérant qu'il s'agit dans l'espèce de savoir, si l'immeuble en litige est compris dans les exceptions de la loi du 14 ventose an VII ; qu'en cette matière, s'il s'élève entre l'état et des tiers des questions de propriété, il doit aux termes des dispositions de cette loi, et notamment de l'article 27, y être prononcé par les tribunaux ; que le préfet, loin de préjuger la question de propriété élevée entre l'état et les auteurs du sieur Deutsche, l'a au contraire renvoyée et suivie, devant les tribunaux ; et qu'ainsi les arrêtés n'ont point fait et ne font point obstacle à ce que ledit sieur Deutsche y porte et fasse valoir, si bon lui semble, et s'il y a lieu, ses prétentions à la propriété de l'immeuble en litige;

La requête des sieur et dame Deutsche est rejetée.— Ordonnance du 25 février 1818.—(Sirey, jurisprudence du conseil d'état, t. 4. p. 268).

En matières de domaines engagés, les décisions du ministre des finances ne sont que des instructions pour la régie des domaines, et ne font pas obstacle à ce que la question de propriété, en ce qui touche les biens non vendus, soit renvoyée devant les tribunaux.

D'Andlaw C. l'administration des domaines.

Le fief et la dignité de la Reichswogtey (prévôté) de
Kayserberg furent accordés par Louis XV, en 1739,
au comte d'Andlaw.

Cette prévôté ayant été supprimée par la révolution,
un arrêté du district de Colmar, en date du 30 octobre 1792, remit au domaine le fief dont il s'agit.

Le comte d'Andlaw ayant réclamé auprès du ministre des finances, deux décisions successives du 3 ventose an VI et 23 vendémiaire an VII, confirmèrent la décision du district.

Sur le pourvoi au conseil d'état formé par le comte
d'Andlaw, est intervenue l'ordonnance suivante :

Louis, etc.

Vu, etc.,

Considérant que l'arrêté du district de Colmar et
les décisions ministérielles attaquées ne font pas obstacle à ce que la question de propriété, en ce qui touche
les biens non vendus, soit renvoyée devant les tribunaux ;

ARTICLE PREMIER. Les requêtes du sieur comte d'Andlaw sont rejetées, sauf à lui à se pourvoir, si bon lui
semble, devant les tribunaux ordinaires, pour recouvrer s'il y a lieu les biens non vendus.

2. Le comte d'Andlaw est condamné aux dépens. —
Ordonnance du 18 mars 1818. (Sirey, jurisprudence
du conseil d'état, tom. 4, p. 283.)

La loi du 14 ventose an VII, dans le cas de maintenue de l'engagiste principal, maintient implicitement les sous-aliénataires comme étant aux droits du vendeur. Les contestations élevées entre l'engagiste principal et les sous-aliénataires, relativement à la validité et aux effets du contrat du sous-engagement, sont du ressort des tribunaux.

Mallin et consors , C. les sieurs et dame de Buffevent.

En 1771, il fut concédé par arrêt du Conseil au comte Dessuile, une portion de terrain de 762 arpents 19 perches, dépendant d'une ancienne forêt appelée le grand et le petit Liers, à la charge d'une redevance annuelle et féodale d'un demi-setier de blé par arpent.

Le même arrêt concéda en outre, aux communes limitrophes de cette forêt, 2000 arpents de terrain moyennant un cens, et 2400 autres arpents au comte de Chabot également à la charge d'une redevance annuelle; il paraît que le sieur Dessuile avait sous-inféodé les 762 arpents ci-dessus mentionnés à divers particuliers des communes voisines , moyennant un entrage ou somme en argent, et une redevance annuelle et perpétuelle du douzième de tous les produits.

Le 26 septembre 1777, le sieur Dessuile céda ses droits au marquis de Buffevent, qui perçut jusqu'à la révolution , la redevance précitée; celui-ci fit le 18 germinal an VII ses déclarations et soumissions comme engagiste, et fut déclaré propriétaire incommutable , par arrêté du préfet du département de l'Isère, à la charge d'acquitter le quart de la valeur estimative.

Le sieur de Buffevent devenu propriétaire incommutable des terrains dont il s'agit, s'adressa en 1814, au

préfet pour qu'il fût ordonné aux détenteurs des différentes portions de ces mêmes terrains, de les délaisser.
Ceux-ci se défendirent et offrirent de contribuer jusqu'à due concurrence au remboursement du quart, en
principal, intérêts et frais, payés par le sieur de Buffevent,
à la condition d'être maintenus dans la possession et
jouissance des fonds, en qualité de sous - inféoda-
taires.

Le 27 mars 1816 le conseil de préfecture interprétant en tant que de besoin, l'arrêté du 14 août 1813
qui avait adjugé au sieur de Buffevent lesdits terrains,
moyennant le payement du quart, décida que cette
adjudication devait avoir son effet, même à l'égard des
portions qui auraient pu être sous-albergées, (c'est-
à-dire sous baillées moyennant redevance.)

Les sous-inféodataires se sont pourvus au conseil
d'état, contre cet arrêté, comme vicié d'incompétence;
la question étant attribuée aux tribunaux par l'article
28 de la loi du 14 ventose an VII, et comme ayant mal
jugé au fonds.

Le sieur de Buffevent se défendait en prétendant que
la concession primitive, les albergements, la cession à
lui faite, tout avait été révoqué par la loi du 14 ventose
an VII; que profitant du bénéfice de cette loi, il avait
été déclaré propriétaire incommutable, et assimilé en
tout point aux acquéreurs de biens nationaux, qui ne
pouvaient être sous aucun prétexte, troublés dans cette
propriété, que les sous-inféodataires avaient pu se pourvoir en temps utile, et le prévenir en devenant eux-
mêmes propriétaires incommutables, et qu'alors ils
auraient pu profiter de même du bénéfice de cette loi;
mais qu'en ne le faisant pas, ils avaient tacitement renoncé à cette faveur, dont ils ne pouvaient plus se pré-

valoir aujourd'hui, et de laquelle ils avaient volontairement encouru la déchéance.

Le directeur général de l'enregistrement et des domaines, à qui cette affaire fut communiquée, admit les
prétentions des sous-aliénataires ; il cita une décision
du ministre des finances, du 3 mai 1806 qui avait résolu
la difficulté en leur faveur.

Le 5 février 1819 est intervenu une ordonnance
royale, ainsi conçue :

Louis , etc.

Vu la requête à nous présentée au nom des sieurs
Mallin, Vivier, Paillet et consorts, tendante à l'annullation d'un arrêté du conseil de préfecture du département
de l'Isère, du 27 mars 1816 , lequel a décidé que les
sieur et dame de Buffevent, engagistes propriétaires
incommutables, conformément à la loi du 14 ventose an
VII, de terrains connus sous le nom de petit Liers, concédés au sieur Dessuile, leur auteur, par arrêt du conseil du 20 mars 1770, avaient droit de rentrer dans la
possession des portions de ladite concession qui avaient
été précédemment sous-aliénées aux requérants par ledit
sieur Dessuile.

Considérant en principe, que la loi du 14 ventose
an VII, dans le cas de la maintenue de l'engagiste principal, maintient implicitement les sous-aliénataires ,
comme étant aux droits du vendeur.

Considérant dans l'espèce, que les contestations élevées entre les sieur et dame de Buffevent, engagistes
principaux, et les sieurs Mallin et consorts sous aliénataires, relativement à la validité et aux effets des
contrats de sous-engagements, sont du ressort des tribunaux.

Art. premier. L'arrêté du conseil de préfecture du

département de l'Isère, du 27 mars 1816, est annulé.

2. Les sieur et dame de Buffevent, sont condam
nés aux dépens. — Ordonnance du 3 février 181₅,
(Sirey, année 1818, 2ᵉ part. p. 305 , jurisprudence du
conseil d'état, tom. 5, p. 61.)

---

*Un détenteur de domaines engagés , contre lequel la
dépossession a été prononcée a du se pourvoir en
liquidation dans les délais prescrits par les lois, à
peine de déchéance. La possession précaire qu'il
a conservée sur les biens ne fait point exception
au principe en matière de déchéance.*

Chauvigny.

Louis , etc.

Vu les requêtes à nous présentées au nom du sieur
Bernard Louis , baron de Chauvigny , tendant à l'annulation d'une décision de notre ministre secrétaire-
d'état des finances, du 26 septembre 1816 , portant
qu'il n'a pas droit au remboursement liquidé à 14,502 fr.
77 c. , par un arrêté du préfet du département du Calvados, du 27 mars 1810 , de la finance d'engagement
consentie à ses auteurs pour trente années , de la Fief-
Ferme de Villy , Vesqueville et Amblainville.

Vu etc.

Considérant que le sieur de Chauvigny a été déposs-
sédé des biens compris dans son engagement, par procès-verbal du 21 prairial an 11, en exécution de la loi du
10 frimaire précédent;

Considérant que la jouissance précaire qu'il a conservée d'une partie des biens engagés jusqu'à l'expira-

ration de l'engagement, ne lui a conféré aucun droit sur lesdits biens, ni changé la date de sa créance sur l'état, qui remonte à l'an ii;

Considérant qu'il se trouve ainsi frappé de la déchéance générale, qui résulte de la suppression de la liquidation générale et des décrets des 25 février 1808 et 13 décembre 1809, confirmés par les lois de finances de 1810 et 1813.

La requête du sieur de Chauvigny est rejetée. — Ordonnance du 24 mars 1819 (Sirey, jurisprudence du conseil d'état, t. 5. p. 90.)

MÊME DÉCISION par ordonnance en date du 1er décembre 1824. Lagoille de Courtagnon, C. le domaine. (Macarel, recueil des arrêts du conseil, année 1824, t. 6. p. 653.)

En matière de domaines engagés, c'est aux tribunaux qu'il appartient de prononcer sur les contestations qui s'élèvent relativement aux exceptions portées en l'article 5 de la loi du 14 ventose an VII. L'autorité administrative (qui doit se borner à émettre un simple avis sur la question de savoir s'il est, ou non, de l'intérêt du domaine de l'état, de soutenir une action judiciaire) excède ses pouvoirs si elle décide que l'engagiste est propriétaire incommutable (Art. 27 de loi du 14 ventose an VII).

L'administration des domaines C. La dame Guyot.

LOUIS, etc.

Vu la requête à nous présentée au nom de la direction générale de l'enregistrement et des domaines et forêts, tendante à ce qu'il nous plaise; 1° annuler, pour excès de pouvoir, l'article 1er d'un arrêté du conseil

de préfecture du département du Morbihan, du 6 décembre 1819, qui déclare la veuve et héritiers
Guyot, propriétaires incommutables de la maison ou
échoppe à eux concédée par contrat du 29 mai 1688,
à la charge d'une redevance annuelle, sauf auxdits héritiers à porter leur prétentions devant l'autorité judiciaire, s'ils s'y croient fondés;

2° Autoriser le préfet à défendre devant les tribunaux au nom du domaine;

3° Condamner les héritiers Guyot aux dépens;

Vu, etc.;

Considérant que si l'arrêté du conseil de préfecture
est inattaquable dans la disposition qui renvoie à l'autorité judiciaire, la question de savoir si la rente était
ou n'était pas féodale, il n'en est pas de même de ses
autres dispositions; qu'aux termes de l'article 27 de la
loi du 14 ventose an VII, relative aux domaines engagés,
c'est aux tribunaux ordinaires à connaître des contestations qui s'élèvent sur les exceptions portées à l'article 5 de la dite loi; que, nonobstant cette disposition,
le conseil de préfecture a statué sur la propriété de la
maison, au lieu de se borner à émettre un simple avis
sur la question de savoir s'il était ou non de l'intérêt du
domaine de soutenir une action judiciaire, et qu'il a
conséquemment excédé les bornes de sa compétence.

ARTICLE PREMIER. L'arrêté du conseil de préfecture
du département du Morbihan, du 6 décembre 1819,
est confirmé dans la disposition par laquelle il renvoie
les parties devant les tribunaux, pour y être statué sur
la question de savoir si la rente de 35 francs, maintenue
par arrêt du 28 octobre 1783, est féodale ou non.

Il est annulé dans ses autres dispositions, et les parties sont renvoyées devant les tribunaux.

2. Le préfet est autorisé à défendre devant les tribunaux, au nom du domaine.

3. La dame Guyot est condamnée aux dépens. — Ordonnance du 6 décembre 1820 (Sirey, jurisprudence du conseil d'état, t. 5, p. 494).

Un particulier auquel des bois auraient été concédés, ne peut étre considéré comme engagiste, si les lettres-patentes portant concession à son profit, n'ont point été enregistrées, et s'il n'a jamais été mis en possession *des bois concédés; ses héritiers ne sont pas fondés à demander le maintien de la concession, sous la condition même de se conformer aux lois des 14 ventose an* vii *et 28 avril 1816. —De telles questions sont jugées par la justice administrative.*
Les héritiers Bretonnière.

Louis, sur le rapport du comité du contentieux;

Vu les requêtes à nous présentées au nom des héritiers de la Bretonnière, enregistrées au secrétariat général de notre conseil d'état les 4 février et 30 avril 1819, et 23 septembre 1820, et tendant à ce qu'il nous plaise annuler une décision du ministre des finances du 11 septembre 1818, laquelle rejette leur demande en maintenue d'une concession de 350 arpents de bois, faite au comte de la Bretonnière, leur frère, par arrêt du conseil du 24 juillet 1787, et lettres-patentes du 11 mars 1789, à la charge par lesdits héritiers de se conformer aux dispositions des lois des 14 ventose an vii, et 28 avril 1816;

Vu ladite décision;

Considérant que les héritiers la Bretonnière ne sont

pas engagistes ; attendu que leurs lettres-patentes n'ont pas été enregistrées ; qu'ils n'ont jamais été mis en possession des biens concédés à leur auteur ;

Qu'ainsi les requérants n'étant ni détenteurs ni dépossédés, ne se trouvent ni dans l'un ni dans l'autre des cas prévus par l'article 14 de la loi du 14 ventose an VII ;

Que par conséquent ladite loi ne leur est point applicable ;

Notre conseil d'état entendu ,

Nous avons ordonné et ordonnons ce qui suit :

La requête des héritiers la Bretonnière est rejetée. —Ordonnance du 27 décembre 1820. (Sirey, année 1822, 2ᵉ part. pag. 327, jurisprudence du conseil d'état, tom. 5, p. 508.)

Les engagistes qui n'ont pas été remboursés de leurs finances d'engagements doivent être maintenus dans leur jouissance, et ceux qui ont été dépossédés doivent être réintégrés, lorsque les biens se trouvent encore entre les mains de l'état, en faisant les déclarations et soumissions prescrites par les articles 13 et 14 de la loi du 14 ventose an VII.

D'Annebault C. le domaine.

Louis , etc.;

Vu les requêtes à nous présentées au nom de la dame marquise d'Annebault, tendantes à l'annulation d'une décision du ministre des finances, du 22 juillet 1819, portant que l'article 116 de la loi du 28 avril 1816 et la loi du 14 ventose an VII, qui ne concernent que les engagistes, ne peuvent, sous aucun rapport, être appliqués à la requérante; qu'elle doit être considérée comme créancière de l'état, et que, si sa créance n'a pas été liquidée antérieurement au 13 juillet 1810, le décret du 25 février 1808 et la loi du 15 janvier 1810 (qui ont prononcé la suppression du conseil de liquidation), et les lois de finances postérieures, s'opposent à la liquidation de cette créance;

Vu l'arrêt du 21 novembre 1766, qui ordonne la revente à titre d'engagement, au plus offrant et dernier enchérisseur de tout ce qui composait la terre et la seigneurie de Pont-Audemer, à la charge du remboursement des finances au premier engagiste;

Vu l'arrêt du 13 août 1770 et celui du 3 août 1775, contradictoirement rendus avec les héritiers d'Annebault et qui déclarent les vicomtés, terres et seigneuries de Pont-Audemer faire partie du domaine de la couronne, et n'être possédées qu'à titre d'engagement, et à la faculté de rachat perpétuel, par les héritiers du sieur d'Annebault, et en conséquence ordonnent qu'il sera procédé à la revente desdits vicomtés, terres et seigneuries, conformément à l'arrêt du conseil du 13 août 1770, qui sera exécuté selon sa forme et teneur, et que les engagistes actuels desdites terres, et ceux qui succéderont dans ledit engagement, seront tenus de se conformer, pour l'usance de la forêt de Montfort, aux dispositions des ordonnances relatives aux domaines engagés, notamment à l'ordonnance des eaux et forêts de 1669;

Vu l'arrêt rendu de propre mouvement, le 19 septembre 1773, qui réunit au domaine de la couronne la forêt de Montfort, et ordonne que les engagistes actuels desdits biens, seront tenus de remettre entre les mains du contrôleur général des finances, dans un mois pour tout délai, du jour de la signification du présent arrêt, les contrats d'engagement et de revente desdites terres et prévôtées, avec les quittances des finances payées pour raison desdits engagements, pour, sur lesdits titres, être procédé à la liquidation desdites finances, et pourvu à leur remboursement;

Vu le décret du 19 août 1813;

Considérant que le décret du 19 août 1813, a simplement déclaré que les arrêts des 13 août 1770, et 3 août 1773, avaient acquis l'autorité de la chose jugée;

Que lesdits arrêts, rendus contradictoirement avec le sieur d'Annebault, ont reconnu sa qualité d'engagiste;

Que cette qualité n'a pu lui être enlevée par l'arrêt de propre mouvement du 19 septembre 1773; soit parce que cet arrêt n'a jamais été signifié au sieur d'Annebault, ni acquiescé par lui, soit parce que les arrêts de propre mouvement émanés de l'ancien conseil ont été annulés, de plein droit, par la loi du 20 septembre 1793;

Que la disposition de l'arrêt du 13 août 1770, qui ordonne la revente, n'a pas été exécutée, et qu'il a seulement été fait, par suite de l'arrêt de propre moument du 17 septembre, et avec le sieur Clément de Barville, un échange qui a depuis été résilié pour cause de lésion; d'où il suit que le sieur d'Annebault avait conservé sa qualité d'engagiste, jusqu'à la loi du 14 ventose an VII;

Considérant que l'article 116 de la loi du 28 avril 1816 ayant révoqué la loi du 10 pluviose an XII et le § 2 de l'article 15 de la loi du 14 ventose an VII, n'a assujetti les engagistes de forêts au dessus de 150 hectares qu'à l'exécution des autres dispositions de cette même loi;

Considérant que les articles 13 et 14 de cette même loi, ordonnent que les engagistes, en faisant les déclarations et soumissions y prescrites, seront maintenus dans leur jouissance, et que ceux qui en ont été dépossédés y seront réintégrés, si lesdits biens se trouvent encore entre les mains de l'état;

Considérant que la dame d'Annebault, n'a jamais été liquidée des finances d'engagement, et que le domaine est encore en possession de la forêt de Montfort.

ARTICLE PREMIER. La décision de notre ministre des finances, du 22 juillet 1819, est annulée

2. La dame d'Annebault est renvoyée à suivre l'effet des déclarations et soumissions ordonnées par la loi du 14 ventose an VII, précédemment faites par ladite dame, devant le préfet du département de l'Eure, le 18 mai 1816, pour devenir propriétaire incommutable de la forêt de Montfort. — Ordonnance du 21 mars 1821 (Sirey, jurisprudence du conseil d'état, t. 5, p. 578).

Les conseils de préfecture excèdent leur compétence, en prononçant sur la propriété de terrains revendiqués, à titre d'alluvion, par le domaine, et en ordonnant la résiliation d'un bail de ces terrains. Dans ce cas, le renvoi devant les tribunaux doit être ordonné.

Le ministre des finances C. de Cossette.

Le 25 mars 1815, la régie des domaines passe bail de terrains connus sous le nom de la *Molière* d'Énocq, comme formant des relais de la mer appartenant à l'état.

Le sieur de Cossette a demandé l'annulation de ce bail, en excipant d'un arrêt du conseil de 1774, qui lui avait concédé ces terrains à titre d'accensement.

Le conseil de préfecture, saisi de la contestation, décida, le 2 décembre 1816, que les terrains en litige, appartenaient au sieur de Cossette à titre d'alluvion, conformément à l'article 556 du Code civil, et conformément à l'exception portée dans l'article 5 de la loi du 14 ventose an vii; il a, en conséquence, annulé le bail dont il s'agissait.

Le ministre des finances a déféré cet arrêté au conseil d'état, comme vicié d'incompétence.

Le sieur de Cossette a vainement essayé de défendre cet arrêté favorable à ses intérêts, en prétendant que l'arrêté du conseil de préfecture constituait cet avis de l'administration, par lequel elle décide s'il lui est ou non avantageux de poursuivre l'affaire, et que le conseil d'état devait lui-même faire cet examen.

Mais le conseil d'état a repoussé cette doctrine, par l'ordonnance suivante :

Louis, etc ;

Considérant que le conseil de préfecture a excédé sa compétence, en prononçant sur la propriété des terrains en litige, revendiqués à titre d'alluvion par le domaine, et en ordonnant la résiliation du bail desdits terrains, passé au sieur Haudiquet, le 15 mars 1815.

Article premier. L'arrêté du conseil de préfecture du département du Pas-de-Calais, du 2 décembre 1816, est annulé pour cause d'incompétence, et les parties sont renvoyées devant les tribunaux. — Ordonnance du 13 juin 1821 (Macarel, Recueil des arrêts du conseil, année 1821, tom. 2, pag. 1422).

Une forêt engagée et soumissionnée par l'engagiste, doit être évaluée d'après les rôles de contributions de 1793, ou, à son défaut, d'après l'estimation des experts. Dans l'évaluation des forêts composées de futaies et taillis, les futaies doivent être comprises pour la totalité de leur valeur, et les engagistes ne peuvent être admis à diviser leur soumission, afin d'acquérir les taillis séparément de la futaie, et se dispenser ainsi de payer la totalité de la futaie; mais ils peuvent retirer leur soumission, et se pourvoir en liquidation de leur finance.

Buon C. la direction générale des domaines.

En 1817, le sieur Buon fit, conformément à la loi du 14 ventose an VII, sa soumission de payer le quart de la valeur d'une forêt domaniale, engagée à ses auteurs.

La valeur du sol et du taillis fut fixée, par experts, à 35,947 fr., et celle de la futaie, à 26,000 fr.

Mais par une seconde évaluation faite d'après *le rôle des contributions de* 1815, la valeur du sol et du taillis, fixée par l'expertise, à 35,947 fr., fut portée à 44,529 fr. 60 centimes.

Le préfet, pour fixer le quart, préféra cette dernière évaluation à la première; et, en conséquence, il décida que le sieur Buon serait tenu pour devenir propriétaire, incommutable, de payer la somme de 11,132 fr. 40 centimes, montant du quart de la valeur du sol et du taillis, et celle de 26,000 fr., valeur intégrale des futaies; le ministre des finances approuva cet arrêté.

Le sieur Buon s'est pourvu au conseil d'état.

Il a prétendu d'abord que la distinction entre les futaies et les taillis, si elle résultait des anciennes ordonnances, avait été proscrite par la loi du 14 ventose an vii, qui a formé un contrat nouveau, et assimilé les engagistes aux acquéreurs nationaux, auxquels on n'adjugeait point séparément les futaies et les taillis; que l'avis du conseil d'état du 13 floréal an xiii, qu'on lui opposait était sans force, comme n'ayant jamais été inséré au Bulletin des lois; il a prétendu ensuite que l'administration n'avait pu prendre pour base de son évaluation, le rôle de 1815, puisque l'instruction législative du 6 floréal an iv, prescrivait de prendre pour base, le rôle de 1793; enfin, il déclarait qu'il entendait subsidiairement diviser sa soumission et s'en tenir à la valeur du sol et du taillis.

Voici en quels termes il a été statué sur ces graves difficultés :

Louis , etc. ;

Vu , etc. ;

Sur les conclusions principales :

1° En ce qui concerne le mode d'estimation ;

Considérant que l'art. 19 de la loi du 14 ventose an vii se réfère, pour les cas non prévus, au § 3 de la loi, en forme d'instruction du 6 floréal an iv; — Que cette instruction n'autorisait pas le préfet à prendre pour base, à défaut du rôle de la contribution foncière de 1793 celui de 1815, mais lui prescrivait, à défaut de rôle pour les futaies, de rôles et de baux pour les taillis, de prendre pour base l'estimation des experts ;

2° En ce qui concerne la fixation du prix des futaies :

Considérant qu'aux termes de l'art. 5, tit. 20 de l'ordonnance de 1669, les engagistes de forêts composées de futaies et de taillis, ne pouvaient disposer des futaies, lesquelles étaient réservées au profit de l'état,

et que le prix devait en être payé au receveur des domaines et bois ; —Que l'avis du conseil d'état, approuvé
le 12 floréal an XIII, en se fondant sur cette disposition
de l'ordonnance de 1669, a décidé que dans l'évaluation des forêts composées de futaies et taillis, les
futaies seraient comprises pour la totalité de leur valeur; — Que c'est ainsi que la loi du 14 ventose an VII a
été, depuis cette époque, entendue et exécutée;—Que
dès lors le sieur Buon n'est pas fondé à demander la
réduction du quart du prix des futaies;

Considérant, sur la demande en division de sa soumission, que cette demande n'est fondée sur aucune
disposition de lois et réglements;

Notre conseil d'état entendu, nous avons, etc.

ART. PREMIER. L'arrêté du préfet du département de
la Mayenne, du 22 octobre 1818, et la décision con-
firmative de notre ministre des finances du 9 septembre
1819, sont annulés dans celles de leurs dispositions
qui prennent pour base de l'évaluation des bois soumissionnés par le sieur Buon, au lieu de l'estimation
des experts, la contribution foncière de ces bois en 1815;

2. Les demandes du sieur Buon, tendantes à réduire
au quart la valeur estimative des futaies ou à diviser sa
soumission sont rejetées, sauf à lui, s'il le croit convenable, à retirer sa soumission, et à se pourvoir en liquidation de sa finance d'engagement;

3. Les dépens sont compensés.—Ordonnance royale
du 5 septembre 1821. (Macarel, Arrêts du conseil;
année 1821, tom. 2, p. 343.)

Les préfets qui, en matière de domaines engagés, se bornent, conformément à la loi du 14 ventose an VII, à recevoir la soumission d'un concessionnaire, restent dans les limites de leurs pouvoirs; mais ils les excèdent s'ils préjugent par leurs arrêtés les droits respectifs du concessionnaire et d'un tiers, et s'ils prononcent entre eux sur les effets et l'étendue des exceptions portées par la loi du 14 ventose.

Couturier C. les héritiers Buffevent.

Nous avons précédemment, page 292, rapporté une ordonnance royale du 3 février 1819, qui dans la même affaire avait renvoyé les parties devant les tribunaux; nous ne rappelerons pas les faits originaires que nous avons analysés précédemment, avant de transcrire l'ordonnance de 1819; il nous suffira simplement d'observer que, devant les tribunaux, les héritiers Buffevent ont soutenu que l'arrêté du préfet de l'Isère du 14 août 1813, leur attribuait la propriété intégrale du Petit-Liers; les albergataires ont combattu cette prétention, et de ce débat est née la question de savoir si les terres composant le *Petit-Liers*, n'étaient pas comprises dans les exceptions portées par l'article 5 de la loi de l'an VII.

La cour royale de Grenoble, saisie de la difficulté, a pensé qu'il n'appartenait pas aux tribunaux d'en connaître, et renvoyé en conséquence les parties devant l'autorité administrative, pour faire interpréter l'arrêté du 14 août 1813.

Par un nouvel arrêté du 24 juin 1822, le préfet de l'Isère a déclaré que les terrains de la forêt du Petit-Liers étant de la même nature que ceux du Grand-Liers, étaient compris dans les articles 4 et 8 de la loi du 14 ventose an VII, et qu'ainsi l'engagiste du domaine du Petit-Liers n'était pas dans le cas de se prévaloir des dispositions du § 3 de l'article 5 de ladite loi; et que, par ce motif, l'arrêté du 14 août 1813 avait fait audit engagiste l'application des art. 13 et 14 de la loi du 14 ventose an VII.

Pourvoi au conseil d'état.

Louis, etc.;

Considérant que le préfet du département de l'Isère, par l'arrêté du 14 août 1813, s'est borné, conformément à la loi du 14 ventose an VII, à recevoir la soumission du sieur de Buffevent concessionnaire des terrains engagés, mentionnés audit arrêté; mais qu'il n'a rien préjugé sur les contrats respectifs dudit concessionnaire et des albergataires, ni sur la question de savoir si les albergataires se trouvaient placés dans les exceptions de la loi du 14 ventose; questions qui sont du ressort des tribunaux, aux termes de l'article 27 de la loi précitée, et de notre ordonnance du 3 février 1819; — Considérant que le préfet de l'Isère, au lieu de donner cette explication, a excédé ses pouvoirs en prononçant sur l'étendue et les effets desdites exceptions.

ART. PREMIER. L'arrêté du préfet de l'Isère, en date du 24 juin 1822, est annulée pour excès de pouvoirs, et les parties sont renvoyées devant les tribunaux ordinaires.

2. Est condamnée aux dépens la partie qui succombera devant les tribunaux. — Ordonnance du 13 novembre 1822. (Macarel, Recueil des arrêts du conseil d'état, tom. 4, p. 356.)

Lorsqu'une ordonnance, en annulant une concession de relais de la mer, dispose que les terrains aliénés de bonne foi, et dépendant de cette concession, ne seront pas répétés, cette disposition ne doit s'entendre que des aliénations faites à titre onéreux, et non de celles faites à titre gratuit, par exemple pour doter les enfants du cessionnaire.

Beausobre C. le domaine.

Il s'agissait de relais de la mer, concédés en 1769, au sieur Quinette, révoqué d'abord par plusieurs décrets et définitivement par une ordonnance du 20 août 1817, qui déclare que ladite révocation aurait lieu sans préjudice des aliénations faites de bonne foi.

La dame de Beausobre, née Quinette, à laquelle une partie des biens dépendants de la concession avait été donné en dot, prétendit être comprise dans l'exception.

Le ministre des finances, auquel la difficulté fut soumise, rejeta les prétentions de la dame de Beausobre.

Pourvoi au conseil d'état, qui devait interpréter l'ordonnance de 1817.

Voici comment il a été statué.

Louis, etc. ;

Vu notre ordonnance du 20 août 1817, portant : —
» art. 3. Notre ministre des finances fera dresser par
» l'administration des domaines, le décompte des
» sommes touchées par le sieur *Quinette de la Hogues,*
» tant sur les ventes de terrains, à titre de prix de vente,
» deniers d'entrée, pots-de-vin ou autrement, que sur
» les arrérages de rentes en deniers ou en nature qu'il
» aurait perçus, soit comme entrepreneur de la dériva-

» tion du Couesnon , soit comme titulaire de la conces-
» sion de 1569, mais à ce dernier égard seulement, à
» dater de l'annulation prononcée le 25 ventose an XIII;
» — Art. 20. Le domaine rentrera immédiatement en
» possession, si fait n'a été , de tous les terrains dépen-
» dants, soit de la concession de 1769, soit de celle
» attachée à la dérivation du Couesnon, et qui n'auraient
» pas été aliénés en vertu de ventes régulières et dûment
» autorisées ; — Art. 21. Toutefois l'administra-
» tion des domaines ne revendiquera pas les terrains
» qui auraient été aliénés , soit par le sieur *Quinette,*
» sur la concession de 1769, jusqu'à l'annulation de
» ladite concession de 1769, soit par le sieur *Combe,*
» sur la concession attachée à la dérivation pendant la
» durée de son entreprise, pourvu que lesdites aliéna-
» tions aient été faites et consommées de bonne foi, sans
» fraude et simulation , et pourvu, en ce qui concerne
» les aliénations faites par ledit sieur *Combe* , qu'elles
» aient été approuvées et que le montant en ait été versé
» dans les mains du receveur-général d'Ille-et-Vilaine,
» conformément au traité du 3 vendémiaire an XIV. —
» Les concessions réciproques de terrains qu'ont pu se
» faire les divers associés qui se sont succédés dans l'en-
» treprise de la dérivation , à titre d'indemnité pour être
» désintéressés des avantages de cette entreprise, sont
» considérées comme nulles et non avenues. »

Considérant que, du texte et du rapprochement des
articles 3, 20 et 21 de notre ordonnance du 20 août
1817, il résulte que les dispositions relatives aux terrains aliénés, ne concernent que les aliénations faites à
titre onéreux; — Considérant que la réclamation faite
par la dame de *Beausobre* ne reposant que sur une
disposition faite en sa faveur et à titre gratuit par le sieur

Quinette son père, notre ministre des finances, en rejetant cette réclamation, a fait une juste application de notre dite ordonnance;

ARTICLE PREMIER. La requête de la dame comtesse de *Beausobre* est rejetée.

2. Ladite dame est condamnée aux dépens.—Ordonnance du 2 juillet 1823. (Macarel, Recueil des arrêts du conseil, t. 5., année 1823 p. 468.)

Le domaine ne peut opposer à un échangiste la déchéance qui résulterait des lois de la matière, lorsqu'il a été relevé par une décision ministérielle.

Boutechoux de Chavannes.

Une loi du 12 septembre 1791 ordonna que ceux qui avaient acquis par voie d'échange, les droits féodaux supprimés , et notamment des justices seigneuriales , seraient admis à rentrer dans les objets cédés en contre échange.

M. Boutechoux de Chavannes était dans ce cas, par suite d'un échange passé entre l'état et ses auteurs, en 1762; mais jeté en prison, et privé de ses papiers, qui avaient été placés sous le séquestre, il n'avait pu, à raison de cette force majeure , réclamer le bénéfice de la loi précitée.

Il s'adressa au ministre des finances, qui, par décision du 31 juin 1809 , déclara , en se fondant sur la force majeure , que la déchéance ne lui était pas applicable; mais une nouvelle décision intervenue long-temps après, c'est-à-dire le 26 mars 1821, prononça cette déchéance, par le motif que la loi du 10 frimaire an 11 avait retiré aux échangistes la faculté que leur avait conféré la loi du 12 septembre 1791.

Recours au conseil d'état basé principalement sur le relevé de déchéance, résultant de la décision du 31 juin 1809.

Ordonnance royale ainsi conçue :

Louis, etc. ;

Considérant que le sieur Boutechoux de Chavannes a été relevé de la déchéance qu'il avait encourue, aux termes de la loi du 12 septembre 1791, par la décision du ministre des finances du 3 juin 1809.— Considérant qu'il ne s'agit plus que de l'exécution de ladite décision;

La décision du ministre des finances, du 26 mars 1821, est annulée. — Ordonnance du 4 février 1824. (Macarel, Recueil des arrêts du conseil, année 1824, t. 6., p. 76.)

La décision prescrite par l'article 15 de la loi du 5 novembre 1790, ne peut être prise que par le préfet seul, et non par le conseil de préfecture. — La loi du 4 mars 1799 (14 ventose an VII), assimilant les engagistes soumissionnaires aux acquéreurs de biens nationaux, les conseils de préfecture sont compétents pour statuer sur la validité d'une vente opérée dans les formes et en vertu de cette loi. Toute question de propriété élevée entre le domaine et l'engagiste ou celui qui se prétend tel, au sujet d'un domaine engagé, est de la compétence des tribunaux ordinaires ? — On doit considérer comme telle la question de savoir si un terrain litigieux faisait partie de l'ancien engagement. — Cette question est préjudicielle à celle de la validité de la vente.

Rey, Tesseire et Trembley C. le domaine.

Un arrêté du préfet de l'Isère, en date du 13 avril 1814, passa contrat, moyennant le paiement du quart, d'un domaine appelé la réserve du roi, que divers propriétaires représentés par les syndics Rey, Tesseire et Trembley possédaient à titre d'inféodation, sur la rive droite du Drac.

L'administration, quelque temps après, prétendit que le domaine *des cases*, faisant partie de la rente précitée, n'avait jamais été possédé à titre d'engagement, par les propriétaires dont il s'agit, et qu'ainsi le contrat du 13 avril 1814, manquant de base, devait être annulé.

Le conseil de préfecture, auquel l'affaire fut soumise, jugea en effet la question d'engagement, annula la vente de 1814, et renvoya le domaine en possession du terrain litigieux.

Les syndics se sont pourvus en conseil d'état.

Ils ont prétendu que le conseil était incompétent pour statuer sur la question d'engagement, et que si, aux termes des lois relatives aux ventes nationales, il était compétent pour connaître de la validité de celle dont il s'agissait, c'était seulement après que les tribunaux auraient jugé la question de propriété, résultant de l'engagement.

Voici l'ordonnance royale qui est intervenue.

CHARLES, etc. ;

Vu les lois des 6 juillet 1791, et 4 mars 1799, (14 ventose an VII), qui ont renvoyé devant les tribunaux ordinaires, le jugement des contestations sur les domaines engagés ;

Considérant que la décision dont il est parlé dans l'art. 15 de la loi du 5 novembre 1790, ne peut être donnée que par le préfet, seul chargé d'administrer et de plaider, et non par le conseil de préfecture, qui n'a reçu de la loi aucune attribution à cet égard; — Considérant que la loi du 4 mars 1799 (14 ventose an VII), assimile les engagistes soumissionnaires aux acquéreurs de biens nationaux; —Que, par conséquent, le conseil de préfecture était compétent pour statuer sur la validité de la vente administrative, du 13 avril 1814; — Mais qu'il y a lieu de faire prononcer au préalable, sur la question de propriété élevée entre les parties, question qui est du ressort des tribunaux, aux termes de l'art. 1er de la loi du 6 juillet 1791, et de l'art. 14 de la loi du 4 mars 1799 (14 ventose an VII);

ART. PREMIER—L'arrêté du conseil de préfecture du département de l'Isère, du 30 mars 1823, est annulé pour cause d'incompétence, et les parties sont renvoyées devant les tribunaux, pour y faire statuer préalablement sur la question de propriété dont il s'agit.— Ordonnance royale du 1er décembre 1824. (Macarel, Recueil des arrêts du conseil, année 1824, t. 6, p. 645.)

Lorsque la finance d'engagement a été remboursée, la loi du 4 mars 1799 (14 ventose an VII), n'est pas applicable aux prétendus engagistes, et ils n'ont pas qualité pour se porter soumissionnaires. — Le ministre des finances peut suspendre provisoirement l'exécution et les effets de la soumission antérieurement validée, d'un ancien engagiste, lorsque le domaine oppose une quittance de remboursement. — Une pareille mesure ne préjudicie pas aux moyens que l'ancien engagiste peut faire valoir, pour contester les effets et les conséquences du remboursement dont excipe le domaine. —

D'Annebault et Duparc C. Le domaine.

Nous avons vu, page 299 que la dame d'Annebault avait été déclarée habile à faire les soumissions autorisées par la loi du 14 ventose an vii, et par l'article 116 de celle du 28 avril 1816.

Mais quelque temps après l'exécution de cette ordonnance, l'administration a retrouvé la quittance de la finance d'engagement remboursée à la dame d'Annebault.

Le ministre a dès lors pris une décision pour ordonner qu'il fût sursis provisoirement à toutes opérations relatives à la mise en possession de la dame d'Annebault, dans la forêt de Montfort, et qu'il serait procédé à la reprise de possession si besoin était, au nom de l'état, de ladite forêt.

Un arrêté du préfet de l'Eure prescrit l'exécution de la décision ministérielle.

Pourvoi au conseil d'état.

La dame d'Annebault et son co-intéressé, le sieur Duparc, ont prétendu qu'ayant été de fait et de droit, saisis en vertu des soumissions et de l'ordonnance royale précitée, de la propriété de la forêt dont il s'agit, il n'était plus possible de les en dépouiller, et que, quant à la quittance retrouvée par le domaine, elle ne pouvait fournir que l'action en répétition connue en droit, sous le nom de *condictio indebiti ;* que, par suite, la décision ministérielle était tout à la fois viciée d'incompétence et d'excès de pouvoir.

Ce système n'a pas été accueilli par le conseil.

CHARLES, etc.;

Vu l'ordonnance royale du 21 mars 1821 ;

Considérant que la régie des domaines oppose que

la finance fournie pour raison de l'engagement de la forêt de Montfort, a été remboursée, et qu'à l'appui de ce fait, elle produit une quittance de remboursement, du 2 juillet 1776;

Considérant que l'ordonnance en date du 21 mars 1821, n'a rien préjugé relativement au remboursement dont il s'agit; que si la finance a été en effet remboursée, la loi du 4 mars 1799 (14 ventose an vii), n'était pas applicable aux prétendus engagistes, et qu'ils n'avaient pas qualité pour se porter soumissionnaires; que, dans cette situation, c'est avec juste cause que notre ministre des finances a suspendu provisoirement, par sa décision du 2 septembre 1822, l'exécution et les effets de la soumission de la dame marquise d'Annebault; que cette décision ne préjudicie pas aux moyens que la dame marquise d'Annebault et le comte Duparc, peuvent faire valoir pour contester les effets et les conséquences du remboursement, dont excipe la régie des domaines;

ARTICLE PREMIER. Les requêtes de la marquise d'Annebault et du sieur comte Duparc sont rejetées, sans préjudice des droits et actions de la dame d'Annebault et du comte Duparc, relativement aux effets de la quittance du 2 juillet 1776.

2. Les dépens sont réservés. — Ordonnance du 1er décembre 1824. (Macarel, Recueil des arrêts, t. 6, p. 648.)

Un partage fait entre le domaine, représentant un émigré et un ancien engagiste, est inattaquable aux termes de l'article 1er de la loi du 5 décembre 1814.

Robillard.

En l'an ix, la dame de Frasnoy partagea avec le

domaine représentant le sieur de Lussac émigré, des bois et étangs qui lui appartenaient à titre d'engagement avec le sieur de Lussac; elle fit ensuite ses soumissions de payer le quart, et devint, par le paiement dudit quart, propriétaire de la partie de bois à elle échue par le partage.

Le 3 floréal an XIII, intervint l'avis du conseil d'état qui décida que les futaies n'avaient pas été comprises dans l'engagement, et que par suite elles avaient dû être payées intégralement.

Une décision ministérielle, du 27 août 1822, a fait au sieur Robillard, ayant-droit de madame de Frasnoy, application de la disposition dudit avis, et l'a condamnée à payer une somme de 25,337 fr., valeur intégrale de la futaie.

Le sieur Robillard s'est pourvu au conseil d'état, qui a déclaré applicable à l'espèce la loi du 5 décembre 1814.

Charles, etc. ;

Vu la loi du 5 décembre 1814 ,

Considérant que les opérations relatives à l'estimation des biens engagés par actes des 21 septembre 1587 et 5 octobre 1628, ont eu pour but d'arriver, et ont servi de base à un partage administratif entre l'état, *pour un tiers* comme représentant l'émigré, comte de Lussac, et la dame de Frasnoy *pour les deux autres tiers;* — Que le partage, homologué par l'arrêté du préfet du 18 octobre 1800 (26 vendemiaire an IX), a compris *dans le lot du domaine :* 1° les étangs appelés le Grand et le Petit Pinard, déjà vendus par le domaine et contenant 37 hectares 74 ares, estimés 11,840 fr.; 2° 36 hectares 56 ares 87 centiares dans l'Accein du Baizil, estimé 24,248 fr. 72 cent.; 3° plus une soulte de

157 fr. 98 cent.—*Dans le lot de madame de Frasnoy :*
1° la vente Tonnain, contenant 42 hectares 33 ares,
estimé 23,548 fr. 50 cent.; 2° La vente Corribert,
contenant 84 hectares 71 ares 61 centiares, estimés
33,458 fr. ; 3° Les Grands-Housseaux, contenant 16
hectares 81 ares 98 centiares, estimés 12,154 f. 60 c.;
4° la portion de l'Accein du Baizil, contenant 4
hectares 75 ares 15 centiares, estimés 3,490 f. 28 c.;
à la charge d'une soulte de 157 fr. 98 ct. ; à la charge,
en outre, de payer le quart de l'estimation des biens
engagés compris dans son lot, d'après les termes de
l'arrêté; —Que, dans la formation et l'attribution desdits lots, les futaies ont été considérées et cédées respectivement, comme étant indivises et engagées au
même titre que les taillis; — Qu'afin de parvenir à
rectifier cette erreur, le domaine conclut à la rescision
du partage, aux termes des articles 884 et 885 du Code
civil; mais qu'aux termes de l'article 1er de la loi du
5 décembre 1814, sont maintenues et doivent avoir
leur plein et entier effet, soit envers l'état, soit envers
les tiers, toutes décisions rendues avant la publication
de la Charte constitutionnelle, et qui seraient fondées
sur des lois et actes du gouvernement relatifs à l'émigration; que, dès lors, le partage entre la dame de
Frasnoy et le domaine, homologué par l'arrêté du 18
octobre 1800 (26 vendémiaire an ix), ne peut plus
être attaqué;

Art. premier. La décision du ministre des finances,
en date du 27 août 1822, est annulée. Art. 2. *La direction générale des domaines* est condamnée aux
dépens. — Ordonnance du 19 janvier 1825 (Macarel,
Recueil des arrêts du conseil, tom. 7, année 1825,
p. 35).

Lorsque la soumission, faite par un ancien engagiste, a été validée par une ordonnance royale; que celui ci a payé le quart de la valeur du bien estimé, et qu'il a vendu le bien à un tiers, si, par une décision provisoire, le ministre des finances ordonne au domaine de reprendre possession du bien, le tiers ne peut, avant que cette décision soit annulée, poursuivre le domaine en restitution du bien et de ses fruits. Si le tiers saisit les tribunaux de sa demande, et si ceux-ci condamnent le domaine, c'est le cas d'élever le conflit. Lorsqu'un conflit a été élevé, le préfet ne peut prononcer sur le fond, avant que le conseil d'état ait statué sur le conflit.

De Corneille.

Cette affaire se lie à celle de la marquise d'Annebault, dont le conseil d'état s'est déjà plusieurs fois occupé page 299 et 315.

Comme nous l'avons vu, madame la marquise d'Annebault fut, par ordonnance du 21 mars 1821, reconnue engagiste de la forêt de Montfort; elle en aliéna des coupes à M. de Corneille, pour la somme de 100,000 fr. Cette somme fut versée par l'acquéreur, entre les mains du domaine, pour acquitter partie du quart de la valeur, que devait payer la marquise d'Annebault, comme engagiste.

Une quittance de finance ayant été retrouvée, le ministre ordonna de reprendre provisoirement possession de la forêt de Montfort.

Le domaine fit, en conséquence, procéder à la vente des coupes de la forêt, au préjudice du sieur de Corneille.

Celui-ci saisit les tribunaux, qui condamnèrent le domaine.

Le préfet éleva le conflit d'attribution, et les parties vinrent par suite devant le conseil d'état, qui statua dans les termes suivants :

CHARLES, etc;

En ce qui touche la disposition de l'arrêté du préfet du département de l'Eure, par laquelle il élève le conflit : — Considérant, qu'antérieurement aux instances introduites par le sieur *Corneille*, tant contre le domaine de l'état, que contre les acquéreurs de coupes de bois, devant les tribunaux d'Évreux et de Pont-Audemer, une décision de notre ministre des finances, du 2 septembre 1822, contre laquelle s'est pourvue la dame d'Annebault, a sursis provisoirement à ce que cette dernière soit mise en possession de la forêt de Montfort, et a ordonné, au nom de l'état, la reprise de possession de cette forêt, si besoin était; que les demandes du sieur *Corneille* portaient sur l'exécution de cette décision; que les jugements et arrêts intervenus ont statué sur les mesures d'exécution prescrites par ladite décision, dont l'administration supérieure a seule pouvoir de connaître; qu'ainsi, les tribunaux étaient compétens;

En ce qui touche la disposition de l'arrêté de conflit qui autorise les acquéreurs de coupes de bois; nonobstant toutes oppositions n'émanant pas de l'administration, à continuer l'exploitation des coupes de la forêt de Montfort qui leur avaient été adjugées; — Considérant que le préfet du département de l'Eure ne pouvait prononcer sur le fond, qu'après qu'il aurait été statué sur le conflit, et qu'à cet égard la seconde disposition de son arrêté de conflit étant prématurée, est un excès de pouvoir.

Article premier. L'arrêté de conflit, du département de l'Eure, est maintenu dans sa première disposition.

2. Les exploits introductifs d'instance, les jugements du tribunal d'Évreux, des 15, 29 décembre 1823, et 5 janvier 1824, l'arrêt de la Cour royale de Rouen, du 5 mars 1824, l'ordonnance sur référé, rendue par le président du tribunal de Pont-Audemer, du 9 janvier, et les trois jugements rendus par le même tribunal, le 16 janvier 1824, sont considérés comme non avenus.

3. L'arrêté de conflit est annulé dans la seconde disposition. — Ordonnance du 19 janvier 1825 (Macarel, Recueil des arrêts du conseil, année 1825, t. 7, p. 32.)

———

C'est aux conseils de préfecture qu'il appartient d'interpréter les ventes faites par les préfets, aux anciens engagistes ; mais les droits de servitude, fondés sur la possession ou des titres anciens, ne peuvent être appréciés que par les tribunaux.

Ville de Chartres.

La ville de Chartres réclamait un droit de passage sur un terrain appelé Courtille-des-Petits-Prés, concédé autrefois à titre d'engagement, au sieur Bedel, et dans la possession duquel ce particulier avait été maintenu par arrêté du préfet du département d'Eure-et-Loire, en date du 30 ventose an XII, conformément à la loi de l'an VII.

Le conseil de préfecture, saisi de la réclamation de la ville de Chartres, s'est déclaré incompétent, et s'est borné à autoriser la ville de Chartres à traduire le détenteur actuel des Petits-Prés, devant les tribunaux.

La ville de Chartres a dénoncé cet arrêté au conseil

d'état, qui a rejeté le pourvoi, par l'ordonnance suivante :

CHARLES, etc.;

Considérant que l'engagiste soumissionnaire n'a été maintenu dans la possession des prés dont il s'agit, que sans préjudice du droit des tiers, et qu'à la condition de souffrir toutes les servitudes et autres charges dont lesdits fonds pouvaient être antérieurement grevés; — Considérant que les droits de servitude, réclamés sur lesdits prés par la *ville de Chartres*, et qu'elle fonde, soit sur la possession, soit sur des titres anciens, ne peuvent être appréciés que par les tribunaux :

ARTICLE PREMIER. La requête de la ville *de Chartres* est rejetée. — Ordonnance royale du 3 mars 1825 (Macarel, Recueil des arrêts du conseil, année 1825, t. 7, p. 171.)

———————

Lorsqu'une ordonnance royale a sursis à la prise de possession, par un engagiste, jusqu'à décision définitive au fond, il ne peut être procédé à l'expropriation du domaine, devant les tribunaux, à la requête d'un tiers créancier. Le conflit dans ce cas est bien élevé.

Delbeck.

Envoyée en possession de la forêt de Montfort, par suite de l'ordonnance du 21 mars 1821 (Voir page 299), madame la marquise d'Annebault a emprunté du sieur Delbeck une somme de 44,000 fr., qu'elle a hypothéquée sur ladite forêt.

Est intervenue alors l'ordonnance du 1er décembre 1824 (Voir page 314), qui a sursis à la prise de possession, par la marquise d'Annebault, de ladite forêt, jusqu'à ce qu'il eût été statué sur la validité d'une quittance d'engagement, retrouvée par le domaine.

Le sieur Delbeck ayant saisi réellement la forêt pour parvenir au paiement de la somme par lui prêtée, les tribunaux se sont trouvés saisis de l'affaire.

Le préfet de l'Eure est alors intervenu, pour qu'il fût sursis à toute décision, jusqu'au jugement sur la question de domanialité; le sursis a été accordé, et le préfet a élevé un conflit. Les parties se sont présentées devant le conseil d'état. Le sieur Delbeck a prétendu qu'ayant prêté sur la foi de l'ordonnance qui avait envoyé la dame d'Annebault en possession de ladite forêt, on ne peut lui opposer aucun acte de l'administration intervenu postérieurement.

Ses prétentions n'ont pas été accueillies par le conseil d'état.

Charles, etc. ;

Considérant que notre ordonnance du 1ᵉʳ décembre 1824, a sursis à la prise de possession, par la dame d'*Annebault*, de la forêt de Montfort, sans préjudice des droits et actions de ladite dame, relativement aux effets de la quittance du 2 juillet 1776; que, dans cet état, et jusqu'à décision définitive sur ce point, l'autorité judiciaire est incompétente;

Article premier. L'arrêté de conflit du préfet du département de l'Eure, est approuvé.

2. Les jugements du tribunal de première instance du département de la Seine, des 24 avril et 19 août 1824, sont considérés comme non avenus. — Ordonnance du 17 août 1825 (Macarel, Recueil des arrêts du conseil, année 1825, t. 7, p. 478).

<hr>

Les détenteurs des madragues (espaces de mer dans lesquels sont fixés des câbles et des filets propres à la pêche du thon) ne peuvent en devenir propriétaires incommutables, conformément à la loi du 14 ventose an VII.

M. le prince de Rohan.

Le ministre secrétaire d'état des finances ;

Vu la décision du 17 octobre 1821 , qui autorise l'administration des domaines à suivre auprès des préfets l'éviction des détenteurs de madragues sur les côtes de Provence, en exécution des lois des 11 décembre 1790 et 14 ventose an VII , qui ont prononcé la révocation des concessions anciennement faites à titre gratuit ;

Vu les diverses réclamations élevées contre cette décision par divers possesseurs de madragues , dans le département des Bouches-du-Rhône , et sur lesquelles le préfet s'est déclaré incompétent par ses arrêtés des 24 janvier, 30 avril et 11 juin 1823 ;

Vu un arrêté de la commission , en date du 6 décembre 1814 , réintégrant M. le prince de Rohan-Montbazon dans le droit exclusif de pêche du thon , avec madragues et autres engins, dans les mers du Levant , depuis la Ciotat jusqu'aux Antibes , pour en jouir comme par le passé , sans préjudice des droits qui pourraient appartenir au domaine de l'état, en vertu de la loi du 4 mars 1799 (14 ventose an VII) ;

Vu la soumission faite par M. le prince de Rohan, en exécution de ladite loi , et les arrêtés de M. le préfet du Var , des 5 et 12 juin 1823 , qui appliquent à ce prince les dispositions de cette loi relativement aux engagistes ;

Vu l'ordonnance de la marine, du mois d'août 1681, titre 1er, article 1er, et titre 4, art. 1, 3, 4 et 5, relatifs à la liberté de la pêche en mer, et aux réglements sur les madragues;

L'arrêt du conseil, du 26 octobre 1739;

Le décret du 12 décembre 1790;

Les décrets des 6 et 30 juillet 1793, et 28 novembre 1793 (8 frimaire an II);

L'arrêté du 18 avril 1798 (29 germinal an VI);

L'arrêté du 30 mars 1801 (9 germinal an IX);

Les lois du 1er décembre 1790, 3 novembre 1793 (10 frimaire an II), et 4 mars 1799 (14 ventose an VII);

Vu une ordonnance du 14 février 1816, qui rejette la demande de M. le marquis de Seystres Caumont à l'effet d'être remis en possession de la madrague de Sausset, actuellement possédée par le domaine;

Vu l'avis motivé du conseil d'administration des domaines et de M. le directeur-général, en date des 23 et 28 juillet 1825;

Considérant que, si chaque nation exerce des droits particuliers sur la portion de mer qui baigne les côtes, la pêche dans cette portion de mer n'en demeure pas moins libre pour tous les sujets du royaume, d'après l'ordonnance de 1681, et les lois et décrets ci-dessus cités;

Que les madragues ont été permises par exception à la liberté générale de la pêche en mer, à raison des difficultés de la pêche du thon; qu'elles ne peuvent être regardées comme des concessions proprement dites, mais seulement comme simples permissions accordées en vertu du pouvoir général de police qui appartient au gouvernement sur les objets dont l'usage est commun à tous, et qu'elles doivent, quelles qu'aient été, dans

l'origine, les conditions de leur établissement, demeu-
rer révocables dans tous les cas où elles sont recon-
nues nuisibles à la navigation ou à la pêche publique;

Qu'aucune des lois sur les domaines engagés ne fait
mention de madragues; qu'il a, au contraire, été reconnu par l'arrêté du 18 avril 1798 (29 germinal
an VI) que ces engins de pêche, abstraction faite du
droit de les tendre, n'offraient par eux-mêmes que des
objets mobiliers, et ne pouvaient en conséquence être
aliénés comme domaines nationaux;

Que l'arrêté de la commission de la restitution des
biens non vendus des émigrés, en date du 6 décembre
1814, n'a entendu que réintégrer la maison de Rohan
dans la jouissance d'une exploitation de certaines pê-
cheries anciennement possédées, sans rien préjuger
sur la nature de cette propriété, ni sur aucune question
de domanialité ou d'aliénabilité;

Que l'ancienne comme la nouvelle législation ont
établi une distinction entre le domaine dit de l'état, et
le domaine public; que le premier peut être aliéné en
se conformant aux lois établies; mais que le domaine
public, qui se forme des grandes routes et chemins publics, des fleuves ou rivières navigables, et de la partie
de la mer qui baigne les côtes, a solennellement été
déclaré non susceptible de propriété privée, et dès lors
essentiellement inaliénable;

Qu'un droit exclusif de pêche dans des eaux domaniales ne pouvant exister sans entraîner l'usage également exclusif d'une portion du domaine public, qui
serait une véritable aliénation, un tel droit ne peut
être accordé à titre de propriété;

Que de trois choses qui constituent la madrague,
l'appareil de pêche n'a point été concédé, et ne peut

par conséquent, donner lieu au paiement d'aucun droit de confirmation ;

La portion de mer assignée pour la pêche n'est point aliénable, et ne peut, à aucune condition, devenir une propriété incommutable entre les mains d'un particulier ;

Le droit exclusif de la pêche du thon, formellement interdit par l'ancienne comme par la nouvelle législation, ne peut être maintenu comme droit temporel, en vertu de la loi du 14 ventose an vii;

Considérant que le droit de pêche par le moyen des madragues, se réduisant à de simples permissions révocables suivant les circonstances, le domaine n'a aucun droit de propriété à revendiquer sur celles dont la concession viendrait à être révoquée, et que c'est au ministre de la marine exclusivement qu'il appartient de prononcer sur le terme que doit avoir la jouissance des anciens concessionnaires, et d'accorder, s'il y a lieu, de nouvelles permissions de caler des madragues;

Rend la décision suivante :

ART. PREMIER. La décision du 17 octobre est rapportée.

2. Il n'y a pas lieu d'admettre les détenteurs de madragues à devenir propriétaires incommutables de ces établissements, en vertu de la loi du 4 mars 1799 (14 ventose an vii).

3. Les arrêtés du préfet du Var, des 5 et 12 juin 1813, seront et demeureront comme non avenus. — Décision du 7 septembre 1825 (Journal de l'enregistrement, 1826, p. 26, art. 8226).

C'est du jour de l'arrêté de maintenue, et non du jour de la prise de possession, que les anciens engagistes, acquéreurs soumissionnaires , en vertu de la loi du 14 ventôse an VII, doivent au domaine de l'état, l'intérêt du quart qu'ils ont payé pour devenir propriétaires incommutables. Si ces mêmes engagistes sont des émigrés, et s'ils ont été remis en possession du domaine engagé en vertu de la loi du 5 décembre 1814, le domaine peut exiger d'eux les intérêts des coupes de bois qu'ils ont pu faire.

Héritiers Degmont C. le domaine.

Les propositions qui précèdent résultent d'un désistement donné par la direction des domaines aux poursuites qu'elle dirigeait contre les héritiers Degmont.

Ces héritiers avaient été envoyés en possession, en exécution de la loi du 5 décembre 1814, de deux bois engagés à leur auteur en 1790; pour jouir du bénéfice de la loi du 14 ventose an VII, ils ont fait leur soumission de payer le quart de la valeur desdits domaines, et un arrêté du préfet du Pas-de-Calais, en date du 8 février 1819, avait admis leur soumission.

Mais les expertises pour la fixation du quart avaient été terminées les 14 mars et 2 juillet 1818; c'est de ces deux dates qu'une décision ministérielle du 12 octobre 1821, prétendait faire courir les intérêts du quart ainsi payé; la même décision les condamnait, en outre, à payer ceux du prix d'adjudication faite par eux en 1815, dans une des forêts dont il s'agissait; la somme totale desdits intérêts réclamés s'élevait à 10,111 fr. 74 cent.

Les héritiers Degmont se sont pourvus au conseil

d'état, et ont soutenu qu'ils ne devaient les intérêts du quart que depuis le 8 février 1819, date de l'arrêté préfectoral de la mise en possession définitive.

Le ministre des finances, appelé à défendre sur ce pourvoi , a déclaré avoir lui-même réformé la décision par les motifs suivants, contenus dans sa lettre au conseil d'état, du 14 septembre 1825.

«Le point de difficulté de la contestation, en ce qui concerne le supplément d'intérêt du prix principal exigé des héritiers Degmont, consistait dans la question de savoir si la réintégration des héritiers Degmont n'avait pas eu l'effet de les rétablir dans une possession continue, ainsi que je l'ai déjà reconnu pour d'autres engagistes remis également en possession d'après la loi du 5 décembre 1814, à l'égard desquels j'ai décidé qu'il y avait lieu à l'application de la dernière disposition de l'article 20 de la loi du 14 ventose an VII, qui veut que les engagistes non dépossédés ne soient tenus de payer les intérêts que du jour de l'arrêté de maintenue, et non à compter du jour de la prise de possession; il a paru dès lors nécessaire de s'assurer si l'état avait joui des bois, uniquement à titre de confiscation, ou si l'on avait exécuté à leur égard les dispositions qui prescrivaient de déposséder les émigrés engagistes , et de ne pas administrer confusément avec leurs biens patrimoniaux, les domaines engagés qu'ils possédaient: aucun procès-verbal de prise de possession, soit par l'administration des domaines, soit par celle des forêts, n'ayant pu être retrouvé, et les préposés de ces administrations n'ayant pu fournir aucun document sur ce point, j'ai pensé qu'en l'absence de ces renseignements les héritiers Degmont pouvaient soutenir avec raison qu'il n'était point justifié que le domaine eût joui au-

trement qu'à titre de confiscation, et que cette jouissance avait opéré la continuité de possession ; et j'ai
reconnu en conséquence, que la dernière partie de l'article 20 de la loi du 14 ventose pouvait leur être appliquée.

« Quant aux intérêts du prix de l'adjudication de la
coupe qui a eu lieu en 1815 dans la forêt de Baulou, je
me suis convaincu que cette coupe, faite pour l'ordinaire 1816, était la seule dont les héritiers Degmont
eussent profité avant leur maintenue en possession définitive, quoiqu'ils eussent droit de jouir de leurs bois
en vertu de la remise qu'ils avaient obtenue, et qui
avait été suivie de leur soumission ; qu'au surplus sa
valeur se trouvait comprise dans l'estimation de la masse
des bois, et j'en ai conclu que les intérêts n'étaient pas
dus ; d'après ces motifs, je viens de rapporter la décision
attaquée, et j'ai autorisé la direction générale des domaines à se désister de toute poursuite relative à la répétition de la somme de 10,111 fr. 74 c., et à ne plus
donner suite à l'instance introduite par les héritiers
Degmont devant le conseil d'état. »

C'est à la suite de ces explications qu'est intervenue
l'ordonnance suivante.

CHARLES, etc.;

ART. PREMIER Acte est donné aux héritiers Degmont
de la décision par laquelle le ministre des finances autorise la direction générale des domaines à se désister de
toute poursuite contre lesdits héritiers. — Ordonnance
du 21 juin 1826 (Macarel, Recueil des arrêts du conseil,
année 1826, t. 8. p. 316).

Aux termes de l'article 5, titre 20 de l'ordonnance de 1669, les engagistes de forêts composées de futaies et de taillis, ne pouvaient disposer des futaies. Ces futaies étaient réservées au profit du roi, et le prix devait être payé au receveur de ses domaines et bois; d'après ce principe, et conformément à l'avis du conseil d'état du 3 floréal an XIII, interprétatif de la loi du 14 ventose an VII, l'engagiste qui a soumissionné, est obligé de payer la totalité de la valeur des futaies, et non le quart seulement, comme il est établi pour les autres biens. La loi du 14 ventose an VII, ne prescrit pas d'établir le revenu net, en déduisant les contributions et frais d'entretien.— Cette loi met à la charge de l'engagiste, les frais d'expertise. — La partie qui a fait sa soumission d'exécuter la loi du 14 ventose an VII, doit être considérée comme ayant reconnu elle-même la qualité d'engagiste, et n'est plus admissible à réclamer celle d'échangiste.

Les héritiers Terray C. le domaine.

Le 17 mai 1771, vente par Louis XV à l'abbé Terray, alors contrôleur-général des finances, d'une portion de la forêt de Senonches; deux jour après, échange de ladite portion de forêt contre le domaine de Resson et Buisson de Ferrière.

Une loi du 5 septembre 1792 déclare les contrats de vente faits par le roi de diverses portions de la forêt de Senonches, frauduleux, et assimile les échangistes aux engagistes, en décidant que les sommes qu'ils justifieraient avoir payées pour prix desdites portions de forêts, leur tiendraient lieu de finances.

La loi du 14 ventose an VII devint naturellement applicable à ces échangistes, déclarés engagistes.

Des futaies étaient comprises dans lesdites portions de forêts, et l'administration prétendit se prévaloir à cet égard, de l'avis du conseil d'état du 3 floréal an XIII, portant que les engagistes devaient payer la valeur intégrale des futaies.

En 1820, les héritiers Terray firent leur soumission de payer le quart de la valeur du domaine, sans distinction des futaies.

Une décision du ministre des finances, du 13 mars 1824, les condamna à payer la valeur de la totalité de la futaie.

Les héritiers Terray ont formé leur recours au conseil d'état.

Ils ont prétendu, 1° que l'obligation de payer la totalité de la futaie n'avait été ordonnée que par la considération que la futaie n'avait pas, dans le principe, été comprise dans l'engagement, et que, par exception, dans l'espèce, il était constant que toute la futaie avait été payée par l'échangiste, ainsi que cela résultait du contrat primitif, qu'aucune loi n'avait pu changer ; que sur cette question, ils devaient être renvoyés devant les tribunaux.

Ils ont prétendu, 2° que l'estimation n'avait pas été faite conformément à la loi de l'an VII, en ce qu'on n'avait pas déduit les contributions foncières et les frais d'entretien.

Ils ont prétendu, 3° que les frais de la seconde expertise devaient rester à la charge des domaines, comme inutiles.

Voici le texte de l'ordonnance intervenue sur ces trois points.

CHARLES , etc. ;

En ce qui touche les conclusions tendantes à être renvoyés devant les tribunaux, pour être statué par eux sur la question de savoir si le sieur Terray et consorts seront tenus de payer la valeur intégrale de la futaie; considérant que la loi du 3 septembre 1792, en annulant, par l'art. 1ᵉʳ, les ventes de la forêt de Senonches, a rangé par l'art. 2 , dans la classe des engagistes , ceux qui auraient échangé des portions de cette forêt avec des domaines de la couronne; que les sieur Terray et consorts ont reconnu eux-mêmes cette qualité d'engagiste , en faisant leur soumission d'exécuter la loi du 4 mars 1799 (14 ventose an vii);

En ce qui touche la fixation de la valeur de la futaie du Buisson de Ferrières, considérant qu'aux termes de l'article 5 , titre 20 de l'ordonnance de 1667, les engagistes de forêts composées de futaies et de taillis ne pouvaient disposer des futaies , lesquelles étaient réservées au profit de l'état, et que le prix devait en être payé au receveur des domaines et bois ;

Que l'avis du conseil d'état, approuvé le 25 avril 1805 (5 floréal an xiii), donné pour l'exécution de la loi du 4 mars 1799 (14 ventose an vii), en se fondant sur cette disposition de l'ordonnance de 1667 , a décidé que dans l'évaluation de forêts composées de futaies et taillis , les futaies seraient comprises pour la totalité de leur valeur ;

En ce qui touche la déduction sur le montant de l'é valuation de la futaie , du capital de la contribution foncière et des frais annulés; considérant que l'article 19 de la loi du 4 mars 1799 (14 ventose an vii) , ne prescrit pas d'établir le revenu net, en déduisant les contributions et frais d'entretien ; que cet article détermine trois modes d'estimation pour fixer la valeur réelle du domaine engagé, et que les expertises ont rempli cette condition ;

En ce qui touche la condamnation à la totalité des frais d'expertise , considérant que la loi du 4 mars 1799 (14 ventose an VII), met à la charge de l'engagiste, les frais d'expertise; que les deux expertises ont eu lieu du consentement des sieur Terray et consorts ; qu'ainsi leur réclamation n'est pas fondée.

ART. PREMIER. La requête des sieur Terray et consorts est rejetée.

2. Les sieur Terray et consorts sont condamnés aux dépens.—Ordonnance du 6 septembre 1826 (Macarel, Recueil des arrêts du conseil, année 1826, tom. 8, p. 556.)

Lorsque l'administration des domaines débat les droits de l'état devant un conseil de préfecture , elle ne peut être représentée par le préfet, et par suite la signification de l'arrêté doit être faite en la personne de son directeur, dans le département, et non au préfet. — C'est aux tribunaux ordinaires qu'il appartient de prononcer entre un engagiste et le domaine de l'état, sur la question de savoir si un remboursement fait pendant la minorité de l'engagiste peut former titre contre son héritier, ou s'il est nul à son égard; mais c'est à l'autorité administrative seule, qu'il appartient de décider des questions qui tendent soit à remettre en question la liquidation de la finance d'engagement, arrêtée par des arrêts de l'ancien conseil, soit à interpréter le sens et déterminer les effets d'une ordonnance royale.

Les conseils de préfecture excédent les bornes de leur compétence, lorsqu'ils décident par interprétation d'ordonnances royales intervenues dans la cause dont ils sont saisis.

D'Annebault.

C'est encore la suite de l'affaire dont nous avons parlé plusieurs fois.

Nous avons vu, page 314, qu'une ordonnance du 1er décembre 1824, rejeta le pourvoi de la dame d'Annebault, sans préjudice des droits et actions de la requérante, relativement aux effets de la quittance du 2 juillet 1776, depens réservés; mais qui devait prononcer sur la validité et les effets de ladite quittance? voilà ce que l'ordonnance ne disait pas formellement, et c'est ce qui a donné naissance à l'instance actuelle.

La dame d'Annebault s'est adressée au conseil de préfecture de l'Eure, pour lui demander de reconnaître la validité de la vente du 14 mai 1822 et le renvoi devant les tribunaux, relativement à la question préjudicielle de validité de la quittance de remboursement.

L'administration a prétendu que c'était au conseil d'état a connaître de la question, parce qu'il était resté saisi de l'instance, d'après l'ordonnance royale du 1er décembre 1824.

Le conseil de préfecture accueille les conclusions de la demanderesse.

Celle-ci présente un mémoire au préfet, conformément à l'article 15 de la loi du 5 novembre 1790, et lui donne assignation devant le tribunal d'Evreux, pour voir annuler la quittance du 2 juillet 1776.

Le ministre des finances attaque l'arrêté du conseil de préfecture devant le conseil d'état, pour cause d'incompétence, et le préfet élève le conflit, sur le motif que le conseil d'état était saisi du fond de l'affaire.

La dame d'Annebault soutient que le pourvoi du ministre est non recevable, parce qu'il n'a pas été fait dans les trois mois de la signification dudit arrêté au préfet, et que le conflit a été élevé mal à propos, les tribunaux étant seuls compétents.

Le conseil a tranché toutes ces difficultés, dans les termes suivants ;

CHARLES, etc. ;

Considérant que l'arrêté du conseil de préfecture, et l'arrêté de conflit offrent à résoudre les mêmes questions de compétence, et qu'il y a lieu de statuer sur ces deux actes par une seule et même ordonnance; — *En ce qui touche l'arrêté du conseil de préfecture :* — 1º *Sur la fin de non-recevoir,* — Considérant que la copie dudit arrêté, laissée au préfet de l'Eure, à l'appui d'un exploit d'assignation, ne peut tenir lieu d'une signification régulière à l'administration des domaines, qui n'était pas représentée par le préfet devant le conseil de préfecture, mais qui exerçait elle-même les actions devant ledit conseil ; — 2º *sur la compétence,* — Considérant que le conseil de préfecture, en décidant, par interprétation des ordonnances des 10 mars 1821, et 1ᵉʳ décembre 1824; — 1º qu'il n'y avait lieu de délibérer sur la vente du 14 mars 1822, comme n'étant ni contestée, ni susceptible de l'être ; — 2º que c'était aux tribunaux à statuer sur les effets de la quittance du 2 juillet 1776, a excédé les bornes de sa compétence; — *En ce qui touche le conflit :* — Considérant qu'il appartient à l'autorité judiciaire de statuer *sur l'une* des questions élevées par la dame d'*Annebault*, dans son exploit d'assignation : celle de savoir si le remboursement fait pendant la minorité d'*Auguste-Julien Danican* d'*Annebault*, peut former titre contre ladite dame, ou s'il est nul à son égard; mais que l'autorité administrative est seule compétente pour statuer *sur les autres questions* élevées dans ledit exploit et qui tendent, soit à remettre en question la liquidation de la finance d'engagement, arrêtée par les arrêts de l'ancien conseil, soit à interpréter le sens et à déterminer les effets de notre ordonnance du 1er décembre 1824.

ARTICLE PREMIER. L'arrêté du conseil de préfecture du département de l'Eure, du 14 mai 1826, est annulé pour cause d'incompétence.

2. L'arrêté de conflit est annulé, en tant qu'il se rapporte à la question de savoir si le remboursement fait au mineur d'*Annebault* est nul ou valide à l'égard de la dame d'*Annebault.* — Il est confirmé en tant qu'il revendique les autres questions élevées dans l'exploit d'assignation. — Ordonnance du 28 février 1827 (Macarel, Recueil des arrêts du conseil, année 1827, t. 9, p. 124).

———

Aux termes de l'avis du conseil d'état du 2 mai 1805 (12 floréal an XIII), l'engagiste doit acquitter la valeur totale de la futaie, et s'il n'en a soldé que le quart, le domaine est fondé à répéter les trois autres quarts non payés, encore bien que l'engagiste soit devenu plus tard propriétaire incommutable de la forêt dont la futaie faisait partie. L'engagiste n'est pas fondé à demander la compensation des sommes qu'on lui répète, avec l'indemnité de non jouissance à laquelle il prétend avoir droit.

La dame de Tourzel.

En l'an XIII, la dame de Tourzel obtint la levée du séquestre du domaine de Vauchassis, dont elle était engagiste, et qui comprenait diverses portions de bois.

Des experts nommés par elle et l'administration évaluèrent les jouissances dont elle avait été privée pendant le séquestre, et en fixèrent le montant à la somme de 133,000 fr. environ.

En 1806, la dame de Tourzel devint propriétaire incommutable des trois cantons de bois appelés les *Volueuses*, le *Vieil-Archer*, et le *Grand-Coré*, en payant le quart de leur valeur, d'après l'estimation qui en fut faite alors, et ce sans distinction de la valeur de la futaie, qui aurait dû être payée en totalité. Le domaine de Vauchassis comprenait un canton de bois, appelé la *Forêt-des-Fays*, dont la dame de Tourzel ne put devenir propriétaire incommutable, parce qu'il contenait plus de 150 hectares : toutefois elle reçut les trois quarts du prix de vente de la futaie, pendant les années 1806, 1807 et 1808, à titre de propriétaire. La loi de finance du 28 avril 1826 ayant permis aux engagistes d'acquérir les bois et forêts, quelle que fût leur contenance, moyennant le paiement du quart de la valeur du sol et du taillis, et de la valeur entière de la futaie, la dame de Tourzel a été admise à devenir propriétaire incommutable des bois dont il s'agit, et un arrêté du préfet de l'Aube, du 14 mai 1818, lui en a consenti la vente, et l'a envoyée en possession de la futaie des *Fays*. Mais par cet arrêté, elle a été constituée débitrice de la somme de 16,957 fr. 50 centimes pour les jouissances du prix

des trois quarts de la futaie, pendant les années 1806,
1807 et 1808, attendu qu'elle n'avait aucun droit de
propriété sur les coupes de cette futaie, puisque, pour
en devenir propriétaire incommutable, il fallait en payer
la valeur totale. Le ministre des finances a confirmé cet
arrêté, et a décidé en outre que la dame de Tourzel
paierait les trois quarts de la valeur de la futaie des bois
des *Volueuses*, par le motif que n'en ayant soldé que le
quart par erreur, l'état était fondé á répéter les trois
autres quarts non payés.

La dame de Tourzel a soutenu devant le conseil d'é-
tat, qu'on ne pouvait revenir sur le passé, et que, d'ailleurs, on devait établir une compensation avec les
sommes qui lui étaient dues pour indemnité de non jouissance, pendant le séquestre de son domaine.

Le conseil d'état a rejeté son pourvoi, par la décision
suivante.

CHARLES, etc.;

En ce qui touche la répétition du prix de la futaie des
bois des *Volueuses* :

Considérant que le domaine ne revendique pas la
propriété de la futaie elle-même; qu'ainsi *le contrat de
vente* passé au soumissionnaire engagiste, en exécution
de l'art. 14 de la loi du 4 mars 1799 (14 ventose an VII),
doit subsister tel qu'il est; mais qu'aux termes de l'avis
du conseil d'état du 2 mai 1805 (12 floréal an XIII), la
dame *de Tourzel* devait acquitter la valeur totale de ladite futaie, et que, n'en ayant soldé que le quart, le
domaine est fondé á répéter de ladite dame, les trois
autres quarts non payés; en ce qui touche la somme de
16,957 francs 50 centimes, reçue par la dame *de Tourzel*, pour les trois quarts du prix de vente de la futaie
de la forêt des *Fays*, Considérant que la réclamante

n'avait aucun droit à ladite somme , puisque la futaie ne faisait point partie de l'engagement du domaine de Vauchassis, et qu'ainsi il y a lieu au rétablissement de cette somme dans les caisses de l'état; en ce qui touche la somme de 132,257 francs 37 centimes, que ladite dame *de Tourzel* prétend lui être due pour indemnité de non jouissance, estimée dans le rapport d'experts du 4 octobre 1804 (13 vendémiaire an XIII), considérant que cette somme n'est pas due à la dame *de Tourzel*, puisque les lois de la matière n'accordaient aux engagistes dépossédés aucune indemnité de cette espèce;

ARTICLE PREMIER. Les requêtes de la dame Tourzel sont rejetées;

2. La dame de Tourzel est condamnée aux dépens. — Ordonnance du 4 juillet 1827 (Macarel , Recueil des arrêts du conseil, année 1827 , tom. 9, pag. 342).

En matière de domaines engagés , toute espèce de débat sur la propriété est de la compétence des tribunaux , et les conseils de préfecture ne peuvent en connaître sans excéder leur compétence.

Ministre des finances.

2 thermidor an VIII , arrêté du conseil de préfecture du département de la Marne, qui déclare les détenteurs d'une maison domaniale, sise à Châlons, propriétaires incommutables de ladite maison , par application de l'article 5 , § 4 de la loi du 14 ventose an VII.

L'administration a prétendu que cette maison étant imposée à une somme de plus de 40 francs, n'était pas placée dans l'exception dont il s'agit, et que, dans tous les cas , l'arrêté du conseil de préfecture était vicié d'incompétence.

Cette incompétence a été reconnue dans les termes suivants, par le conseil de Sa Majesté.

CHARLES, etc. ;

Vu l'article 27 de la loi du 4 mars 1799 (14 ventose an VII), portant que si le détenteur soutient les titres inapplicables ou insuffisants, ou s'il prétend être placé dans les exceptions de ladite loi, ou si, de *toute* autre manière, il s'élève des débats sur la propriété, il sera prononcé par les tribunaux ;

Considérant que les détenteurs ayant, dans l'espèce, prétendu être propriétaires incommutables, aux termes de leur contrat d'aliénation, et se trouver d'ailleurs placés dans les exceptions établies par l'article 5 de la loi du 4 mars 1799 (14 ventose an VII), le conseil de préfecture aurait dû renvoyer les parties devant les tribunaux, pour y être statué sur ladite question de propriété, le tout conformément aux dispositions de l'art. 27 de ladite loi ;

ARTICLE PREMIER. L'arrêté du conseil de préfecture du département de la Marne, du 21 juillet 1800 (2 thermidor an VIII), est annulé pour cause d'incompétence, et les parties sont renvoyées devant les tribunaux ordinaires, pour y faire statuer sur la question de propriété dont il s'agit. — Ordonnance royale du 15 août 1827 (Macarel, arrêts du conseil, année 1828, p. 439.)

Aux termes de la loi du 14 ventose an VII, *les bois qui n'excédaient pas 150 hectares étaient susceptibles d'être soumissionnés par les anciens engagistes. — La loi du 28 avril 1816 n'a relevé de la déchéance prononcée par celle du 14 ventose an* VII *(art. 13), contre les engagistes qui n'ont pas fait leur soumission dans le délai utile, que les seuls engagistes des forêts, au-dessus de 150 hectares dépossédés par suite de la loi du 1ᵉʳ février 1804 (11 pluviose an XII). — La loi du 10 mars 1820 (art. 7, tit. 20) ne relève également de ladite déchéance que les détenteurs actuels, et non les engagistes dépossédés. — Lorsque l'engagiste a renoncé volontairement au bénéfice de la soumission pour se présenter comme créancier de l'État, et, qu'en cette qualité il a encouru la déchéance prononcée par un décret définitif et irrévocable, il ne peut pas invoquer les lois précitées pour faire de nouvelles soumissions en vertu de son ancienne qualité.*

Héritiers de Choiseul-Praslin. C. la Régie.

En l'an VII, les héritiers du duc de Choiseul-Praslin firent leur soumission de payer, conformément à la loi de l'an VII, le quart de la valeur de plusieurs portions de bois et landes engagées à leur auteur avant la révolution; mais quelques temps après, le duc de Choiseul-Praslin, l'un d'eux, se désista de sa soumission, et les différentes portions de bois dont il s'agit se réunirent au domaine de l'état.

Les héritiers de Choiseul-Praslin ayant déposé leurs titres conformément à la loi du 11 pluviose an XII, pour être liquidés comme créanciers de l'état, ils furent compris dans un état sommaire de rejet dressé par la direction générale, et approuvé par un décret du 4 juin 1809.

Cependant les lois des 28 avril 1816 et 12 mars 1820, qui autorisaient les soumissions de payer le quart pour les forêts au-dessus de 150 hectares, étant intervenues, les héritiers de Choiseul-Praslin prétendirent en profiter, et demandèrent, en conséquence, à être réintégrés dans les portions de forêts dont ils avaient été dépossédés : un arrêté du préfet de la Mayenne accueillit leurs prétentions, le 20 août 1820; mais le préfet de la Sarthe en ayant référé au ministre des finances, le comité fut consulté, et un avis défavorable aux héritiers intervint; cet avis fut approuvé par le ministre le 3 mars 1822.

Pourvoi au conseil de la part des héritiers Praslin.

Il s'agissait principalement, comme on voit, de savoir si les héritiers de Choiseul-Praslin avaient, par leur désistement, perdu leur qualité d'engagistes, de telle sorte qu'ils n'eussent pas été relevés de la déchéance par les lois de 1816 et 1820, qui s'appliquent à tous les engagistes sans distinction. On observait, en outre, pour les frères puînés, que le désistement émané de leur frère aîné n'avait pu leur nuire. Sur ce point la régie répondait que le désistement avait été donné au nom de la succession.

Voici en quels termes ces questions ont été résolues.

CHARLES, etc., etc.;

Considérant en la forme, que les requêtes du duc de Choiseul-Praslin et de ses cohéritiers, ayant pour objet la même décision, et tendant aux mêmes fins, il y a lieu de les joindre et de prononcer sur elles par une seule et même ordonnance;

Considérant, au fond, que les biens engagés dont il s'agit n'excédaient pas isolément 150 hectares; que, par conséquent, ils étaient susceptibles d'être soumissionnés, aux termes de la loi du 4 mars 1799 (14 ventose an VII); — Considérant que l'art. 116 de la loi du 28 avril 1816, n'a relevé de la déchéance prononcée par l'art. 13 de la loi du 4 mars 1799 (14 ventose an VII), contre les engagistes qui n'ont pas fait leur soumission dans le délai utile, que les seuls engagistes des forêts au-dessus de 150 hectares, dépossédés par suite de la loi du 1er février 1804 (11 pluviose an XII); — Considérant que la loi du 12 mars 1820 (art 7, titre 2) ne relève également de ladite déchéance que les détenteurs actuels, et non les engagistes dépossédés; d'où il suit que les lois des 28 avril 1816 et 12 mars 1820 ne sont pas applicables dans l'espèce;

En ce qui touche le duc de Choiseul-Praslin, — Considérant que le duc de Choiseul-Praslin a volontairement renoncé, par son désistement, au bénéfice de sa soumission comme engagiste, pour prendre la qualité de créancier; qu'en cette qualité, il a réclamé la liquidation de ses finances d'engagement, auprès des préfets de la Sarthe et de la Mayenne; que des experts nommés contradictoirement, ont procédé à l'évaluation desdites finances et améliorations; que ladite créance a été portée sur le quarante-sixième état sommaire de rejet, dressé par la liquidation générale de la dette publique; que cet état a été approuvé par décret du 4 juin 1809, et que cette décision est définitive et irrévocable;

En ce qui touche les frères puînés du duc de Choiseul-Praslin : — Considérant à l'égard des biens situés dans le département de la Sarthe, que la totalité des finances d'engagement et améliorations a été liquidée, au nom de la succession, par arrêté du préfet de la Sarthe, du 6 juin 1806, et que c'est également la succession qui est comprise dans l'état sommaire de rejet, approuvé par ledit décret du 4 juin 1809 : — Considérant, à l'égard des biens situés dans le département de la Mayenne, qu'aucune soumission n'a été formée sur lesdits biens au nom desdits cohéritiers, et dans les délais prescrits par la loi du 4 mars 1799 (14 ventose an VII);

Les requêtes du duc de Choiseul-Praslin et de ses cohéritiers sont rejetées. — Ordonnance du 28 août 1827 (Macarel, Recueil des arrêts du conseil, année 1827, t. 9, p. 449).

Les concessions de marais faisant partie des biens de la couronne ont été révoquées par l'art. 12 de la loi du 5 janvier 1791 ; et la loi du 14 ventose an VII, qui a maintenu ces révocations, n'a excepté, par son article 5, que les fonds mis en valeur. L'article 13 de cette loi prononce la déchéance contre les concessionnaires ou engagistes qui n'ont pas fait la soumission prescrite, et dans le délai qu'il détermine.

Héritiers Lemoine.

Louis XVI, en 1787, concéda au sieur Lemoine plusieurs marais dont il ne put jamais se mettre en possession, à raison de la résistance des habitants de la commune de Gray, qui s'en prétendaient propriétaires.

En 1818, les cohéritiers Lemoine ont demandé à jouir du bénéfice de la concession primitivement faite à leur auteur.

Un arrêté du conseil de préfecture du département du Calvados a repoussé leur demande, et leur a opposé la déchéance encourue.

Ils se sont pourvus au conseil d'état, devant lequel ils ont également succombé.

Charles, etc. ;

Considérant que la concession dont il s'agit était du nombre de celles qui ont été révoquées par l'art. 12 de la loi du 5 janvier 1791 ; — Considérant que les réclamants ou leurs auteurs n'ayant point mis lesdits marais en valeur, ni même, de leur aveu, commencé les travaux de desséchement, ils se sont trouvés hors des exceptions établies par l'art. 5 de la loi du 4 mars 1799 (14 ventose an VII); — Considérant, d'ailleurs, que n'ayant pas formé leur soumission dans les délais prescrits par l'art. 13 de cette dernière loi, ils sont atteints par la déchéance que ledit article prononce.

ARTICLE PREMIER. La requête des héritiers *Lemoine* est rejetée. — Ordonnance du 27 septembre 1827 (Recueil des arrêts du conseil, année 1827, t. 9, p. 510).

————

En matière de domaines engagés, l'exception prononcée par l'article 15 de la loi du 14 ventose an VII, n'est plus applicable, depuis la loi du 11 pluviose an II (Art. 10), aux terrains enclavés dans les forêts, lorsque ces terrains sont d'une contenance au-dessous de 5 hectares.

Héritiers Malecot.

L'art. 15 de la loi du 14 ventose an VII, en déterminant une partie des formalités à remplir par les engagistes pour se maintenir en possession, contient les dispositions exceptionelles qui suivent :

« Le premier article, ainsi que les treizième et
» quatorzième, ne s'appliquent point aux concessions
» de forêts au-dessous de 150 hectares, ni de terrains
» enclavés dans les forêts nationales ou à 715 mètres
» d'icelles, sur lesquelles il sera statué par une dispo-
» sition particulière. »

Les dispositions de l'art. 10 de la loi du 11 pluviose an XII ont-elles modifié ou changé celles de la loi du 14 ventose an VII ?

L'affirmative a été prononcée par l'avis du comité des finances du conseil d'état, que nous allons transcrire, et qui fera suffisamment connaître l'espèce qui y a donné lieu :

« Le conseil des finances, sur le renvoi qui lui a été fait par S. Exc. le ministre secrétaire d'état au même département, d'une réclamation de l'administration des domaines, tendante à faire annuler un arrêté du 28 avril 1824, pris par le préfet d'Ille-et-Vilaine, dans l'affaire des héritiers Malecot, lesquels, sur leur demande à être maintenus en possession de deux portions de terre engagées à leur auteur les 20 août 1736 et 17 janvier 1737, ont été déclarés par ledit arrêté, motivé sur la loi du 14 ventose an VII, propriétaires avec exemption de rachats.

« Vu l'arrêté du préfet d'Ille-et-Vilaine.

« Vu le rapport au conseil de l'administration de l'enregistrement et des domaines, et l'avis dudit conseil, qui attaquent les dispositions de l'arrêté précité relativement à la portion de terrre située dans la lande dite *Petite-Sevaine,* comme étant à moins de 715 mètres des forêts de l'état, et ne pouvant par ce seul motif être exempte de la clause de rachat, puisque l'art. 15 de la loi de ventose an VII, en remettant à statuer relativement aux terrains situés dans les forêts à moins de 715 mètres d'icelles, n'a fait aucune distinction de nature ni d'étendue, et que l'art. 10 de celle du 11 pluviose an XII, en levant cette surséance et ordonnant d'appliquer les autres dispositions de celle de l'an VII aux concessions qui en avaient été l'objet, a eu pour effet d'étendre cette application indistinctement à toutes les concessions de terrains situés à moins de 715 mètres des forêts de l'état.

Vu l'avis émis par M. le directeur-général, qu'il y a dans l'arrêté du préfet fausse application du n° 4 de l'art. 5 de la loi de ventose concernant les terrains épars; attendu que cette qualification ne peut être donnée à un terrain situé à moins de 715 mètres d'une forêt de l'état, et qui est, sous ce seul rapport, formellement maintenu dans la révocation par le n° 3 du même article; que ce motif seul suffi pour l'annulation de l'arrêté ;

Vu la note transmise par les bureaux du ministère des finances, et tendante à établir qu'il y a lieu d'approuver en son entier l'arrêté du préfet d'Ille-et-Vilaine, dont les dispositions sont conformes aux lois des 14 ventose an vii et 11 pluviose an xii;

Vu enfin lesdites lois desquelles il résulte qu'en levant le sursis prononcé par l'art. 15 de la loi du 14 ventose an vii, la loi du 11 pluviose an xii a fait rentrer les biens enclavés dans les forêts de l'état, ou situés à moins de 715 mètres de ces forêts, dans le droit commun créé par la première loi, et que ses effets doivent s'appliquer aux dispositions comprises au n° 5 de l'art 5 de la loi du 14 ventose an vii;

Considérant que la loi du 14 ventose an vii, établissant quelles sont les aliénations du domaine de l'état qui sont révoquées, excepte les aliénatiens et les sous-aliénations ayant date certaine avant le 14 juillet 1789, de terrains épars quelconques au-dessous de la contenance de 5 hectares; que les terrains enclavés dans les forêts de l'état ou situés à moins de 715 mètres d'icelles sont exceptés de cette mesure par l'art. 15 de la loi, qui déclare qu'il interviendra une décision à leur égard;

Considérant qu'il a été statué à ce sujet par l'art. 10 de la loi du 11 pluviose an xii, lequel a rendu les dispositions de la loi du 14 ventose an VII applicables aux terrains enclavés dans les forêts ; qu'ainsi la distinction établie antérieurement entre ces terrains et les autres a disparu, et que la pièce de terre située dans la lande dite Petite-Sevaine, quoiqu'à distance de moins de 715 mètres des forêts de l'état, étant d'une contenance au-dessous de 5 hectares, se trouve exceptée des dispositions de l'art. 4 de la loi du 14 ventose an VII ;

Est d'avis qu'il y a lieu d'approuver en son entier l'arrêté du préfet d'Ille-et-Vilaine.

Fait en comité, ce 12 décembre 1827 ; approuvé par le ministre, le 7 février 1828.

(Journal de l'Enregistrement, année 1828, p. 141, n° 8936.)

———

Lorsqu'un arrêté de préfet a prononcé la déchéance du soumissionnaire en matière de domaines engagés, cet arrêté ne peut être déféré qu'au ministre des finances. Les domaines engagés ne se trouvent pas dans la classe des domaines de la couronne qui doivent, aux termes de l'article 1ᵉʳ de l'ordonnance du 4 juin 1814, être remis aux anciens propriétaires.

Héritiers de Mailly.

La comtesse de Coislin, née de Mailly, ayant émigré, au nombre des biens confisqués qui lui appartenaient, se trouvait le domaine de Jolivet, près Lunéville, qu'elle détenait à titre d'engagement.

A son retour en France, et quelque temps après la promulgation de la loi du 14 ventose an VII, elle fit sa soumission de payer le quart ; mais cette soumission n'ayant été suivie d'aucun effet, un arrêté du préfet de la Meurthe, du 3 fructidor an XIII, prononça la déchéance.

Le domaine de Jolivet ayant été réuni aux biens de la couronne, avec d'autres biens de la sénatorerie de Nancy, dans laquelle ce domaine s'était trouvé compris, les héritiers de la dame Mailly s'adressèrent à l'intendant de la maison du roi pour se faire réintégrer.

M. l'intendant de la maison du roi a repoussé cette demande, par décision du 13 juin 1827, fondée sur ce que le domaine dont il s'agit se trouvait placé parmi les biens de la couronne, comme ancien domaine engagé, et sur ce que l'ordonnance du 4 juin 1814 qui ne concernait que les biens provenant de confiscation, était inapplicable à l'espèce.

Les héritiers de Mailly ont dénoncé cette décision au conseil d'état; mais leur pourvoi n'a pas été accueilli.

CHARLES, etc.;

Considérant que le bien revendiqué n'est pas entré dans le domaine de l'état par voie de confiscation et ne se trouve pas dans la classe des domaines de la couronne qui doivent être remis aux anciens propriétaires, en vertu de l'article 1er de l'ordonnance royale du 4 juin 1814; — qu'il s'agit, au contraire, dans l'espèce, d'un domaine engagé, soumissionné comme tel par l'auteur des réclamants, et sur lequel est intervenu le 21 août 1805 (3 fructidor an XIII), un arrêté du préfet du département de la Meurthe, qui a prononcé la déchéance du soumissionnaire, arrêté qui ne peut être déféré qu'à notre ministre des finances; — que, dès lors, c'est avec raison que l'intendant général de notre maison a refusé d'effectuer la remise dudit bien.

La requête de notre cousin le duc d'Avaray et du duc de Bavière est rejetée. — Ord. du 9 janvier 1828 (Macarel, Rec. des arrêts du conseil, année 1828, tom. 10, p. 25).

MODE DE PROCÉDER

que doivent suivre les propriétaires attaqués par le Domaine.

Les détenteurs qui n'ont pas reçu de significations, se trouvent désormais à l'abri de toutes recherches.

Il en est de même de ceux auxquels il a été fait des significations tardives ou nulles.

L'expiration du délai prescrit par la loi du 12 mars 1820, ne permet plus au domaine de réparer la nullité.

Le délai dont nous venons de parler doit être calculé, non à partir de la *date*, mais à partir de l'époque de la *publication* de la loi du 14 ventose an VII.

Pour connaître cette époque, il faut se reporter à la constitution de l'an III, et à la loi du 12 vendémiaire an IV, qui ont réglé le mode de publication des lois jusqu'au Code civil.

Quant aux formalités qu'on a dû observer pour la régularité de ces significations, elles sont les mêmes que celles prescrites pour les exploits ordinaires, puisque la loi de 1820, non plus que la loi de l'an VII, n'en ont point indiqué de spéciales.

L'administration des domaines ne mettra pas sans doute beaucoup d'empressement à faire statuer sur ses prétentions. Elle agira avec circonspection, avec lenteur, et se gardera bien de poursuivre les détenteurs en masse, dans la crainte d'exciter une clameur générale et de s'exposer à une trop grande défaveur auprès des tribunaux.

Peut-être aussi n'a-t-elle encore, dans beaucoup de cas, que de simples indications, et se trouverait-elle em-

barrassée de produire les titres nécessaires pour justifier
de suite ses prétentions.

Mais les propriétaires attaqués sentiront combien il
leur importe d'en finir promptement avec le domaine.

En effet les significations indiquent généralement
les biens d'une manière si vague, que l'on ne sait à quoi
les appliquer, en sorte que souvent une réclamation de
peu d'importance peut rendre incertaine la propriété
d'une masse considérable d'immeubles;

Alors même que l'indication est précise, le terrain
sur lequel elle porte, se trouve frappé d'indisponibilité
entre les mains du possesseur; car personne ne voudrait acquérir ou accepter comme gage hypothécaire
un bien devenu litigieux.

Les intéressés ne seront pas obligés d'attendre les
poursuites ultérieures de l'administration, ils pourront
eux-mêmes prendre l'offensive.

Si les significations sont évidemment tardives ou
nulles, ils n'auront pas besoin de discuter le fonds;
ils se borneront à invoquer contre le domaine la déchéance ou la nullité.

Dans le cas contraire, tout en se réservant de faire
valoir les vices de forme, ils devront commencer par
sommer l'administration de leur signifier les titres jus-
tificatifs de sa prétention, conformément à la loi du 14
ventose an VII.

Lorsqu'ils connaîtront ces titres, ils seront à même
d'apprécier leur position.

Si la domanialité est incontestable et qu'ils n'aient à
opposer aucune exception, ils devront se soumettre au
paiement du quart.

Si les droits sont douteux de part et d'autre, ils pro-
poseront une transaction que le domaine accueillera

sans doute favorablement; cela vaudra mieux que de
subir les chances d'un procès.

Si la réclamation du domaine est dénuée de fondement,
ils demanderont un désistement, qui ne leur sera pro-
bablement pas refusé; nous indiquerons dans le 2ᵉ volume
de notre ouvrage, les précautions à prendre pour assurer la validité de la transaction et du désistement.

Les tribunaux sont appelés à juger toutes les contestations relatives aux domaines engagés; mais la loi du
14 ventose an VII veut (art. 27) qu'avant de recourir aux
voies judiciaires, on se pourvoie administrativement dans
les formes prescrites par la loi du 5 novembre 1790.

Ces formes consistent à présenter au préfet un mémoire explicatif des moyens que l'on se propose d'invoquer.

L'autorité administrative doit statuer dans le mois;
après l'expiration de ce délai, la cause peut être portée
devant les tribunaux.

Les adversaires du domaine ne doivent pas perdre de
vue qu'ils n'auront rien à prouver jusqu'à ce que l'administration ait établi la domanialité. De quelque manière que l'affaire s'engage, c'est à l'administration à
justifier de ses droits.

La loi de 1820 nous semble avoir relevé des déchéances prononcées par les lois antérieures, sans en établir
aucune autre.

L'administration des domaines ne peut pas suppléer
à cet égard au silence du législateur.

Les détenteurs ne sont donc plus, suivant nous,
obligés de faire, dans un délai déterminé, la soumission
de payer le quart.

Cependant s'ils concevaient quelques inquiétudes sur
ce point, ils pourraient, par surcroît de précaution,

faire dès à présent une soumission conditionnelle pour le cas où ils succomberaient devant les tribunaux.

Cette soumission leverait toute incertitude sur la déchéance qu'on voudrait par la suite leur opposer, et ne nous paraît présenter aucun inconvénient.

Il est peu de détenteurs qui n'aient un ou plusieurs garants.

Pour conserver leurs droits contre eux, ils devront leur dénoncer les significations du domaine, et les appeler en cause.

TABLE

DES MATIÈRES

CONTENUES DANS LE PREMIER VOLUME.

FIN DE LA TABLE DU PREMIER VOLUME.